本书由人文在线出版基金资助出版

流动儿童
语文素养研究

赵宁宁 ◎著

新华出版社

图书在版编目（CIP）数据

流动儿童语文素养研究 / 赵宁宁著 . —北京：新华出版社，2017.3
ISBN 978-7-5166-3135-5

Ⅰ.①流… Ⅱ.①赵… Ⅲ.①小学语文课—教学研究 Ⅳ.① G624.203

中国版本图书馆 CIP 数据核字（2017）第 050752 号

流动儿童语文素养研究

作 者：赵宁宁

责任编辑：徐文贤
封面设计：人文在线

出版发行：新华出版社

地 址：北京石景山区京原路 8 号 邮 编：100040

网 址：http://www.xinhuapub.com

经 销：新华书店

购书热线：010-63077122 中国新闻书店购书热线：010-63072012

照 排：北京人文在线文化艺术有限公司

印 刷：北京七彩京通数码快印有限公司

成品尺寸：170mm×240mm 1/16

印 张：16. 25 字 数：296 千字

版 次：2017 年 6 月第一版 印 次：2017 年 6 月北京第一次印刷

书 号：ISBN 978-7-5166-3135-5

定 价：50. 00 元

写在前面的话

　　早在 20 世纪之初，孟德斯鸠在《农民的终结》开卷之初提出了现代化社会中农民问题的研究呼吁，一个世纪过去了，我们的社会学家和经济学家仍旧面临着这样的追问。这个萌生于 20 世纪初的问题，在 20 世纪末才被提到我国社会学研究的日程。20 世纪 80 年代，我国有关进城务工农民的社会问题凸显，在这些问题中，最要紧就是流动儿童的教育问题。20 世纪 90 年代，新闻记者首先在报纸上报道了流动儿童的教育困境，从此我国先后制定了有关教育政策，确保流动儿童的入学权利和资源。就学的机会问题解决了，接下来流动儿童的教育质量的问题就进入了我们的视野，近年来，我们在流动儿童学业素养方面的研究也不少，但是目前的研究只是采纳了现成的学业成绩，不能在新的课程框架体系下来考查学生的语文学业素养，同时其现成的学业成绩无法实现跨区和跨市的比较。

　　为此，本课题尝试独立设计语文素养的测试试卷，实施大规模的试卷分析，并采用项目反应理论来实现锚题设计，测试流动儿童的语文学业水平，调查了流动儿童语文学习动机及策略。在这个基础之上，本课题组收集了有关的量表，进行学校层面、班级层面和学生层面的因素选择和估计。

　　本研究包括：第一章"入学之后？流动儿童教育质量的追问"、第二章"流动儿童教育政策变迁"、第三章"流动儿童语文学业素养到底如何？"、第四章"影响流动儿童语文学业素养的多层线性分析"、第五章"公办和民办学校流动儿童语文学业素养的差异"、第六章"教师——学校教育对学业素养影响的重要中介"、第七章"不同家庭教育环境下流动儿童语文素养的差异"、第八章"学生个体因素对流动儿童语文学业素养的影响"和第九章"流动儿童语文学业素养何去何从"。分别从问题的缘起、政策变迁、流动儿童教育现状、影响因素、总结和反思等四个角度进行了具体的数据分析。为了保证整体的一致性，本研究并没有在各章中进行具体的阐述，而是统一把研究工具和方法在第一章的第四节进行了整体概述。

本研究各章节的著者名单如下：第一章赵宁宁、樊金凤，第二章赵宁宁、杨贝贝，第三章马昕、赵宁宁，第四章赵宁宁、马瑗，第五章侍鲜、赵宁宁，第六章王露、赵宁宁，第七章朱珅跃、赵宁宁，第八章刘琴琴、赵宁宁，第九章赵宁宁、杨波、刘洁。

本研究得到北京市哲学社会科学课题的项目资助（项目编号12JYC028），获得了来自北京、广州、温州等学校的教育行政部门、学校校长、教师、学生和家长的支持，在此表示感谢。

目　录

第一章 入学之后？流动儿童教育质量的追问

　　自新中国成立以来我国的城乡人口迁徙经历了几次政策上的调整和变化[①]。自 20 世纪 80 年代改革开放以来，中国工业化、城镇化进程的日益加快，人口迁移也日益频繁，越来越多的农村富余劳动力转移到城市（镇）就业，形成所谓的"民工潮""民工流"，这些流动性人口已经成为当前社会不可忽视的阶层。目前城市流动人口的人员结构发生了显著的变化，由原来的"单身出行"变为"举家出动"，这种变化的一个直接后果就是流动人口中儿童（又称"流动儿童"）数量急剧增加[②]。作为现代化发展的前沿阵地，北京市也同样面临着流动儿童教育的问题，自 2000 年开始教委直面流动儿童的入学问题，试图通过行政干预的方式来提升教育质量。

　　本章将会从流动儿童的教育问题谈起，通过概念界定明确本研究的领域，并试图回顾不同地域关于流动儿童教育政策，揭示北京市在流动儿童教育问题上所面临的困境和问题，着力于找寻影响北京市流动儿童学业素养的重要因素，为教育部门进一步改善流动儿童的教育教学提供政策建议。

　　[①] 城乡人口流动经历了几个历程：第一阶段，无限制的流动阶段。1949 年新中国成立后，国家对人口在城乡之间的流动并无限制，在 50 年代中期后随着社会主义建设的高潮，农民开始大量流入城市，因而引发了粮食、副食供应、交通、住房等一连串问题，于是国家采取了严格的措施限制农民流入城市。第二阶段，全面限制流动阶段。1955 年 6 月开始在全国范围内建立了经常性的、严格的户口登记制度。1959—1960 年由于出现了经济上的困难，中国采取了粮票和副食证的制度，几乎完全制止农民流入城市。第三阶段，属于有限制的流动阶段，自 20 世纪 80 年代开始，我国采取的就是这个方式。

　　[②] 盛芨.流动儿童受教育权的法律保护研究［D］.苏州大学硕士论文.2009.

第一节 流动儿童教育问题的缘起

随着现代化进程的推进，城乡间、地域间的人口流动规模逐渐扩大，由此对城市建设提出新的挑战。对于流动人口的安置，北京市教委率先于 2002 年颁布了《北京市对流动人口中适龄儿童少年实施义务教育的暂行办法》的政策[①]，对流动儿童采取了有关的教育支持，使流动儿童少年义务教育工作走上了规范化。经过 10 年的规范化管理，这些流动人口儿童的学生入学问题已基本得到解决。近年来，北京市为解决在京流动儿童少年借读投入了大量经费。北京市教委从 2000 年起每年都要从教育附加费中安排专项资金，补助流动人口子女较多的区县。而随着政府资源的投入，这批已经在北京市获得教育机会的儿童是否真正获得了有效的教育成就呢？

国内外的研究证明，学校、班级、学生和家庭等个人因素对学生的学业成就均有影响。本课题的前期研究显示，在我国，学校层面的因素对小学阶段数学学习成就解释率为 18.55%，班级层面的因素解释率是三者当中的最高，为 41.94%；学生和家庭的因素的解释率达到 39.52%[②]。然而，对于处境不利的学生而言，如果将该学校所有学生的家庭经济背景求均值，加入，形成一个聚合型的学校家庭经济背景因素，而这个学校聚合性家庭经济背景和学生个人的家庭经济背景出现一个交互影响的现象[③]。

如下图所示，如果我们有三位学生，分别来自经济背景很好的家庭、普通家庭和处境不利的家庭。当这三位学生同时进入一个大多数学生都是处境不利的学校，那么处境不利的孩子会在这里获得比其他两个同伴相对较好的学业成就；而当这三个学生同时进入一个大多数学生都是处境良好的学校，那么处境不利的孩子虽然获得的成绩比过去要好，但是他们却成为这个群体当中相对不利的学业群体。这种交互作用的存在警示我们，需要在心理层面上对处境不利的孩子进行干预。

[①] 北京市对流动人口中适龄儿童少年实施义务教育的暂行办法.北京市教委 2002.3.

[②] Zhao, N., Valcke, M., Desoete, A. &Verhaeghe, J. P.（2011）. A multilevel analysis on predicting mathematics performance in Chinese primary schools: Implications for practice. Asia-Pacific Education Researcher, 20（3）, 503—520.

[③] Zhao, N., Valcke, M., Desoete, A., &Verhaeghe, J.（2012）. The quadratic relationship between socioeconomic status and learning performance in China by multilevel analysis: Implications for policies to foster education equity. International Journal of Educational Development, 32, 412—422.

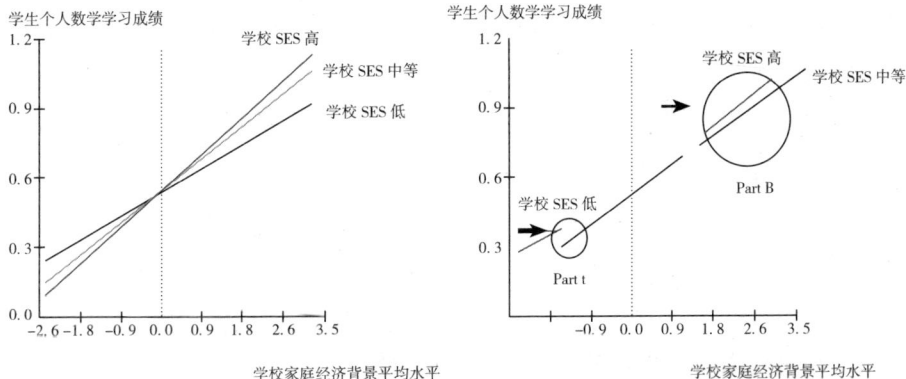

图1-1 学校层面的和个人层面的家庭经济背景交互作用图

那么随着学校条件的改变，这批儿童是否获得了比在家乡更好的教育资源？而如果教育的资源比原先的居住地更加丰富，那么这些儿童是否获得了更加有成效的发展呢？如果这些儿童没有获得意料中的进步，那么到底是什么因素导致了他们没有在丰富的教育资源条件下获得进步呢？本研究将针对义务教育阶段的流动儿童，从学校、教师和学生个人的层面对影响学生学业成就的因素进行探究，从而探讨北京市教育资源投入的有效性，同时对北京市教育资源的投入提出相应的政策建议。

具体来说，我们会从如下几个方面展开探究：

首先，作为北京市的新移民，尤其是流动人口中处境不利的新移民学生，其语文素养和其他的类型的学生相比，到底是一个什么状况？

其次，在学校、班级和学生个人层面上，到底是什么因素影响着语文学业素养的发展？

第二节　流动儿童教育的关键概念

根据现在搜集到的资料，中国国内最早涉及流动人口子女教育问题的文章，是1995年1月21日《中国教育报》刊登的记者李建平的文章《流动的孩子哪上学—流动人口子女教育探讨》[①]。面对这一现状，很多学者和专家针对流动儿童及其

①李建平.流动人口子女教育研究的现状与趋势［J］.清华大学教育研究.2001：4.

教育问题展开了相关的研究。研究整体上经历了最开始的初步探索阶段、全面关注阶段到最后的深入研究阶段。

要研究流动儿童的教育问题，首先需要界定流动人口的概念，而后在这个基础上明确流动儿童的概念。

一、流动人口的概念界定

大规模流动人口的出现是中国在城市化和现代化进程中的重要事件。流动人口不仅在规模上数量巨大，还对社会、经济和文化产生全方位的影响。对于流动人口的研究，20 世纪 90 年代以来，来自人口学、社会学、地理学、人类学、管理学等不同背景的学者纷纷从不同视角深入探讨。但是对流动人口这个概念进行界定的则较少。

1. 大多数学者研究中的概念界定

一般而言，流动人口指人们在没有改变原居住地户口的情况下，到户口所在地以外的地方从事务工、经商、社会服务等各种经济活动，即所谓"人户分离"，但排除旅游、上学、访友、探亲、从军等情形。吴晓认为，广义上的流动人口指那些离开常住户口所在地，在异地行政区停留的人，狭义上专指那些以谋生盈利为目的，自发从事社会经济活动的迁移人口和暂住人口，而不包括在外地作短暂停留的过往人口[①]。

2. 与相关概念的区分

在中国特殊制度背景下，出现了较多与流动人口类似的概念，如迁移人口、暂住人口、外来人口等。

（1）迁移人口

国际上一般只有"人口迁移""迁移人口"概念，而没有"人口流动""流动人口"概念。人口流动是我国独特的现象，流动人口也是我国独特的人口群体。

为此，在定义流动人口之前，有必要先考查一下迁移人口。国际上一般把人口迁移定义为人口在空间上的位置变动。根据国际人口科学联盟主持编写的《多种语言人口学辞典》，人口迁移就是"在一个地区单位同另一个地区单位之间进行

---

① 吴晓.城市中的"农村社区"——流动人口聚居区的现状与整合研究.城市规划，2001（12）：25—30.

的地区移动或者空间移动的一种形式，通常它包括了从原住地或迁出地迁到目的地或迁入地的永久性住地变动"。发生人口迁移活动的人则是迁移人口。这个概念强调了两个方面的因素：一是"时间"因素，定义里的"永久性"并非指一旦一次人口迁移发生以后就不能够有第二次人口迁移，而是指人口迁移活动应该有"足够长"的时间；二是"空间"因素，即人们要在两个相距"足够远"的空间位置之间发生位置移动。我国由于户籍制度的存在，大家常常把人们的地区移动或者空间移动区分为人口迁移和人口流动两种，发生迁移和流动行为的人则分别称为迁移人口和流动人口。人口迁移和迁移人口伴随有户口的相应变动；人口流动和流动人口则没有户口的相应变动。

（2）暂住人口

暂住人口是在中国城市政府出台了人口登记制度的背景下正式登记了的流动人口，由于种种原因，会有部分流动人口没有登记。

（3）外来人口

外来人口是人口普查中的概念，泛指现住地与户口登记地不一致的人口，这一概念在不同时期有不同的界定。1990年中国第四次人口普查中的定义是"入住本县、市不满一年离开户口登记地一年以上的农业人口数"和"入住本县、市不满一年离开户口登记地一年以上的非农业人口数"[1]；2000年中国第五次人口普查中的定义是"在本街镇居住不满半年，离开户口登记地半年以上的人口数"[2]。其中，对于流动人口和外来人口的使用选择，不少学者表示谨慎态度，因为后者多少带有歧视色彩。在我国特殊制度背景下，流动者被复杂化为不同身份的携带体，来自乡村的和农业户口的人在城市被视为外来的，外来群体变得与西方城市中的种族群体类似。可见，"外来的"不仅仅是地理上的概念，而且内化于我国二元社会经济制度中，存在一个被制度重新建构的过程。从人类学视角看，本地人、市民将自己定义为"自我"的过程同时也是将外来人口定义为"他者"的过程。外地人口是通过本地人的主体想象建构的"被想象的共同体"。

（4）人户分离

有常住状态人口的人户分离状况是界定流动人口的关键标志之一。人户分离指的是常住户口登记地与实际居住地不符，在某种程度上是户籍管理与群众流动意愿不一致的结果。具体表现包括"户在人不在"和"人在户不在"两大类别

① 姚华松，许学强，薛德升.中国流动人口研究进展［J］.城市问题，2008.
② 姚华松，许学强，薛德升.中国流动人口研究进展［J］.城市问题，2008.

（见表 1-1）[①]：

表 1-1 人户分离的主要表现

户在人不在	人在户不在
·户籍在本管辖区，但长期在外	·外来人口在本管辖区居住
·本地人口在外地买房居住，不迁移户口	·学生读书寄住亲朋好友或租赁房屋居住
·嫁出本区，但户口未迁移	·嫁入本区，但户口未迁移
·工作调动不迁移户口	·大中专毕业生在未找到稳定工作之前，没有将其户口迁至现居住地
·空挂户，这些户口在本区但人却居住在本区外，还有因单位倒闭而户口空挂	

注：这里"户"的概念特指"常住户口"，不包含暂住性质的户口类型。

　　界定人户分离涉及分离的时间界限问题，即要区别长期分离和短暂分离。前者是办理了暂住证或没有办理暂住证的常住，后者是暂时性的出行。按照户口登记条例，长期人户分离的时间界限为 3 个月。但在不同的流动人口统计中，人户分离有不同的时间界限规定。

　　假如流动是指在现居地有常住倾向但没有办理常住户口登记的迁移，另一相关问题是跨越了多大地域范围的非户口迁移视为流动。按照户口登记条例，公民迁移，在本户口管辖区内移居，只作住址变动登记，不作迁出、迁入登记外，凡是迁出本户口管辖区的，使用户口迁移证，办理迁出、迁入登记。公安部《关于启用新的户口迁移证、户口准迁证的通知》（1994 年 7 月 11 日）规定，户口准迁证的使用范围是：凡跨市区、县范围的户口迁移；同一市区、县范围内，由一般地区迁往国务院或者省级人民政府批准建立的经济特区。经济技术开发区、高新技术产业区等特定地区；由农村迁往城镇；由大中城市郊区迁往市区，一律使用户口准迁证。其中大中城市市区范围内的户口迁移是否使用户口迁移证，由各省、自治区、直辖市公安厅、局自行决定。换言之，户口管辖区是判断户口迁移的统计基础单元，流出户口管辖区范围但没有户口准迁者可被视为流动人口。

　　在本研究中，我们采取了大多数学者所认可的界定，将流动人口界定为那些离

---

　　① 韦艳."数字乱象"或"行政分工"：对中国流动人口多元统计口径的认识 [J].人口研究，2013.7.

开常住户口所在地，为了谋生盈利，在异地行政区自发从事社会经济活动而暂时停留的人员。在本研究中，流动人口主要是指进城务工的农民工。

二、流动儿童的概念界定

在对流动人口进行了界定之后，我们将会对该类人员的子女进行具体界定。在参阅了不同学者、不同类型的文献资料后，本研究将其做了一个归类，将分别从国务院、教育部的法令政策、国内一般学者的观点以及国外的观点三个方面来对流动儿童的概念作出界定。

1.国务院、教育部等的法令政策层面

国家教委 1996 年发布的《城镇流动人口中适龄儿童少年就学办法（试行）》中规定，"城镇流动人口中适龄儿童、少年，是指年满 6 至 14 周岁（或 7 至 15 周岁），有学习能力的子女或其他被监护人。"1998 年国家教委和公安部联合发布的《流动儿童少年就学暂行办法》则指出流动儿童少年"是指 6 至 14 周岁（或 7 至 15 周岁），随父母或其他监护人在流入地暂时居住半年以上有学习能力的儿童少年。"2000 年全国第五次人口普查资料将流动儿童定义为"居住在本乡镇街道半年以上，户口在外乡镇街道"或者"在本乡镇街道居住不满半年，离开户口登记地半年以上"的 18 周岁以下的人口[①]。2002 年北京市教委制定的《北京市对流动人口中适龄儿童少年实施义务教育的暂行办法》规定，流动儿童是指"本市流动人口中凡随父母来京，年龄在 6 至 15 周岁，未完成九年义务教育的儿童少年。"

2.国内一般学者对于流动儿童的概念界定

目前国内的研究者并未就"流动儿童"的定义达成一致意见。段成荣认为，所谓流动儿童少年人口，是指一个地区的外来人口中 15 周岁及以下的儿童和少年人口[②]。

根据北京社科院韩嘉玲研究员的定义，流动儿童是指那些随父母或亲戚离开户籍所在地，并没有现居住地户籍的 18 周岁以下的儿童，不包括那些不是以家庭

---

① 国家统计局.附录 5 第五次全国人口普查填写说明 [DB/OL].选自：国家统计局.中国 2000 年人口普查资料［DB/OL］.来自：http://www.stats.gov.cn/tjsj/pcsj/rkpc/5rp/index1.htm

② 段成荣：《要重视流动儿童少年的教育问题》，载《人口学刊》2001 年 01 期，第 18 页.

为流动单位的儿童群体①。周皓、容姗认为，流动儿童指 6 至 14 周岁随父母或其他监护人在流入地暂时居住半年以上的儿童少年，又称"流动人口子女""进城务工人员子女""打工子弟"等②。缪建东认为，城市流动儿童是指跟随父母从农村流入城市的 6 至 14 周岁之间的学龄儿童。申继亮等认为，流动儿童是指 6 至 18 周岁随父母或其他监护人在流入城市暂时居住半年以上，且在当地学校就读的儿童青少年。王毅杰等认为，流动儿童是指跟随父母或其他亲人流动到城市生活半年以上的农村户籍儿童。陈丽、屈智勇等认为，流动儿童是指在本乡镇街道居住半年以上，且户口在本市或本省以外的未满 18 周岁的儿童③。段凡认为流动儿童指跟随进城务工的父母从农村或小乡镇来到城市生活，户籍不在生活城市，并且年龄处于 6 至 14 周岁的流动人口子女④。

3. 国外的相关观点

"流动儿童"一词在英语中，通常被译为"migrant children"、"children of migrant worker"、"floating children"或者"transient student populations"，意思是"迁移人口子女"、"流动的孩子"或者"暂居学生"，主要包括移民儿童、流浪儿童和贫困儿童等。国外所谓的"流动儿童"所指群体在地域范围上和种族上都要广泛得多，具体包括一些移民人口子女、流浪儿童、家庭极度贫困子女、其他种族或民族信仰的群体及乡村雇员子女。国外有学者把流动儿童形象地称为"children of the road"，意为"道路上的孩子"⑤。早在 1960 年，美国针对迁移学生的学习问题发起了"迁移者教育计划"（Migrant Education Program，MEP）。该计划旨在为迁移学生（主要指 5 至 17 岁迁移的农场工子女）提供补偿教育和服务支持，以降低迁移流动对学生的不利影响⑥。

综上所述，本研究当中的流动人口，主要是以北京市为主要活动区域的人员，包括了跨省流动和省内流动的所有人员。为了让本次研究的展开更加有针对性，我们主要是面向以农民工为主体的流动人口，由于农民工在流动过程中所具有的学历、人脉关系的缘故，导致了他们在城市流动的过程中，主要从事的

---

① 韩嘉玲.北京市流动儿童义务教育状况调查报告［J］.青年研究.2001（8）.6.
② 周皓，容姗.我国流动儿童研究综述［J］.人口与经济.2001（3）.
③ 吴岚.流动儿童社会融入研究［D］.南京大学硕士论文.2013.
④ 段凡.流动儿童城市适应性的社会工作介入研究［D］.华中农业大学硕士论文.2012.
⑤ 华巧红.美国、以色列、印度流动儿童教育管理措施的比较研究［D］.浙江师范大学硕士论文.2013.
⑥ 石人炳.美国关于流动儿童教育问题的研究与实［J］.比较教育研究.2005：10.

是职业声望等级中较低等级的工作。我国目前的流动儿童基本是以农民工随迁子女为主体，我们本次研究的对象也主要是农民工随迁子女，因此为了说明方便，在下文中提到的"农民工随迁子女"都将直接用"流动儿童"代替，不再做额外说明。本研究当中的流动儿童，主要是这些以农民工为主体的流动人口的子女为主。

第三节 流动儿童教育的研究综述

20世纪80年代，我国城市重新开启了现代化的建设，第二产业也开始获得了极大的发展机会，随之带来了大量的职业空缺，而流动许可的限制也被打破，加上在新时代下产生的城乡二元机制带来了城乡的差距，造成了80年代后期的流动人口的"打工潮"。进入20世纪90年代，随着这些流动人口的年龄的增长，人口的流动呈现出从单个成员的流动到整群家庭的流动的趋势，这就是所谓的"流动人口家庭化"[1]。在流动人口家庭化的过程中，大批学龄儿童跟随父母来到城市，其教育问题也愈加凸显。21世纪初期，国家开始推动城乡劳动力市场一体化，积极取消农民进城就业的不合理限制，加强就业、保障、户籍、教育等多方面的配套改革，流动儿童的研究问题从而也被提到了日程上来。近20年来，社会对于流动儿童的研究主要集中在三个方面[2]：第一个方面是流动儿童的医疗卫生保健问题的研究，第二个方面是流动儿童的教育问题的研究，第三个方面是关于流动儿童的心理问题的研究，比如社会融入等方面。下面主要围绕流动儿童的教育研究进行有关的综述。

---

[1] 对于流动人口的家庭化趋势，早在20世纪90年代就有学者开始研究，但是直到近几十年才得到研究者的重视。具体参考：盛亦男.中国流动人口家庭化迁居[J].人口研究，2013，04：66—79.杨菊华，陈传波.流动人口家庭化的现状与特点：流动过程特征分析[J].人口与发展，2013，03：2—13，71.盛亦男.流动人口家庭化迁居水平与迁居行为决策的影响因素研究[J].人口学刊，2014，03：71—84.

[2] 周皓，荣珊.我国流动儿童研究综述[J].人口与经济，2011，03：94—103.

一、流动儿童教育问题研究概述

1. 流动儿童的教育问题研究

如果我们以"流动儿童"和"教育"等为关键词在中国知网（www.cnki.net）搜索，我们会收集到在流动儿童教育问题的文献分布如下图所示：

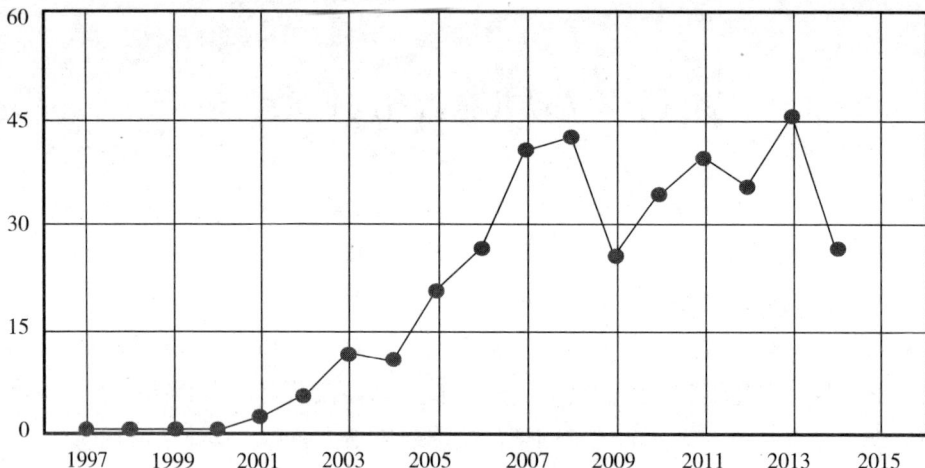

图 1-2　流动儿童教育问题研究的发展历程

按照已有研究关注重点的差异，我们大致可以把关于流动儿童教育的研究划分成如下三个阶段：

第一个阶段是从 1995 年到 2001 年阶段，处于流动儿童的教育机会探讨阶段。1995 年 1 月 21 日《中国教育报》刊登了记者李建平的文章《流动的孩子哪上学——流动人口子女教育探讨》引发了社会各界的广泛关注，从而流动儿童的教育问题也逐渐进入了大多数研究者的视野。为此，帮助流动儿童争取到教育机会，解决教育入学的问题就是第一个最为重要的研究问题。

在教育机会探讨阶段，很多学者努力从"应然的角度"出发，站在理论的高度，从法理的角度论证流动儿童教育机会均等的合理性。比如，有研究针对流动儿童教育问题的关注，主要是从义务教育的"免费"、"强制"等性质入手，强调流动儿童的受教育的权利，力图在政府层面落实流动儿童的教育政策[1]。

---

[1] 比如：段成荣.要重视流动儿童少年的教育问题[J].教育科学研究，2000，05：9—12.
段成荣，周皓.北京市流动儿童少年状况分析[J].人口与经济，2001，（1）.

部分学者"从实然的角度"出发，从实践的层面，针对流动儿童的教育现状进行了实地的调查和研究。针对流动儿童目前的受教育状况，指出流动儿童所面临的几个重要困境，包括[1]：第一，入学机会均等，包括公办学校的就学资格、公办学校的经费投入；第二，入学准备具有落差等问题。

从应然角度的学理分析和实然角度展开的调查持续获得人们的关注，直到2001年，国务院颁布了《基础教育改革与发展的决定》政策，要求"对流动人口子女教育"，"以流入地区政府管理为主"、"以全日制公办中小学为主"，正式形成"两为主"的流动儿童教育政策。至此为止，对于北京市流动儿童教育问题的初步关注告一段落[2]。

第二个阶段是从2002年到2010年阶段，处于流动儿童教育政策落实阶段。在这一阶段的研究延续了上一阶段所关注的问题，比如应然层面的就学机会的问题[3]和实然层面的教育现状问题[4]仍旧是大多数研究所关注的对象。然而，随着2002年"两为主"政策的落实，2003年国务院办公厅颁布了《关于进一步做好进程务工就业农民子女义务教育工作的意见》（国办发〔2003〕78号），流动儿童教育机会在义务教育的范畴内得到逐步落实，各地政府结合国家的有关政策随之制定了具体的教育政策。

在这个时期，流动儿童的教育政策方面的研究也随之产生。首先就是流动儿童教育政策的落实问题。虽然流动儿童的就学政策已发布了多个年头，但在各级各类政府层面仍旧得不到很好的落实[5]。由于对流出地和流入地无法进行很好的定

[1] 比如：周拥平.北京市流动人口适龄儿童就学状况分析[J].中国青年政治学院学报，1998,02:22—27.韩嘉玲.北京市流动儿童义务教育状况调查报告[J].青年研究,2001,08:1—7.以及韩嘉玲.北京市流动儿童义务教育状况调查报告（续）[J].青年研究，2001，09:10—18.

[2] 比如本报记者 乔国栋.北京打工子弟学校遭遇生死劫[N].中国经济时报，2002-12-27.记者戚海燕.15万流动儿童喜读公办学校[N].北京日报，2003-02-18.李江涛.北京将取消农民工子女借读费[N].人民日报，2004-07-10.

[3] 比如：王璐.流动人口中适龄儿童义务教育的政策发展与实施——北京市个案研究[J].教育学报，2005，03:65—72.高静.关注流动儿童实现义务教育机会均等化[J].行政与法，2009，04:40—42.罗建河.流动儿童受教育权益保障问题探微[J].教育学术月刊，2009，03:73—76.以及张慧洁，姜晓.教育公平与和谐社会流动人口受教育权——城市流动儿童义务教育问题研究的文献综述[J].现代教育科学，2008，12等.

[4] 吕少蓉.流动儿童义务教育需求分析——以湖北省武汉市武昌区为例[J].四川行政学院学报，2009，02:94—96.

[5] 比如：史晓浩，王毅杰.流动儿童城市教育政策的执行困境[J].教育理论与实践，2009，26:9—10.以及吕少蓉.流动儿童义务教育政策限定分析——以湖北省武汉市武昌区为例[J].教育导刊，2008，12:27—29等.

位，加上流动儿童的流动性比较强，各地政府在教育管理方面存在很多困境①。其中，有研究分析，导致政策无法得到落实的原因很大一部分是政策制定与教育经费的扶持方面的落差②，或将教育的负担转接到流动儿童的家庭之中③。当然，早有学者在政策执行之初，就已经意识到财政的缺失导致很多问题④，而后的若干年里，很多有学者也关注到财政问题，并从学理方面要求政府的财政要针对流动儿童进行义务教育的经费补偿⑤。随后，还有部分学者发现，即便是进行了教育经费的扶持，但是政府所提供的公共服务还是存在不均衡，流动儿童所享用的教育资源仍旧是落后于城市儿童⑥。

随之而来的问题，就是流动儿童的升学及其相关政策的问题。2001—2003 年落实了就学政策的流动儿童，在接受了六年小学教育之后，即将要在 2007—2010 年面临升入初中的问题。为此，已有研究者针对流动儿童的家长进行教育需求的调查，提出要开始针对流动儿童的升学政策，即义务教育完成之后的就学走向问题进行研究。

第三个阶段是从 2010 年到 2015 年阶段，很多学者仍旧继续流动儿童在义务教育阶段的受教育权问题进行了继续的深入探究。比如，有研究者进一步提出，流动儿童受教育权的损害主要有两种形式：一种是无法享受到与所居住地城市子女一样的入学机会，即受教育权利机会被侵害；另一种是虽可以与居住地城市子女一样入学接受教育，但在教育过程中明显受到不平等的对待，即受教育质量受到损害⑦。

这个阶段，关于流动儿童的教育研究要进行结构性问题的转变。比如，关于

---

① 韩嘉玲 . 流动儿童教育挑战管理体制［N］. 中国教育报，2005-03-07.

② 比如：付卫东 . 论流动儿童教育与义务教育财政制度改革［J］. 教育探索，2008，06：74—76. 贺慧 . 流动儿童的教育财政问题探析［J］. 现代中小学教育，2008，04：70—73. 以及王传瑜 . 我国流动儿童教育财政问题的探讨［J］. 现代教育科学，2009，04，

③ 叶咏 . 从"借读费"的取消看流动儿童义务教育起点公平［J］. 现代教育科学，2009，12：53—55.

④ 范先佐 ."流动儿童"教育面临的财政问题与对策［J］. 教育与经济，2004，04：1—5.

⑤ 陈静漪 . 流动儿童义务教育财政政策反思与机制设计［J］. 现代教育管理，2009，02：15—18.

⑥ 比如：韩世强，袁勇 . 流动儿童义务教育补偿的价值及法律性质界定［J］. 社会科学战线，2009，01：230—235. 以及吕少蓉 . 地方政府公共服务供给非均衡分析——以武昌区流动儿童义务教育情况为例［J］. 中共南京市委党校学报，2009，01：77—83.

⑦ 李翔龙 . 从"流动儿童"到"新市民子女"——身份之变对保障新市民子女受教育权益的意义［J］. 才智，2011，12：324.

流动儿童教育公平的研究，不能仅仅关注到流动儿童的就学问题，还要关注到流动儿童教育过程公平和义务教育后升学机会扩展的问题①。为此，有一部分学者深入到学校的教育过程等具体的教育教学环节，关注到学校教师和学生的关系、学生对于学校的适应性等问题②。也有学者关注到流动儿童在就学之后的教育产出——即学业素养及其有关的影响因素的问题③。

除了学校教育和教学的过程之外，学者们在分析影响学生学业素养的另一个重要因素的时候，发现了家庭教育的问题在此也是亟需关注的。有一部分学者针对流动儿童的家庭教育的问题进行了初步的探讨④，并深入到父母教养方式、父母教育水平、家庭期望等各种可能涉及流动儿童的教育过程公平的相关因素进行探讨。

与此同时，有学者针对上一个阶段流动儿童的教育问题的研究进行了有关的综述⑤。总的说来，时至今日，对于流动儿童教育问题的关注已经深入到各个领域，从入学的教育机会的问题，到今日的教育过程的问题。但无论如何，学者们始终都在关注一个问题，即流动儿童是否具有和普通的城市儿童一样的受教育的权利，其就学机会和就学过程的机会是否同样的公平。

二、北京市流动儿童教育问题的研究

我们以"北京"、"流动儿童"为关键词，在中国知网上进行篇名的搜索，共找到91篇文献，其中硕士论文19篇，专业的期刊共63篇，其余的文献属于报纸、会议或者特色期刊对于北京市流动儿童教育政策、问题等的报道。通过扩大查找的关键词，我们共寻得关键的文献82篇，目前关于北京市流动儿童教育问题的研究主要分成三个方面，第一个方面是宏观层面的教育支持问题，第二个方面

---

① 雷万鹏，杨帆.流动儿童教育面临结构转型——武汉市流动儿童家长调查 [J].教育与经济，2007，01：59—63.

② 比如：张又雪，谭千保.城市流动儿童学校适应不良式与学业拖延的关系 [J].当代教育理论与实践，2013，03：24—26.

③ 周皓，巫锡炜.流动儿童的教育绩效及其影响因素：多层线性模型分析 [J].人口研究，2008，04：22—32.张绘，龚欣，尧浩根.流动儿童学业表现及影响因素分析——来自北京的调研证据 [J].北京大学教育评论，2011，03.

④ 王毅杰，刘海健.家庭背景与流动儿童的留城意愿——一项基于家庭教育内容的实证研究 [J].南方人口，2008，04：38—44.

⑤ 蔡霞.关于进城务工就业农民子女教育问题研究的文献综述 [J].上海教育科研，2004，（12）.

是从中观层面关注到流动儿童学校和学习等问题，第三方面是从微观层面关注流动儿童的个体认知发展和情绪发展等问题。接下来，我们会从三个方面就这个问题进行探讨。

1. 北京市教育政策层面流动儿童教育问题

从宏观层面上看，较多的学者关注到了北京市流动儿童的教育支持的问题。首先，一个比较重要的热点就是北京市教育政策的支持问题。在北京，先后在2002年[①]、2006年和2011年[②]先后发生了三次规模比较大的北京市公立学校遭受拆除的事件，在北京市大兴、海淀、朝阳区的近30所打工子弟学校遭关停和强拆，这一轮的强拆和围堵行为是为了控制北京城市人口过快增长[③]。为此，有研究者通过实地的访谈，提出要针对公立学校和打工子弟学校进行改革，对流动儿童的教育规范化、制度化，采用多元的手段，提升其教育质量等问题[④]，制定合理的流动儿童的入学政策[⑤]。并且，有研究者考查到由于缺乏可靠的升学制度，导致了流动儿童的学习动力的问题，为此要求对中考政策进行变革，以便扩大流动儿童的后续发展机会[⑥]。这些对于流动儿童就学政策的讨论一直延续至今，尤其是教育政策制定之后在实际的落实过程中也产生了许多的问题[⑦]。

其次，还有研究者对于流动儿童的教育投入进行了分析，指出对于义务教育阶段，北京不同的地域里，针对流动儿童展开的有关机构的设施不够，包括了学校分布的不均衡，北京市的流动儿童主要分布在城乡结合地带，但是教育资源的供给主要集中在中心城市，而朝阳、海淀、丰台、石景山、大兴等城乡结合地，学校的资源较为紧缺[⑧]；除此之外，提供给流动儿童的娱乐活动也不充足[⑨]。

---

① 本报记者　乔国栋.北京打工子弟学校遭遇生死劫［N］.中国经济时报，2002-12-27.

② 杨东平.保障流动儿童教育权益北京需要向上海学习［J］.生活教育，2011，17：16.

③ 杨东平.保障流动儿童教育权益北京需要向上海学习［J］.生活教育，2011，17：16.

④ 吕绍青，张守礼.城乡差别下的流动儿童教育——关于北京打工子弟学校的调查［J］.战略与管理，2001，04：95—100.

⑤ 杨东平.保障流动儿童教育权益北京需要向上海学习［J］.生活教育，2011，17：16.

⑥ 王晓宇.北京市流动儿童异地中考政策执行研究［D］.首都师范大学，2014.

⑦ 陶红，杨东平.北京市"流动儿童"教育面临的问题与对策［J］.江西教育科研，2007，01：61—63.以及班建武，余海婴.教育政策执行难的利益分析——以北京市流动儿童义务教育政策实施为例［J］.教育科学，2006，03：10—13.

⑧ 郑童，吕斌，张纯.北京流动儿童义务教育设施的空间不均衡研究——以丰台区为例［J］.城市发展研究，2011，10：115—123.

⑨ 张秋凌，屈志勇，邹泓.流动儿童发展状况调查——对北京、深圳、绍兴、咸阳四城市的访谈报告［J］.青年研究，2003，09：11—17.

2. 北京市学校层面的流动儿童教育问题

从中观层面上看，部分学者关注到流动儿童的学校生活方面的问题，比如有学者从整体上探讨了北京市的流动儿童在城市学习的优点[①]，其中包括获得了城市高质量的教育、获得了父母的支持和帮助、父母教育观念的变化等。

除此之外，有学者关注了流动儿童对学校的满意程度的问题[②]，如师生低冲突性、师生亲密性、支持性以及学生个人的学习兴趣、学习效能感等对于学校满意度均有正向预测作用[③]。

3. 北京市流动儿童个体层面的教育问题

从微观层面上看，学者们主要针对了流动儿童的认知和情感等发展进行了关注。比如在认知的发展领域，有学者分析了流动儿童的学业表现及其影响因素[④]，研究发现，在控制了学校、年级和来京时间差异后，全样本模型中，流动儿童教育期望、学习时间、是否学生干部、健康状况、上学适应性、家庭经济地位、母亲的受教育水平、父母的学习要求、对教师的满意度以及同学关系，对学习成绩（在班级中的排名）有显著的预测作用。也有学者针对家庭经济背景与学习成绩之间的关系，探讨政府投入的教育绩效问题[⑤]。还有的学者关注到了流动儿童的学习需求[⑥]，提出教师要关注流动儿童在学习方面认知准备不足、学习资源匮乏等独特的学习需求。

除了认知方面的发展之外，有研究者关注到流动儿童在迁徙过程中的心理健康等问题，比如城市的文化适应性问题，研究提及流动儿童在北京生活中与城市存在一定的文化隔离，缺乏社会支持，对于其城市的文化融入具有一定的疏离

① 张秋凌，屈志勇，邹泓.流动儿童发展状况调查——对北京、深圳、绍兴、咸阳四城市的访谈报告［J］.青年研究，2003，09：11—17.

② 曲可佳，邹泓，李晓巍.北京市流动儿童的学校满意度及其与师生关系、学业行为的关系［J］.中国特殊教育，2008，（7）：50—55.

③ 李晓巍，邹泓.北京市公立学校与打工子弟学校流动儿童学校适应的比较研究［J］.中国特殊教育，2009，（9）：81—86.

④ 张绘，龚欣，尧浩根.流动儿童学业表现及影响因素分析——来自北京的调研证据［J］.北京大学教育评论，2011，03：121—136，191—192.

⑤ 周皓，巫锡炜.流动儿童的教育绩效及其影响因素：多层线性模型分析［J］.人口研究，2008，04：22—32.

⑥ 燕学敏.北京市流动儿童不同学习需要的调查研究［J］.中国特殊教育，2010，10：84—89.

感[①]；又比如说，在学校学习期间，流动儿童由于薄弱的学业基础和不良的卫生习惯受到了公立学校教师和学生的歧视等问题[②]。而流动儿童自尊心理发展也受到了很多学者的关注[③]。与此同时，也有研究者考虑到流动儿童在经历了城乡过渡过程中的社会化问题[④]，强调了打工子弟学校在建立学生社会化中的重要作用。

总的说来，目前对于北京市的流动儿童的研究主要从三个层面，从宏观层面的教育条件支持、中观层面的学校资源以及微观层面的学生发展等几个角度进行切入。

三、现有流动儿童教育研究的反思

通过对已有文献的分析，我们发现目前流动儿童的教育问题主要集中在宏观就学政策方面、中观学校融入方面和微观个体学业提升方面，其研究的方法主要以调查研究的方法为主。已有的研究为本研究提供了很多的理论和实践的支持，当然也有一些不足的地方。接下来，我们就现有研究内容和研究方法进行反省和总结。

1. 流动儿童教育问题的研究内容反思

根据若干位研究者的分析，目前对流动儿童的教育的关注，主要分成三个阶段，而每一个阶段首先是以新闻报道为开始，接着少量的研究跟着，而后在新闻媒介和研究力量的介入之后，国家出台了有关的教育政策，继而达到了新的研究高潮。

第一阶段，20 世纪 90 年代初到 20 世纪末，以流动儿童的就学机会问题作为考查重点。

自从 1995 年《中国教育报》刊登了流动儿童教育的问题的文章之后，学者们

---

① 比如：王中会，孙琳，蔺秀云. 北京流动儿童区域文化适应及其对城市适应的影响［J］. 中国特殊教育，2013，08：55—60. 田恬. 北京流动儿童对北京的评价及影响因素分析——基于16 个北京流动儿童个案研究［J］. 社会工作下半月（理论），2008，02：55—57. 唐有财. 流动儿童的城市融入——基于北京、广州、成都三城市的调查［J］. 青年研究，2009，01.

② 张秋凌，屈志勇，邹泓. 流动儿童发展状况调查——对北京、深圳、绍兴、咸阳四城市的访谈报告［J］. 青年研究，2003，09：11—17.

③ 李小青，邹泓，王瑞敏，窦东徽. 北京市流动儿童自尊的发展特点及其与学业行为、师生关系的相关研究［J］. 心理科学，2008，04：909—913.

④ 张雪萍. 打工子弟学校在流动儿童社会化过程中的影响分析［D］. 中央民族大学，2009.

开始关注到流动儿童的就学问题，在这个时期，研究者们主要的着力点都放在如何提升流动儿童的教育机会方面。直到1998年教育部与公安部等联合颁发《流动儿童少年就学暂行办法》。

第二阶段，21世纪初期到2005年，以流动儿童的学习生活等问题为研究焦点。

2001年，《国务院关于基础教育改革与发展的决定》首次提出了"两为主"政策。2003年，国务院办公厅先后发布《关于进一步做好进城务工就业农民工子女义务教育工作的意见》，再次明确了"两为主"政策。在这个基础之上，有很多新的问题开始产生，比如流动儿童目前在城市的生存和学习的状况是什么样子的。流动儿童在流入地学校就学之后，和当地的普通儿童一起学习，由于文化的差异和流动过程造成的参差不齐，有部分研究者开始探讨流动儿童在就学学校的心理健康问题，比如城市的认同、学校的满意度、自我身份的认知等问题。而还有研究者继续围绕两个新的政策的落实和完善等问题，继续对流动儿童入学政策的利益矛盾等问题进行探讨。

第三阶段，21世纪初期至今，以流动儿童的学习质量等问题作为新的考查重点。

经过我国政府部门的多年努力，截至2014年底，全国随迁子女在公办学校就学比例保持在80%[1]。也就是，目前流动儿童在学校教育中的问题，已经从过去的入学困难的问题，流动儿童生存境遇的问题，转入到对流动儿童学习质量问题的关注。我们对于流动儿童学习质量的关注，经历了20世纪90年代的对教育政策、教育资源分配和入学条件等宏观问题的焦点，逐步过渡到对学生个人发展及其相应的学校建设、教师教学等层面。比如，有很多学者开始关注对流动儿童产生影响的各种要素，比如包括了家庭经济背景[2]、就学心态[3]、师生关系[4]、与学习有关的个性品质[5]等对流动儿童学业成果的作用机制。

---

[1] 教育部：截至2014年底全国80%随迁子女在公办学校就学［OL］.摘自http://society.people.com.cn/n/2015/0228/c1008-26612401.html，引用时间2015-7-2.

[2] 周皓，巫锡炜.流动儿童的教育绩效及其影响因素：多层线性模型分析［J］.人口研究，2008，04：22—32.

[3] 北京市流动儿童就学及心态状况调查课题组，李雅儒，阳志华，王薇.北京市流动儿童学校师生心态状况调查研究［J］.新视野，2006，03：62—64.

[4] 谢尹安，邹泓，李小青.北京市公立学校与打工子弟学校流动儿童师生关系特点的比较研究［J］.中国教育学刊，2007，06：9—12.

[5] 曲可佳，邹泓，李晓巍.北京市流动儿童的学校满意度及其与师生关系、学业行为的关系［J］.中国特殊教育，2008，（7）：50—55.

2. 流动儿童学业研究设计的反思

目前，对于流动儿童学业成就的研究方法主要是采用实地调查的方式进行，主要是以问卷[1]或个别访谈[2]的方式为主。这些研究深入到对流动儿童父母的访谈，对于了解流动儿童的学习需求具有重要的启示作用。

通过对部分实证调查的研究进行回顾，我们发现在研究变量方面，主要涉及了如下的几个方面：

（1）学业水平变量，已有研究针对流动儿童的学业表现水平开展的研究比较少，主要涉及到的也是仅仅通过对公立学校内部的学生的排名进行收集的方式。主要是集中在学业成就的表现水平，或者与学业成就有关的影响因素方面，比如《流动儿童学业表现及影响因素分析》一文主要是以流动儿童在班级内的排名作为因变量[3]。但是其调查的变量受到所调查学校的水平的限制，无法突破其学校内部的局限。

（2）学校班级变量：包括学校性质、班级规模、学校平均的 SES[4]等要素。

（3）家庭背景变量：包括家庭经济背景、父母教育期望[5]等要素。

（4）学生个体变量：包括人口学变量，如性别与年级[6]；个性特征，比如孤独感、学习特征，比如学习投入（完成作业的时间）、教育期望等要素。

综上所述，在过去已有的研究设计当中，只有很少研究从学生的学业素养及其影响因素的角度去探讨教育过程中的教育公平的问题。而这几篇有限的文献中，只有部分研究能够给我们提供影响学生学业素养的因素，但是我们发现已有的研究采用已有学业成绩的办法来进行，无法实现不同学段之间、采用不同的期末考试试卷的学校之间的比较。而跨学段、跨学校的比较对于我们来说，是一个非常重要的参考资料。

---

[1] 韩嘉玲. 北京市流动儿童义务教育状况调查报告（续）[J]. 青年研究，2001，09: 10—18

[2] 燕学敏. 北京市流动儿童个同学习需要的调查研究 [J]. 中国特殊教育，2010，10: 84—89.

[3] 张绘，龚欣，尧浩根. 流动儿童学业表现及影响因素分析——来自北京的调研证据 [J]. 北京大学教育评论，2011，03.

[4] 周皓，巫锡炜. 流动儿童的教育绩效及其影响因素：多层线性模型分析 [J]. 人口研究，2008，04: 22—32.

[5] 周皓，巫锡炜. 流动儿童的教育绩效及其影响因素：多层线性模型分析 [J]. 人口研究，2008，04: 22—32. 以及陈春，张红. 微观透视影响流动儿童成长的几个变量——对 45 名流动儿童教育现状的调查 [J]. 江苏教育，2006，09: 23—25.

[6] 如：张绘，龚欣，尧浩根. 流动儿童学业表现及影响因素分析——来自北京的调研证据 [J]. 北京大学教育评论，2011，03: 121—136，191—192.

为此，本研究将在这两个方面进行一些突破：第一，本研究力图扩大语文学业素养的概念，将语文的学业素养包括语文的学业水平和学习的动机和策略。第二，本研究力图做到研究方法的拓展，采用多层线性的方法进行研究。

第四节　本研究的理论架构和框架

一、我们到底要研究什么？

本研究的问题主要包括如下两个方面的研究问题：

第一，以北京为主的三所城市的流动儿童的语文素养现状是什么样子的？其中，不同群体之间的语文素养是否存在差异？比如，三所城市的流动儿童的语文素养是否有所差异？公立和民办学校的流动儿童的语文素养是否有所差异？在流动儿童比例不同的学校就读的流动儿童其语文素养是否有所差异？等等。

第二，什么影响了流动儿童的语文素养？在学校层面，有哪些学校层面的要素影响了学生的语文学业素养？在班级层面，教师的哪些要素对于提升流动儿童的语文素养有作用？在个体层面，学生的家庭哪些要素、学生个体的哪些特点对于学生的语文学业素养有所促进？等等。

二、我们怎么开展研究？

（一）研究工具的整体概貌

结合如上的两个问题，本研究主要采用两种形式来进行实地调查（见表1-2），表1-2列举了本次研究的调查指标和有关的调查工具。

表1-2　流动儿童语文学习情况调查指标和工具

调查指标	调查工具	二级调查指标
语文学业素养	语文学业水平试卷	语文基础知识、阅读、写作
	学习动机、方法问卷	学习动机、学习策略

续表

调查指标	调查工具	二级调查指标
相关因素	学校层面问卷	学校性质、流动儿童所占比例、家庭经济背景
	教师层面问卷	教龄、教师效能感
	学生层面问卷	家庭方面：父母教育水平、父母职业声望、父母职业收入、父母期望、补习班、兴趣班
		个体方面：性别、流动普通、学校支持程度、师生关系、自尊

针对第一个研究问题，我们设计了语文素养的测试试卷。在对语文的学习情况的调查方面，我们包括了：语文的学业水平、学生的学习动机、学习策略等几个方面。其中，语文的学业水平测试是根据《义务教育阶段语文课程标准（2011年版）》的要求进行设计。在内容方面，涵盖了语文基础知识、阅读和写作；在能力方面，涵盖了布卢姆目标分类学中的识记、理解、应用、分析、评价和创造等六个层面的目标。

经过初步的测试，最终确定语文测试试题。共有 161 道题，涵盖了三个知识维度（包括语文基础、阅读、写作等三个维度）以及能力维度（包括记忆、理解、运用、分析、评价和创造等六个维度）。

针对第二个研究问题，我们采取了调查问卷的方式，结合先前的研究，我们选择了如下的层面的要素进行调查。其中，设计了教师问卷和学生以及家长的问卷，针对教师和学生及其家长进行调查（见表 1-3）。

表 1-3　调查问卷的设计汇总

问卷	调查指标	调查工具	具体编码
教师问卷	教师教龄	请问你的教龄是?	按照 1—5、6—10、11—15、16 以上进行五级划分
	教师效能感	卡罗尔·米奇利（Carol Midgley）和马丁·L.梅尔（Martin L. Maehr）的适应性学习模式量表中的教师维度中的效能感分量表	1—6 计分
	师生关系	皮安塔（Pianta）的师生关系量表（student-teacher relationship scale，STRS）	1—6 计分

续表

问卷	调查指标	调查工具	具体编码
学生问卷	父母教育水平	你爸爸/妈妈读书情况是？	五级计分，分别是小学、初中、高中、大专/大学、研究生以上
	父母职业水平	你爸爸/妈妈从事的工作是？单位名称叫做？	根据李春玲（2010）职业声望进行编码
	父母收入水平	你爸爸/妈妈从事的工作是？单位名称叫做？	根据《中国统计年鉴（2013年）》"就业人员和工资"①，先进行行业归类，而后进行工资排名的编码
	父母期望	你爸爸/妈妈希望你能读到？	五级计分，分别是小学、初中、高中、大专/大学、研究生以上
	补习班	你每周参加补习班的小时是？	根据具体填写记录
	兴趣班	你每周参加兴趣班的小时是？	根据具体填写记录
	性别	你是男生？女生？	2分变量
	流动与否	请问你是本地出生的吗？如果不是，请问你什么时候从什么地方搬迁来这里？如果你是本地出生的，那么你的爸妈是本地出生的吗？如果不是，请问他们什么时候从什么地方搬迁来这里？	针对问题进行综合判断
	学习动机和策略	比格斯（Biggs）的学习过程量表（learning progress scale）	1—6计分
	学校环境量表	王明德（Ming-te Wang）和杰奎琳·S.埃克尔斯（Jacquelynne S. Eccles）的学校环境量表	1—6计分
	自尊	罗森伯格（Rosenberg）的自尊量表	

（二）研究工具的具体说明

1. 语文学业素养

在本研究中，语文学业素养包括两个方面：语文学业水平和学习的动机、策略。

语文学业水平。语文学业水平的指标缺乏统一的标准，先前相关的研究中大多只是采用学生的期末、期中语文考试成绩作为语文学业素养的指标，由于各个地区或学校出题标准不同，不同地区评定的学生语文学业成绩无法直接比较。而考试成绩的不稳定性，基本上较难准确地反映学生的语文学业水平，这些都将直接影响研究结果的可靠性[①]。

本研究的语文学业水平来自本课题自行研制的测试工具检测的结果，保证了各个学校之间的公平。该测试工具涵盖了义务教育阶段语文课程标准中所涵盖的记叙文、说明文和议论文的阅读以及写作要求。试卷的编制流程如下：第一步，由本课题组制定有关的测试指标框架；第二步，中小学的教师和教研员根据指标框架进行试题设计；第三步，题目经过专家的审核和评估，并开展初步小规模的预试；第四步，在预试的基础之上，课题组修改了有关的试题。最后，我们进行了试题组卷工作，每个年级各两套试题，在每一套试题之间设立锚题，组建等值的题本。测试结果用项目反应理论来计算，获得最终的语文学业水平分数。本次研究采用项目反应理论进行得分的合成，为了合成唯一的语文学业水平得分，本次研究采取单维度的合成方式，整套题本的信度为 0.813。在表 1-4 中，我们呈现的是经典测量理论下六个年级题本的相关测试参数。从表 1-4 可见，各题本的信度跨越为 0.74 到 0.92，区分度的跨度为 0.46 到 0.56，难度跨越为 0.42 到 0.58。

表 1-4　测试题本的参数汇报

题　本	版　本	信　度	区分度	难　度
3 年级	A 卷	0.81	0.49	0.42
	B 卷	0.74	0.48	0.43
4 年级	A 卷	0.81	0.48	0.5
	B 卷	0.79	0.48	0.49
5 年级	A 卷	0.89	0.46	0.49
	B 卷	0.86	0.45	0.45
6 年级	A 卷	0.84	0.47	0.57
	B 卷	0.84	0.5	0.54
7 年级	A 卷	0.85	0.52	0.5
	B 卷	0.83	0.56	0.56
8 年级	A 卷	0.84	0.54	0.57
	B 卷	0.92	0.56	0.58

从图 1-3 可见，学生的成绩最低为 -1.53，最高为 1.69（M=-0.02，SD=0.53），试题的难度可以覆盖学生的能力水平，该套试题具有一定的信效度（见图 1-3）。

----

① 程黎，窦迪娅，冯超，綦春霞，Martin Valcke. 11 岁和 15 岁儿童学习动机和数学素养的关系［J］.心理与行为研究，2013，01：84—89.

```
    学生语文                        测试题目
  学生成绩分布                      难度值分布

      2


                    | 44
                    | 24

                  X | 13
                  X | 45
                    | 52
      1          XX | 40 51
                XXX | 34 59
                 XX |
                XXX | 50
               XXXX | 61 78 85 97
              XXXXX | 58 95 98
            XXXXXXX | 18 43 70 77 89 93
               XXXX | 16 26 76 88 90 92 112
           XXXXXXXX | 4 20 35 36 41 86 107 113
            XXXXXXX | 6 12 54 55 75 79 91 94
          XXXXXXXXX | 7 14 15 22 49 60 96 116
         XXXXXXXXXX | 2 5 17 23 53 56 83 99
            XXXXXXX | 3 10 62 73 105
      0    XXXXXXXX | 8 19 29 30 33 42 57 109 111
            XXXXXXX | 28 104 106 115
           XXXXXXXX | 25 39 71 81 110
            XXXXXXX | 1 27 82 108
             XXXXXX | 31
               XXXX | 11 72
               XXXX |
                XXX |
                XXX | 47 48 114
                XXX | 21 63 65
                 XX | 84 101
                 XX | 103
                 XX | 37 46 68
     -1          XX | 9 102
                  X | 38 74 80
                  X | 32
                  X | 66 67 100
                  X |
                  X |

                    | 87

                  X |
                    | 64

     -2             | 69
```

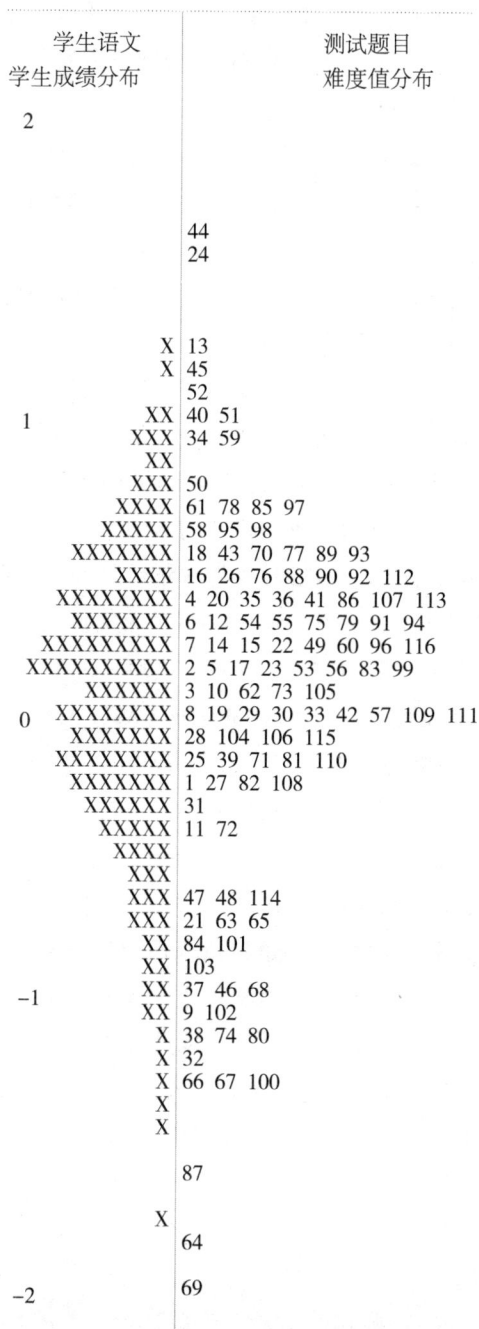

图 1-3　学生语文学业水平和题目难度分布图

学生学业水平等级。为了进一步分析不同学业水平等级的学生心理特征差异，我们还根据这个得出来学生语文学业水平进行了三个等级的划分，分别取前 25%，中间 50% 和后 25% 的学生，进行变量的制定，分别为高水平的学生、中水平的学生和低水平的学生。而这个变量会被用在第五章、第六章、第八章等若干章节。

学习过程量表（Study Process Questionnaire，SPQ）。比格斯（Biggs，1987）的学习过程量表有若干个修订版，其中一个中文版的修订版来自高凌飚教授（Learning process questionnaire，LPQ，2000）。该量表共分为 6 个维度，分别检测"表层式"的学习动机和学习策略，"深层式"的学习动机和学习策略，"成就式"的学习动机和学习策略。不同的学习过程具体包括:（1）表层学习动机指学生为了应付检查和考试及格而进行学习的动机，相应的学习策略是采取一些应付性的、肤浅的、消极被动的学习方法，比如"哪一学科对考试重要，我就多花时间去学，不管这一学科是否有趣";（2）深层学习动机是指对所学内容有内在的兴趣，为弄懂和掌握知识而进行学习的动机，相应的学习策略是采取一种钻研性、探索性的、主动的学习方法，比如"学习时我喜欢钻研问题，直到得出自己的见解为止";（3）成就学习动机是指为了获得高分和得到表扬而进行学习的动机，相应的学习策略受到老师或家长推崇的方式，比如"老师一布置作业，我立刻动手去完成"。该量表共分为 6 个维度:SM、SS、DM、DS、AM、AS，每个维度有 6 个项目，共包含 36 个题目，分别检测"表层式"的学习动机和学习策略，"深层式"的学习动机和学习策略，"成就式"的学习动机和学习策略。

2. 学校层面的自变量

本研究采用自编问卷调查各个地区不同学校的具体情况，由于学校的一些具体情况不宜公开发放问卷，因此主要是单独和各个学校的负责人取得联系，对学校的一些具体情况进一步细化了解。由于各个学校的负责人主要是学校教师，工作繁忙，距离较远，不方便直接填写问卷，因此这些问卷调查有些是老师通过电子邮件直接填写回复，有些是通过电话联系口头回复，还有些是通过手机短信、qq 回复填写，最后统一组织整合。问卷内容主要涉及以下几个部分:

（1）学校性质

学校性质主要划分成公办和民办。在这里用一个二分变量来表示,1 等于民办,0 等于公办。

从已有的研究可知，目前接纳流动儿童就读的学校有些是民间自发产生的，有些是政府推动加入的，虽然发展到后期，随着政策的完善，很多民间产生的学校也得到了政府的许可甚至帮助，但是总体上还是可以分为公办学校和打工子弟学校（流动儿童学校）两类。前者主要是由政府主导的公办校，后者主要是民间自办的民办校。由于这两类学校无论是在师资、教学设备还是文化环境方面都有较大差异，因此本研究从这两类学校中都选取了样本，在选取的 15 所学校中，有 12 所是公办学校，3 所是民办学校，这三所民办学校都是专门面向流动儿童的打工子弟学校，12 所公办学校中也都有一定比例的流动儿童。

（2）流动儿童所占比例

流动儿童在进入一个新学校时，面对一个新的集体，新的环境，能否快速适应、融入新的集体，都可能会对其学业水平产生影响，因此一所学校中流动儿童所占的比例也可能对流动的学业水平产生影响。本研究所选取的 15 所学校大致可按流动儿童所占比例分为三类。其中流动儿童比例小于等于 30% 的学校有 2 所、流动儿童所占比例在 30% 到 80% 的学校共有 6 所，流动儿童所占比例超过 80 中的学校有 7 所。从调查中还发现北京地区甚至已经有公办学校的流动儿童比例超过了 90%，这说明相对于 10 多年前流动儿童就学入学难情况已经有所缓解。

（3）学校的合成变量

学校层面的聚合型标量也可以用来考查学校的影响情况。为此，我们包含了两个变量。

学校层面的父母职业。这个变量等于整所学校的学生父母职业水平的平均数，反映整所学校的经济水平。

学校层面的家庭财富。这个变量等于整所学校的学生家庭财富的平均数，反映整所学校的经济水平。

其他信息。由于调查学校中有几所是主要面向流动儿童的学校，因此会向这些学校了解是否会专门为流动儿童提供一些照顾措施，比如是否可以提前到达，推迟回家等，虽然这些因素与流动儿童学业水平的关系还不明确，但是从以往研究中可知，这些特殊措施目前还是多数流动儿童家庭所需要的。

3. 个体和班级层面的自变量

由于在本次模型拟合过程中，我们发现，我们的数据不支持三个层级的多层模型（具体结果见后），为此，在本次研究中我们采取两个层级的数据模型。由于本次研究的重点在于探讨学校之间的差异，为此，我们采取学校 - 学生两个层级的多层模型。为此，班级层面的自变量和个体层面的自变量一起进行阐述。

（1）班级层面的自变量

班级层面的自变量包括了教师教龄、教师感受到的师生关系和教师的自我效能感等三个变量。

　　教师教龄（Teacher teaching year）。在本次调研过程中，X、Y、Z 的流动儿童学校中，排除部分信息缺失的教师，专家型教师占 50%，所占比例最大，其次是熟手型教师占 34%，新手型教师占比例最小，占 16%。

　　师生关系（student-teacher relationship scale，STRS）。目前广泛使用的师生关系测量工具是皮安塔（2001）编制的师生关系量表（student-teacher relationship scale，STRS）。鉴于时间关系，本研究采用调整后的 STRS-SF 量表。原 STRS 量表有 28 道题，分为亲密性、冲突性和依赖性三个维度。调整后的 STRS-SF 量表只有 15 道题，分为亲密性与冲突性两个维度，删除了依赖性维度。其中，亲密性是指教师与学生间的喜爱、温暖与开放交流的程度；冲突性是指，教师认为他与学生消极和冲突关系的程度。在本研究中，我们计算的是师生关系的总分，而师生关系总分维度测量的是教师认为自己与学生的总体关系。在总分维度得分高的教师倾向于在亲密性维度得分较高，在冲突性维度得分较低，总体来说是一个积极的师生关系。本量表采用六点量表计分，教师依照每个问题与自身符合的程度来进行勾选。

　　教师效能感（Teacher Self-efficacy）。教师效能感量表选自密西根大学的卡罗尔·米奇利和马丁·L. 梅尔等人开发的适应性学习模式量表中的教师量表中的"教师的自我效能感"部分。这个量表在很多研究中被广泛地使用，且信度和效度等指标优良，是一个比较著名的量表。量表包括两个维度：学生维度和教师维度。教师维度测量教师对学校目标导向的认知和教师教学方式的目标导向以及教师的自我效能感。本研究量表即选自教师维度第三部分。本量表共 7 道题，测量教师自我效能感一个维度。采用六点量表计分，教师依照每个问题与自身符合的程度来进行勾选。

　　（2）学生层面的自变量

　　学生的信息通过问卷调查来收集。在学校的协助下，我们还收集了学生的家庭背景信息。这些调查都通过了校长或者老师的认可。

　　在学生层面的变量，首先是包括了学生家庭层面的变量。

　　家庭经济变量。虽然家庭经济背景的指标有所不同，但大部分的家庭经济背景结构都包含以下的变量：父母的教育水平，父母的职业和家庭财富。

　　父母教育水平。问卷题目为："爸爸的学历是（　　　）妈妈的学历是（　　　）？"选择下列编码。父母的教育水平的编码为：0= 没有上学或辍学；1= 小学；2= 初中；3= 高中毕业或高职毕业；4= 专科学校或大学毕业；5= 研究生和以上。

　　父、母职业的指标。"您的父亲/母亲从事什么工作？"请学生在教师和家长的协助下进行填写。

而后我们针对父母职业进行了两个方面的编码。**第一是，职业声望的编码。**国内很多学者开展了我国职业声望层级的研究，比较有影响力的研究是李春玲教授的《当代中国社会的声望分层》。为此在本研究当中，我们采取人民大学李春玲教授对职业声望等级的分类，将父母的职业进行编码，共分为 25 类（25= 最高等级）。

第二是，家庭财富的编码。我们根据国家 2013 年统计局提供的工资标准，按行业进行排名，对父母的职业进行平均收入的编码，为此获得了职业声望、教育水平之外的第三个指标——职业收入水平。我们还按照行业进行排名，进行了父母工资排名的变量。把相应的职业按照行业归类，然后按工资排名编码，共分为 19 类（19= 最高等级）。

本研究对如上的六个变量进行拟合。研究采用因素分析的方法对家庭经济背景的指标拟合。研究使用了软件 spss18.0 对收集的六个内容进行因素分析。经过了探索性因素分析之后，我们发现，提取的两个因子可以解释 70%。结果，我们获得两个因素，第一个家庭经济背景因素是家庭职业文化水平（包括父母教育水平和职业的指标）；另一个因素主要指向家庭的财富指标（包括父母的职业带来的平均收入）。在本研究中，这两个指标被纳入多层线性分析之中。

为了更好地分析学校层面的协调效应，我们将学生个体的家庭经济背景得分在学校层面上进行均分处理。学校层面的家庭经济背景是指求出该所学校学生家庭经济背景得分的均分。在这里，我们又获得两个变量：学校层面的学生家庭财富水平以及学校层面的父母职业水平。

父母期望。问卷题目为："爸爸妈妈期待你上学到什么时候？"选择下列编码：1= 小学；2= 初中；3= 高中毕业或高职毕业；4= 专科学校或大学毕业；5= 研究生和以上。统计中有"出国"的选择编码列入 5。

家庭兴趣投入的指标。包括 2 个问题，分别是"你每周参加多少小时课外兴趣班？"编码为 0= 没有。其他按实际数量填写。编码按分钟统计。

家庭补习投入的指标。包括 2 个问题，分别是"你每周参加多少小时课外补习班？"编码为 0= 没有。其他按实际数量填写。编码按分钟统计。

（3）学生个体的因素

为了考查和测量学生的学习情况，本次研究选用了两个量表，设计了学习情况调查问卷。这些量表分别是王明德（Ming-te Wang）和杰奎琳·S. 埃克尔斯（Jacquelynne S. Eccles）的学校环境量表（School Enviornment Scale）、罗森伯格（Rosenberg）的自尊量表的（Self-esteem scale, SES, 1965）量表。

性别（Gender）。女孩 =0；男孩 =1。

流动与否（Immigrant students）。本研究通过几个问题来共同确定学生是否为流动儿童，其中问题包括了：其父母是否出生在这里？学生从几岁来到这个地方？等几个问题共同判定。其中，由于部分民办学校只是招收流动儿童，为此可以快速判定其属于流动儿童。

学校环境量表（School Environment Scale）。学校环境量表来自王明德和杰奎琳·S. 埃克尔斯该量表是用来测试和评价学生对学校办学特征的感知的。该量表是用来测试和评价学生对学校办学特征的感知的。量表共18个项目，5个维度，这5个维度分别是学校支持维度（4个项目）、学生选择权（4个项目）、教师的教学（3个项目）、教师的情感支持（3个项目）、同伴的情感支持（4个项目）。先前的研究表明这些量表有较好信效度。（1）学校结构性的支持，是指教师能够清楚表达自己的期望，并为学生提供相对一致的教学、评价等教育活动。如，老师下命令的时候很清晰么？老师会通过提问的方式来帮助学生理解概念吗？具体优化学校的结构后，学校将更能胜任它所担当的角色。结构指的是学校以某种组织方式，让学生知道其含义，并且知道在此环境中什么可以走向成功之路。当老师清楚地了解到学生的期望后，给予始终如一的鼓励，并且根据学生水平调整教学结构。教师提供的结构，可以帮助学生更好地参与到学习任务中，培养学生对学校较强的归属意识。（2）学生选择权，是指教师为学生提供和他们密切相关的学业任务和学校管理等方面的参与做决定的机会。如，学生经常可以自由选择团队的伙伴吗？学生经常可以参与制定校规么？具体来说，指教师为学生提供和他们密切相关的学业任务和学校管理等方面的参与做决定的机会。（3）教师的教学支持，是指学生相信学校课程的内容和教学的设计可以为他们提供自我探索的机会。包括：当你在学校遇到问题的时候，你会请老师帮助吗？你时常和老师聊到你的生活吗？你的老师真的理解你的感受吗？具体来说，指在一个有情感支持的学校环境中，学生更愿意参与讨论、对待学习的态度也更为积极。当学生能够自由地表达自己的想法并且遇到问题愿意去寻求老师的帮助时，学生会感到一种愉悦感，这种愉悦感在一定程度上能促进他们的行为、情感和认知参与。（4）教师的情感支持，是指由于教师提供了一个具有情感支持的学校环境，所以学生遇到问题更愿意去找老师帮忙解决。（5）同伴的情感支持，是指学生感知到的同伴的接纳水平和程度，以及和同伴间积极的关系。如，你和朋友会一起聊聊生活中发生的事情吗？你和朋友会谈到你在学校中遇到的问题吗？在本次研究中，该量表的信度达到0.872。

自尊（Self-esteem，SE）。本次研究的问卷调查采用的是罗森伯格于1965年编制的自尊量表，该量表最初是用来评定青少年关于自我价值和自我接纳的总体感受的。目前是我国心理学界使用最多的自尊测量工具。原量表有 10 道题，正向题和反向题各半。测量分数越高，代表着自尊水平越高。本研究中对量表进行了信度检验，信度是 0.687。

国外研究评定自尊的量表主要有以下几种：罗森伯格（1965）的自尊量表（Self-esteem Scale，即 SES），它用来评定青少年关于自我价值和自我接纳的总体感受。纳爱丝和费尔德（Jnais & Field，1959）的自卑量表（Feeling of Inadequacy Scale，简称 FIS），它属于一般的自尊量表，主要用来定量分析个体的缺陷感、自尊、自我敏感性和社交焦虑。库伯史密斯（Coopersmith，1967，1975，1987）的自尊量表（Self-esteem Inventory，即 SEI），有学校缩写版、学校版和成人版三种不同的形式。特科斯（Texas，1974）社交行为调查量表（Social Self-esteem Scale，即 TSBI），是评定测量社交自我价值感。特纳斯（Tennessee，1965，1988）的自我概念量表（Tennessee Self-concept Scale，即 TSC），主要是在于测量自我概念的许多方面，也可以用来测量整体自尊。沙格尔（Shrauger，1990）的个人评价量表（Shrauger Personal Evaluation Inventory，即 PEI），它是有关自信问题的最为有效的调查工具，但是，量表的内容主要局限在大学的圈子里。

国内研究评定自尊的量表主要两类，一类是自己编制的量表；一类是在修订他人已有量表的基础上再进行测量。第一类主要有以下几种：吴怡欣和张景媛编制的自尊问卷，该问卷包括家庭自尊、学业自尊、利他自尊、人际自尊、运动能力、外貌自尊和整体自尊七个维度。魏运华编制了儿童自尊量表，该量表由外表、体育运动、能力、成就感、纪律、公德与助人等六个因素组成。黄希庭、杨雄编制了青年学生自我价值感量表，该量表包括三个分量表，即总体自我价值感量表、一般自我价值感量表和特殊自我价值感量表。第二类主要有：大卫·沃特金斯（David Watkins）和董奇联合修订了儿童自我描述问卷（SQ—1），该问卷共含 41 个题目，分别测量儿童在生理/运动、相貌、同伴关系、亲子关系、语文、数学、学校、一般等 8 个维度上的自我概念（自尊）。张文新修订了库伯史密斯学校缩写版的自尊量表，共25 个条目，用来测查初中生的一般自尊。答会明、季艺富、于欣、钱铭怡等人都对罗森伯格（1965）的自尊量表进行了修订，该量表由 10 个题目组成，用于测量儿童青少年的一般自尊。

本次研究的问卷调查采用的是罗森伯格于 1965 年编制的自尊量表，该量表最初是用来评定青少年关于自我价值和自我接纳的总体感受的。目前是我国心理学界使用最多的自尊测量工具。原量表有 10 道题，正向题和反向题各半，其中第 2、5、6、8、9 题为反题。测量分数越高，代表着自尊水平越高。本次测试中 10 道题全部采用，被试需要按照 6 分水平（从低到高依次是：从不、很少、较少、较多、很多、总是）来对每个项目进行描述。

三、我们针对哪些群体展开研究？

本研究以北京市的流动儿童为主，但为了观察北京市的流动儿童教育政策的优劣，我们还要结合不同的城市进行有关的调查。为此，我们选择了很早就面临流动人口的地区华南的广州市，以及华东地区的温州作为北京市流动儿童的一个参照。

本研究在抽样的时候考虑了如下的几个要素：第一，各省市的 GDP 水平。由于本研究中涉及的流动儿童主要是指农民工随迁子女，而目前已公布的专门针对流动儿童的监测数据还较少，因此本研究在样本选择时主要参考了《2011 年我国农民工调查监测报告》以及 2012 年国家统计局公布的各地区 GDP 排名状况。《2011 年我国农民工调查监测报告》显示：从分省看，农民工就业地区主要分布在广东、浙江、江苏、山东等省，这 4 个省吸纳的农民工占到全国农民工总数的近一半。若按照长三角和珠三角地区进行统计，两个地区务工的农民工分别占全国农民工的 23.1% 和 20.1%，也将占了全国农民工总数的近一半。总体来说，外出农民工仍主要是流向地级以上大中城市，在直辖市务工的占 10.3%，在省会城市务工的占 20.5%，在地级市务工的占 33.9%，在地级以上大中城市务工的农民工比上年提高 1.7 个百分点。此外，从 2012 年统计局公布的 GDP 排名看，前四名分别是广东、江苏、山东、浙江，上海和北京也分别排到了第 11、13 位，由此也可以发现，农民工流向分布也主要是集中在这些区域经济发展较好的地区。总的说来，作为全国经济发达的大城市之一，北京和上海、广州等城市一直是流动人口特别集中的地方，也是流动儿童教育问题特别突出的地方[①]。依据以上监测数据与现状调研，本研究原计划从北京、上海和广州选取研究样本，但由于上海地区样本选取的复杂性，最后折中地选择了浙江温州地区，此地区也是经济发展较好且流动人口集中的地区，可以满足本研究的样本要求。最终确定的三个地区，其中北京属于华北地区、广州属于华南地区，温州属于华东地区，既考虑了农民工的实际分布状况，也尽可能兼顾到不同地区样本的差异。

---

① 余海婴. 理想与现实之间 [D]. 北京师范大学，2005.

　　第二，流动学校的类型。目前，流动儿童的就学渠道主要包括两大类学校[①]：（1）进入公办学校借读；（2）进入民办条件较好的学校就读，或者进入简陋的民办学校就读。为了均衡这几类学校之间的差距，我们采用了50%、75%和90%的比例的方式进行抽样。

　　第三，学生的年级。因小学一二年级在答题时需要教师的读题，而不同教师在读题时的差异会造成学生不同的回答倾向，因而影响数据的信效度，故未对一二年级进行调查。九年级学生处于中考备考状态，学业任务负担较重，为不影响其复习进度，也未对其进行调查。为此，本研究只针对3—8年级的学生进行调查和研究。

　　在抽样方面，本研究采用等级分层抽样的方法，其步骤如下：首先，我们在网上搜寻获得了北京市地区以处境不利儿童为主的民办学校的名录，并致电有关的学校校长获得支持，最后共有15所民办学校参与了调研。其次，通过和某区地方教育管理部门联系，按照流动儿童占50%、75%和90%以上的比例获得了公办学校小学和初中各3所，共6所公办学校的支持。最后，在每一所学校里面采取随机抽样的方式，从这所学校里符合要求的各年级各抽取一个班参与调查。总的说来，共有2568名3—8年级的中小学生参与了这次的研究，所选学校的学生数量介于53至586名（M=171，SD=131）。

表1–5　本研究的学生样本分布

		三年级	四年级	五年级	六年级	七年级	八年级	总数	百分比
地区	北京市	565	500	453	421	86	50	565	80.8%
	广州市	86	88	76	79	0	0	86	12.81%
	温州市	42	42	38	42	0	0	42	6.39%
学校	公办	360	373	298	300	86	50	1467	57.13%
类型	民办	333	257	269	242	0	0	1101	42.87%
总数		693	630	567	542	86	50	2568	100%

　　除了学生之外，他们所在班级的语文科任教师也参与了研究，发放问卷76份，共回收问卷62份。在这些76位教师当中，排除14位部分信息缺失的教师之

[①] 比如，韩嘉玲. 北京市流动儿童义务教育状况调查报告［J］. 青年研究，2001，08：1—7. 以及韩嘉玲. 北京市流动儿童义务教育状况调查报告（续）［J］. 青年研究，2001，09：10—18.

外，教龄为 1—5 年的比例只有 16%，教龄为 6—15 年的熟手型教师占 34%，15年以上的教师比例为 50%。

在 76 个教师样本中，北京、广州、温州的分布情况如图 1-4 所示：

■各省样本量　■样本平均量

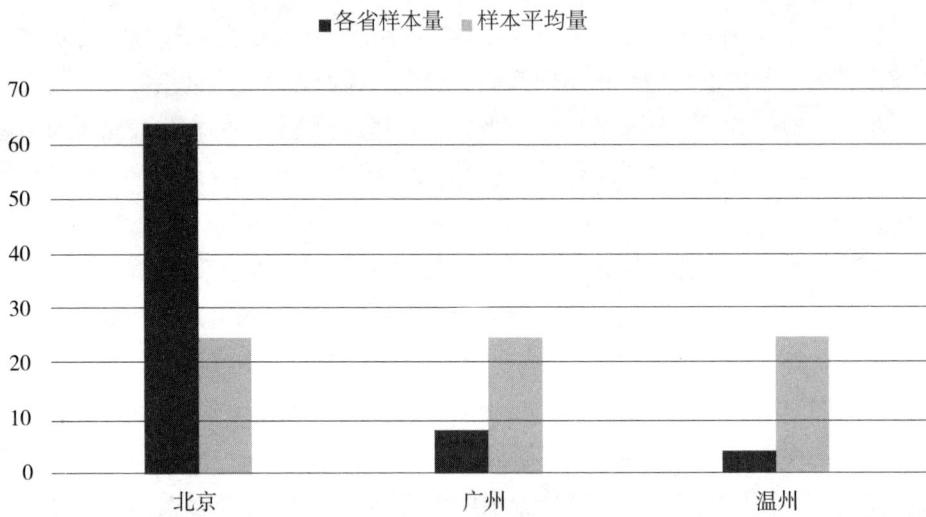

图 1-4　各地区教师样本量与教龄均值的关系

经比较三个地区总体样本平均值为 25。由图 1-4 可知，三个地区样本的数量距离总体平均值的波动幅度较大。其中，北京的样本总量明显偏多，而广州与温州的样本量过小。这说明本次研究的教师样本量在省份这个维度上离散程度很大，不适合做省份间的比较。

四、我们是怎么开展研究的？

第一阶段，文献综述阶段。为了区别有关的影响因素对于语文学业成就的影响机制，找寻作用于语文学科学习中的。经过资料整理，研究人员一起分析、对比、探讨，确定了几个影响流动儿童学业成就的重要因素，包括前期研究中所包含的学校环境因素、教师教学理念因素以及学生个人的自尊、学习动机和学校认同感等因素。

第二阶段为了在前人的基础上建立更加有意义的区分，研究人员利用前期的调研数据，分析我国小学阶段家庭经济背景对于学生语文和数学成绩的影响差异，从中找寻基于不同的学科性质所展露出来的影响因素的特征。通过多层线性模型分析小学生家庭经济背景与语文和数学学业水平之间的关系，试图考察家庭经济背景对于不同学科的影响。研究结果表明：与数学相比，小学阶段学生家庭经济背景的每一要素对语文学业水平有较强的预测效应，而处境不利的学生仍旧有机会获得较好的数学成绩，却无法在语文学习上达到与家庭背景优秀的学生同等的成绩。而随着学生就学年限的增长，这种家庭经济背景对于学生语文和数学学业水平的影响呈现出递增的态势，低年段的学生更加容易受到家庭财富水平的影响，但是高年段的学生受到父母文化资本累积影响较多[①]。

第三阶段，语文学业素养试卷编制阶段。在这个研究的基础上，研究人员重新反思语文素养的概念和定义，试图建立一个能够区分出流动儿童所特有的语文素养。按照英国教育社会学伯恩斯坦（Bernstein）的理论，流动儿童所处的社会阶层及其语言要素决定了他们的语言特点，如果按照中产阶级的语言符码所规范的语文素养加以测试，那么有缺公平。为此，我们试图探究流动儿童的语言特点，并在此基础上重新拟定了新的语文素养的测试框架，包括了语素能力、阅读能力和写作能力等范畴，研究并设计出一套测试的工具。重新审查和修订阅读试题，经过初步的测试，最终确定语文测试试题，涵盖了五个知识维度（包括语言知识、语用知识、文体知识、文学知识和文化积累等五个维度）以及能力维度（包括记忆、理解、运用、分析、评价和创造等六个维度）。

第四阶段，实地调研和数据清理工作。研究人员针对不同类型的学校进行了一个调研，测试试卷的批改工作，并进行数据的清理。在测试完成之后，我们首先集中回收，并针对试题的实际作答情况进行标准答案的修订。其次，组织大学生、研究生等根据标准答案进行测试的批改。再次，将测试的结果交由录入公司录入。接着，进行数据的回收和数据的清理工作。最后，进行数据的详细分析，选择可用的变量进行详细的描述和说明。

---

① 赵宁宁，樊金凤，杨贝贝，马媛. 小学生家庭经济背景对语、数学业成就预测效应比较 [J]. 教育科学，2014，02：69—74.

第二章　流动儿童教育政策历史变迁

　　本章主要从国家层面、地方层面回顾了流动儿童的有关教育政策的历史发展过程，在这些历史发展过程中来梳理目前流动儿童的教育可能所面临的问题，并从这些问题中抽取出本次研究当中的现存状况。目前我们的研究就从我们现有的流动儿童教育政策的落实情况开始，全面检测不同的流动儿童的语文学业素养。

第一节　国家层面流动儿童教育政策

一、我国流动儿童教育政策

　　随着经济发展和社会进步，我国流动人口规模不断扩大，流动儿童少年就学问题日趋突出，并已成为普及义务教育工作的一个难点和社会关注的问题。国家教委等部门针对这一问题出台了相关的政策。

　　通过对于这些政策的阅读和梳理，我们将以国家对于流动儿童受教育是否收取借读费用为标志，将其分为前后两个阶段。这以 2003 年国务院办公厅转发教育部等六部委《关于进一步做好进城务工就业农民子女义务教育工作的意见》[①]（国办

[①] 关于进一步做好进城务工就业农民子女义务教育工作的意见. 中华人民共和国教育部. 2003. 9.

发〔2003〕78号）为标志。

1996年以前，国家有关部门对于流动人员自己组织办的学校持不支持的态度。韩嘉玲在对北京市进城务工农民的实地调查中发现，大约在1992年至1993年间，一些在北京务工的农民开始自己组织起来，建立"自力救济"的小班私塾式学校，专门招收进城务工的农民工子女就学，期间多次遭到有关部门的取缔①。

自1996年起，国家开始出台相关的政策来保障流动儿童的受教育权利。但是，从1996年到2003年，国家并没有取消流动儿童的借读费用。

1996年4月，国家教委基础教育司印发了《城镇流动人口中适龄儿童、少年就学办法（试行）》，规定城镇流动人口中适龄儿童、少年就学，应以在流入地全日制中小学借读为主；没有条件进入全日制中小学的，可以进入各种形式的教学班、组，接受非正规教育。1998年3月国家教委、公安部发布《流动儿童少年就学暂行办法》②，规定"流入地人民政府应为流动儿童少年创造条件，提供接受义务教育的机会。""流动儿童少年就学，以在流入地全日制公办中小学借读为主，也可入民办学校、全日制公办中小学附属教学班（组）以及专门招收流动儿童少年的简易学校接受义务教育。""招收流动儿童少年就学的全日制公办中小学，可依国家有关规定按学期收取借读费。"

1998年的变化在于它首次明确了"两为主"政策（以流入地区政府管理为主，以全日制公办中小学为主），强调"流入地人民政府应为流动儿童创造条件，提供接受义务教育的机会。"

"两为主"政策，是解决农民工子女接受义务教育问题的有力举措，标志着解决农民工子女接受义务教育问题已经成为一种政府行为③。2001年《国务院关于基础教育改革和发展的决定》④进一步指出，"要重视解决流动儿童接受义务教育问题，以流入地区政府管理为主，以全日制公办中小学为主，采取多种形式，依法保障流动儿童接受义务教育的权利。"这一规定，意味着中央政府解决流动儿童接

---

① 韩嘉玲.北京市流动儿童义务教育状况调查研究［J］.青年研究，2001（8），1—7.

② 中华人民共和国教育部.流动儿童少年就学暂行办法［Z］.1998-3. http://www.moe.edu.cn/publicfiles/business/htmlfiles/moe/moe_621/200409/3192.html

③ 中央教育科学研究所教育发展研究部课题组.进城务工就业农民子女接受义务教育的政策措施研究［J］.教育研究.2007：4.

④ 中华人民共和国教育部.国务院关于基础教育改革和发展的决定［Z］.2001-5-29. http://www.moe.edu.cn/publicfiles/business/htmlfiles/moe/moe_719/200409/3843.html

受义务教育问题的"两为主"政策正式成型[①]。2002年国家教育部召开全国工作会议，要求流入地政府安排一部分城市教育费附加用于解决进城务工就业农民子女接受义务教育。从2002年的流入地政府给予进城就业农民工子女部分的经费支持可以看出政府对于保障其接受义务教育权利的力度在加强。

自2003年起，国家开始命令禁止收取流动儿童的借读费用，从这一点可以看出国家开始从财政上不断加强、加深对于流动儿童受教育的支持力度，以此保障流动儿童接受义务教育的权利。

2003年9月，国务院办公厅转发教育部等六部委《关于进一步做好进城务工就业农民子女义务教育工作的意见》[②]（国办发〔2003〕78号）。《意见》指出："进城务工就业农民子女转学、返学禁止收取任何费用"；"设立'民办学校'条件将酌情放宽"；"进城务工就业农民子女上学收费须与当地学生一视同仁"；"全日制公办中小学是进城务工就业农民子女就学主渠道"等等。与1998年的《暂行办法》相比，此《意见》仍然坚持"两为主"的政策原则，但是，对于流动儿童在流入地接受义务教育采取了更宽容的态度，不再要求流动儿童交纳借读费，而是更加强调政府的财政责任[③]。2006年3月的《国务院关于解决农民工问题的若干意见》[④]提出，"输入地政府要承担起农民工同住子女义务教育的责任，将农民工子女义务教育纳入当地教育发展规划，列入教育经费预算，以全日制公办中小学为主接收农民工子女入学，并按照实际在校人数拨付学校公用经费。城市公办学校对农民工子女接受义务教育要与当地学生在收费、管理等方面同等对待，不得违反国家规定向农民工子女加收借读费及其他任何费用。输入地政府对委托承担农民工子女义务教育的民办学校，要在办学经费、师资培训等方面给予支持和指导，提高办学质量。"2006年6月，十届人大常委会第22次会议通过了《中华人民共和国义务教育法（修订案）》[⑤]，其中第二章第十二条明确规定："父母或者其他法定监护人在非户籍所在地工作或者居住的适龄儿童少年，在其父母或者其他法定监护人

① 盛芰.流动儿童受教育权的法律保护研究［D］.苏州大学硕士论文.2009.

② 教育部、中央编办、公安部、发展改革委、财政部、劳动保障部.关于进一步做好进城务工就业农民子女义务教育工作的意见［Z］.2003-9-13.http://www.moe.edu.cn/publicfiles/business/htmlfiles/moe/moe_40/200309/147.html

③ 盛芰.流动儿童受教育权的法律保护研究［D］.苏州大学硕士论文.2009.

④ 国务院.国务院关于解决农民工问题的若干意见［Z］.2006-1-31.http://www.gov.cn/zhuanti/2015-06/13/content_2878968.htm

⑤ 本书编委会.中华人民共和国义务教育法-2015年最新修订［Z］.北京：中国法制出版社，2015.

工作或者居住地接受义务教育的，当地人民政府应当为其提供平等接受义务教育的条件"。这标志着政府以法律的形式，将解决农民工子女平等接受义务教育问题推向一个新的阶段。农民工子女平等接受义务教育成为一个有法律保障和指导的政府行为①。2012 年 9 月《国务院关于深入推进义务教育均衡发展的意见》②指出，"保障进城务工人员随迁子女平等接受义务教育。要坚持以流入地为主、以公办学校为主的"两为主"政策，将常住人口纳入区域教育发展规划，推行按照进城务工人员随迁子女在校人数拨付教育经费，适度扩大公办学校资源，尽力满足进城务工人员随迁子女在公办学校平等接受义务教育。在公办学校不能满足需要的情况下，可采取政府购买服务等方式保障进城务工人员随迁子女在依法举办的民办学校接受义务教育。"2014 年国务院印发的《关于进一步做好为农民工服务工作的意见》中指出，"着力推动农民工逐步实现平等享受城镇基本公共服务和在城镇落户。公办义务教育学校要普遍对农民工随迁子女开放。"

这些政策是从无到有，从不完善到逐渐完善，从最开始的取缔到现在的鼓励和扶持。通过回顾这些政策的变迁历史，我们发现国家对于流动儿童受教育问题的关注和重视的程度在不断加强，各地政府开始从政策上、财政上、法律上进一步地保障流动儿童接受义务教育的权利。

二、国外的移民儿童教育政策

国外的移民儿童由于文化背景的差异，与我国的流动儿童面临的问题不尽相同。但国外的一些教育政策也许可以给我们一些启示。

无论是欧盟还是美国都采取了相应的政策措施来保障其流动工人子女和迁移人口的平等入学问题。如，欧盟理事会规定其成员国应采取适当的措施，以保证在其领土内为必须接受义务教育的流动工人子女提供"有利于最初适应新环境的免费辅导"③。而美国在保障其迁徙学生平等入学方面也采取了一系列相关的措施：

---

① 中央教育科学研究所教育发展研究部课题组．进城务工就业农民子女接受义务教育的政策措施研究［J］．教育研究．2007：4．

② 国务院．国务院关于深入推进义务教育均衡发展的意见［Z］．2012-9-15．http://www.gov.cn/zwgk/2012-09/07/content_2218783.htm

③ 中央教育科学研究所教育发展研究部课题组．进城务工就业农民子女接受义务教育的政策措施研究［J］．教育研究，2007：4．

如完善立法，通过立法来保障迁移学生和非迁移学生一样享有平等入学的权利；开展"保留在原处"的活动（如芝加哥），"新来者项目"的活动，"走出校门计划"的活动，这些活动不仅使社会各界的教育者、家长、学生了解学生流动可能会带来的后果，同时还采取相应的措施来确保学生能够顺利、平稳地转学，并且转学后可以尽快地融入新环境，如为流动学生和家长提供多方面的帮助，和社会服务机构共享信息；与此同时，美国还为学生建立"迁移学生记录传递系统"，利用网络的便捷来对迁移学生提供追踪服务①。

三、流动儿童学校的教育政策历史变迁

近年来随着国家对流动人口群体越来越重视，大量的相关政策也应运而生，其中相当一部分是为了解决流动儿童就学问题的教育政策。对于大量还未成年的流动儿童而言，平等正常的接受教育是相当重要的，而国家的教育政策对流动儿童学校的发展几乎起到决定性作用，因此很有必要对流动儿童学校的教育政策进行梳理。

1. 萌芽期（20 世纪 80 年代—20 世纪 90 年代中期）

1995 年 1 月 21 日《中国教育报》刊登的李建平的报道性文章《流动的孩子哪上学——流动人口子女教育探讨》是中国国内最早提及农民工子女教育问题的文章②。虽然在此之前就已经有流动儿童存在，但是并没有引起实质性的关注。在1998 年以前，关于谁应负担流动儿童的教育责任和教育经费的问题并不明确，流入地政府和流出地政府互相推诿，实际的教育经费很大程度地落在了流动儿童自身的家庭上。他们或者交纳高额的借读费、赞助费选择到公办中小学就读；或者交纳数额不一的学费到打工子弟学校上学③。但是对于大多数条件较差的农民工家庭而言，他们的流动子女只能接受非正规式教育，甚至是不合法的教育。此阶段还没有正规意义上的政策法令出台，但是越来越多的与流动儿童教育相关的问题的涌现已经显示出必要的政策法令的重要性。

2. 初期探索（20 世纪 90 年代中期—21 世纪初期）

在此阶段，不仅社会各研究组织开始积极关注流动儿童就学现状，国家也开

---

① 石人炳.美国关于流动儿童教育问题的研究与实［J］.比较教育研究，2005：10.
② 干燕丹.城市农民工随迁子女义务教育：制度、责任与对策［D］.上海：上海师范大学.2010.
③ 盛芰.流动儿童受教育权的法律保护研究［D］.苏州：苏州大学硕士论文.2009.

始尝试探索制定相应政策。1996 年，在联合国儿童基金会的支持和鼓励下，原国家教委基础教育司与国家教育管理信息中心首次在北京、上海、天津、广东和浙江等地就城市农民工随迁子女的义务教育情况作了一系列实证调查，其研究成果于 1997 年 9 月发表，这是首次针对全国性的城市农民工随迁子女义务教育问题进行的具有里程碑意义的调查研究[①]。

与此同时，1996 年 4 月 2 日，国家教委基础教育司印发了《城镇流动人口中适龄儿童、少年就学办法（试行）》[②]，规定城镇流动人口中适龄儿童、少年就学，应以在流入地全日制中小学借读为主；没有条件进入全日制中小学的，可以进入各种形式的教学班、组，接受非正规教育。

1998 年 3 月国家教委、公安部发布《流动儿童少年就学暂行办法》[③]，规定"流动儿童少年常住户籍所在地人民政府应严格控制义务教育阶段适龄儿童少年外流。凡常住户籍所在地有监护条件的，应在常住户籍所在地接受义务教育，常住户籍所在地没有监护条件的，可在流入地接受义务教育。""流入地人民政府应为流动儿童少年创造条件，提供接受义务教育的机会。""流动儿童少年就学，以在流入地全日制公办中小学借读为主，也可入民办学校、全日制公办中小学附属教学班（组）以及专门招收流动儿童少年的简易学校接受义务教育。""招收流动儿童少年就学的全日制公办中小学，可依国家有关规定按学期收取借读费。"

1998 年的变化在于它首次明确了"两为主"政策（以流入地区政府管理为主，以全日制公办中小学为主），强调"流入地人民政府应为流动儿童创造条件，提供接受义务教育的机会。""两为主"政策，是解决农民工子女接受义务教育问题的有力举措，标志着解决农民工子女接受义务教育问题已经成为一种政府行为[④]。但是，也应该看到，1998 年的《暂行办法》还是有一些局限性：对农民工子女采取的是限制措施，强调"流动儿童少年常住户籍所在地人民政府应严格控制义务教育阶段适龄儿童少年外流"；也没有明确流入地政府对已经进城的农民工子女义务教育的保障责任，但这已经体现了国家的积极探索。

① 干燕丹.城市农民工随迁子女义务教育：制度、责任与对策 [D].上海：上海师范大学.2010.

② 国家教委基础教育司.城镇流动人口中适龄儿童、少年就学办法（试行）[Z].1996-4. http：//www.hbe.gov.cn/content.php？id=1357

③ 中华人民共和国教育部.流动儿童少年就学暂行办法 [Z].1998-3-2.http：//www.moe. edu.cn/publicfiles/business/htmlfiles/moe/moe_621/200409/3192.html

④ 中央教育科学研究所教育发展研究部课题组.进城务工就业农民子女接受义务教育的政策措施研究 [J].教育研究.2007：4.

3. 逐步完善（21 世纪初期至今）

时间进入 21 世纪，随着国家经济社会的快速发展，流动儿童不仅数量在增加，对教育的质量要求也在逐步提高。因此国家也更加关注流动儿童就学问题并随之提出了很多相应政策，积极解决流动儿童就学问题。

2001 年《国务院关于基础教育改革和发展的决定》[①]进一步指出，"要重视解决流动儿童接受义务教育问题，以流入地区政府管理为主，以全日制公办中小学为主，采取多种形式，依法保障流动儿童接受义务教育的权利。"这一规定意味着中央政府解决流动儿童接受义务教育问题的"两为主"政策正式成型[②]。

2002 年国家教育部召开全国工作会议，要求流入地政府安排一部分城市教育费附加用于解决进城务工就业农民子女接受义务教育。

2003 年 9 月 17 日，国务院办公厅转发教育部等六部委《关于进一步做好进城务工就业农民子女义务教育工作的意见》[③]（国办发〔2003〕78 号）。《意见》指出："进城务工就业农民子女转学、返学禁止收取任何费用"；"设立'民办学校'条件将酌情放宽"；"进城务工就业农民子女上学收费须与当地学生一视同仁"；"全日制公办中小学是进城务工就业农民子女就学主渠道"等等。与 1998 年的《暂行办法》相比，此《意见》仍然坚持"两为主"的政策原则，但是对于流动儿童在流入地接受义务教育采取了更宽容的态度，不再要求流动儿童交纳借读费，而是更加强调政府的财政责任[④]。

2006 年 3 月的《国务院关于解决农民工问题的若干意见》[⑤]提出，"输入地政府要承担起农民工同住子女义务教育的责任，将农民工子女义务教育纳入当地教育发展规划，列入教育经费预算，以全日制公办中小学为主接收农民工子女入学，并按照实际在校人数拨付学校公用经费。城市公办学校对农民工子女接受义务教育要与当地学生在收费、管理等方面同等对待，不得违反国家规定向农民工子女加收借读费及其他任何费用。输入地政府对委托承担农民工子女义务教育的民办

---

① 中华人民共和国教育部．流动儿童少年就学暂行办法［Z］．1998-3-2．http：//www.moe.edu.cn/publicfiles/business/htmlfiles/moe/moe_621/200409/3192.html

② 盛芰．流动儿童受教育权的法律保护研究［D］．苏州大学硕士论文．2009.

③ 中华人民共和国中央人民政府．关于进一步做好进城务工就业农民子女义务教育工作的意见［Z］．2006-12-15．http：//www.gov.cn/ztzl/ywjy/content_470391.htm

④ 盛芰．流动儿童受教育权的法律保护研究［D］．苏州大学硕士论文．2009.

⑤ 国务院．国务院关于解决农民工问题的若干意见．［Z］．2006-3-28．http：//www.gov.cn/zhuanti/2015-06/13/content_2878968.htm

学校，要在办学经费、师资培训等方面给予支持和指导，提高办学质量。"

2006 年 6 月，十届人大常委会第 22 次会议通过了《中华人民共和国义务教育法（修订案）》①，其中第二章第十二条明确规定："父母或者其他法定监护人在非户籍所在地工作或者居住的适龄儿童少年，在其父母或者其他法定监护人工作或者居住地接受义务教育的，当地人民政府应当为其提供平等接受义务教育的条件"。这标志着政府以法律的形式，将解决农民工子女平等接受义务教育问题推向一个新的阶段，农民工子女平等接受义务教育成为一个有法律保障和指导的政府行为②。

在 2010 年的《政府工作报告》③中温家宝总理强调：教育、科技和人才是国家强盛的基石，也是综合国力的核心。要有计划有步骤地逐步实现农民工了女就学等方面与城镇居民享有同等待遇。

2012 年 9 月《国务院关于深入推进义务教育均衡发展的意见》④指出，保障进城务工人员随迁子女平等接受义务教育。要坚持以流入地为主、以公办学校为主的"两为主"政策，将常住人口纳入区域教育发展规划，推行按照进城务工人员随迁子女在校人数拨付教育经费，适度扩大公办学校资源，尽力满足进城务工人员随迁子女在公办学校平等接受义务教育。在公办学校不能满足需要的情况下，可采取政府购买服务等方式保障进城务工人员随迁子女在依法举办的民办学校接受义务教育。

2014 年《国务院关于进一步做好为农民工服务工作的意见》⑤着力推动农民工逐步实现平等享受城镇基本公共服务和在城镇落户一条中再次明确保障农民工随迁子女平等接受教育的权利。输入地政府要将符合规定条件的农民工随迁子女教育纳入教育发展规划，合理规划学校布局，科学核定公办学校教师编制，加大公办学校教育经费投入，保障农民工随迁子女平等接受义务教育权利。公办义务教育学校要普遍对农民工随迁子女开放，与城镇户籍学生混合编班，统一管理。积

---

① 中国普法网．中华人民共和国义务教育法（修订案）[Z]．2014-4-29．http：//www.legalinfo. gov.cn/index/content/2014-04/29/content_5487463.htm？ node=68451

② 中央教育科学研究所教育发展研究部课题组．进城务工就业农民子女接受义务教育的政策措施研究 [J]．教育研究．2007：4.

③ 政府工作报告 [Z]．2010-3-15．中国网 http：//www.china.com.cn/policy/txt/2010-03/15/content_19612372.htm

④ 中华人民共和国教育部．国务院关于深入推进义务教育均衡发展的意见 [Z]．2012-9-7．http：//www.gov.cn/zwgk/2012-09/07/content_2218783.htm

⑤ 国务院．国务院关于进一步做好为农民工服务工作的意见 [Z]．2014.9-30．http：//www.gov.cn/xinwen/2014-09/30/content_2759111.htm

极创造条件着力满足农民工随迁子女接受普惠性学前教育的需求。对在公益性民办学校、普惠性民办幼儿园接受义务教育、学前教育的学生，采取政府购买服务等方式落实支持经费，指导和帮助学校、幼儿园提高教育质量。各地要进一步完善和落实好符合条件的农民工随迁子女接受义务教育后在输入地参加中考、高考的政策。开展关爱流动儿童活动。

通过以上的简单梳理，我们基本可以发现国家对流动儿童的教育问题不仅越来越重视，而且一直在努力探索新政策、新方法，从"限制"到"开放"且"不断完善"，从"有学上"到"上好学"。不仅要为流动儿童提供平等的受教育机会，还要让他们与当地的孩子一样，可以接受越来越好的教育，真正平等地享受城镇基本公共服务。

总的说来，我国流动儿童接受义务教育的形式有三种情形：就读于流动人口自办学校、在流入地公办学校借读、就读于私立学校或寄宿学校[①]。流动人口子女跟随父母进入城市后，一般有四种就学渠道：一是进入收费少、数量多、门槛低的非正规流动人口子弟学校。非正规的流动人口子弟学校办学条件恶劣，学校安全和办学质量都没有保障，且师资力量差，校舍简陋，教学设施不完备，校园环境和卫生等方面都存在诸多的隐患，即便如此，仍然是绝大多数流动人口子女所能得到的最好的上学条件。二是借读于公立学校。城市公立学校起初并不接纳无本地户口的流动人口子女，后来虽原则上不排斥，但各种额外的费用为流动人口子女就学设置了障碍。现在虽然不再收取各种额外的费用了，但大量流动人口子女的到来为流入地政府的教育投入和管理责任带来了巨大的负担，在教育投入和管理责任大为增加却没能获得相应补偿的条件下，流入地政府能够通过"不作为"的方式消极抵制中央政府的合法性举措。所以，到此类学校就读的流动人口子女很少。即使部分孩子有条件进入公办学校，也遭受来自各方面的不公平待遇。三是进入专门为流动人口子女开办的学校。这类学校在一些经济较发达的大城市开办较多，而在一般的中小城市开办较少或是没有，所以难以满足大量流动人口子女就学的需要。四是进入正规的民办学校或私立学校（贵族学校）学习。这类学校收费很高，需要流动人口家庭有较高的经济收入支撑。但流动人口家庭的生存现状都令人担忧，所以进入这类学校就读对他们来说是非常困难的[②]。

---

① 陈瑞丰.我国流动儿童义务教育的法律思考［D］.苏州大学硕士学位论文.2005.

② 李晋媛，张迎春.近年来流动人口子女教育状况研究综述［J］中北大学学报（社会科学版），2008.

第二节 北京市流动儿童教育政策

我们查阅了北京市教育委员会的官方网站（http://www.bjedu.gov.cn），在里面输入流动儿童，从中搜索出关于流动儿童的有关政策和方式。在第一节我们已经结合北京市教委 2002 年 3 月制定的《北京市对流动人口中适龄儿童少年实施义务教育的暂行办法》进行了相关描述，下面我们就其历史发展历程进行回顾。

一、流动儿童的教育政策的拉锯战

有学者认为我国的流动儿童义务教育政策经历了"严格控制义务教育阶段适龄儿童少年外流"和"进一步做好进城务工就业农民子女义务教育工作"两个历史阶段，而根据国家相关政策导向为依据制定的北京市流动儿童义务教育政策在不断的发展中也体现了这一价值导向的转变。余海婴在《理想与现实之间》[①] 一文中将北京市前期关于流动儿童教育政策做了非常详尽的梳理。

1. 观望与等待：《暂行办法》出台前

1998 年，国家教育委员会、公安部联合下发了《流动人口中适龄儿童少年就学暂行办法》。第三条中明确规定，"流动儿童少年常住户籍所在地人民政府应严格控制义务教育阶段儿童少年外流"。在此背景下，1998 年到 1999 年间，上海、广州等城市陆续出台了相应的地方政策法规，而北京市教委虽然于 1998 年初制定了《北京市对外来人口中适龄儿童、少年实施义务教育的暂行办法（讨论稿）》，但并没有出台实施细则。作为一个有着 1300 万人口和 300 万流动人口的超大型城市以及国家首都，出于种种考虑，北京市政府在 1998 年至 2002 年间这一阶段更多的是观望与等待，这也直接导致了北京市流动儿童教育问题的日益突出，引发了社会各界对政府出台相关政策的关注与敦促[②]。

2. 实质性进展：《暂行办法》阶段

2002 年 4 月 3 日，在社会各界的敦促下，北京市政府办公厅转发了市教委制

---

① 余海婴. 理想与现实之间——北京市流动儿童义务教育政策执行与影响因素分析 [D]. 北京师范大学，2005.5.

② 余海婴. 理想与现实之间——北京市流动儿童义务教育政策执行与影响因素分析 [D]. 北京师范大学，2005.5.

定的《北京市对流动人口中适龄儿童少年实施义务教育的暂行办法》①（京政办发
〔2002〕19 号），并于同年 7 月印发了《关于贯彻落实〈北京市对流动人口中适龄
儿童少年实施义务教育的暂行办法〉的通知》②（京教基〔2002〕31 号）。这标志着
北京市流动儿童教育工作进入了全新的《暂行办法》政策阶段，政府工作迈出了
实质性的步伐。

　　这一政策出台的背后，是国家人口流动政策价值导向的变化。由于政府控制
流动人口的举措并没有取得预期效果，随着流动人口不断的大量迁移，自 2000 年
下半年开始，国家关于农村劳动力流动就业的政策发生了由限制到理性引导的积
极转变。且国务院关于《基础教育改革与发展的决定》也于 2001 年 5 月出台，并
第一次确定了解决流动儿童教育"两为主"的原则。即以流入地政府管理为主，
以全日制、公办中小学接收流动儿童入学为主。这一重要转变决定了流入地政府
在解决流动儿童接收义务教育问题中不可推卸的管理责任。

　　《北京市对流动人口中适龄儿童少年实施义务教育暂行办法》（以下简称《暂
行办法》）及有关具体实施意见。其中两点内容引起教育界、社会公众以及媒体的
广泛关注：一是降低流动人口中适龄儿童少年在北京公办学校入学借读费用，小学
由每学期 600 元降为 200 元，初中由每学期 1000 元降为 500 元。二是将流动人口
自办学校（民工子弟学校等）逐步纳入社会力量办学轨道。但是尽管确立了"两
为主"的原则，出于各种考虑，北京市在《暂行办法》的第一条中规定"凡在户
籍所在地有监护条件的，应当回户籍所在地接受义务教育"一条，使流入地政府
对解决流动儿童就学问题的态度变得暧昧起来，为其不解决问题提供了"回旋空
间"。而且《暂行办法》中对于想要留在北京就读的流动儿童的所需要提供的入学
证明及要求相当复杂。"流动儿童少年符合在本市借读条件的，由其父母持申请借
读者户籍所在地乡（镇）级人民政府出具的该儿童、少年及其父母的户籍证明；其
父母的身份证、在本市的暂住证和外来人员就业证等证明材料向暂住地所在的街
道办事处或乡（镇）人民政府提出申请，上述主管部门经核准同意后，为其开具
'在京借读批准书'。流动儿童少年可持'在京借读批准书'和原就读学校出具的
学籍证明，到暂住地附近学校联系借读，经学校同意后即可入学。暂住地附近学

———————

　①　北京市对流动人口中适龄儿童少年实施义务教育的暂行办法〔Z〕. 2002-3-28. http://www.bjedu.gov.cn/publish/portal27/tab1654/info32066.htm

　②　北京市教育委员会等.关于贯彻落实〈北京市对流动人口中适龄儿童少年实施义务教育的暂行办法〉的通知〔Z〕. 2007-3-27. http://www.chpedu.net/news/201506/31214.shtml

校接收有困难的，可报请暂住地区县教育行政部门予以协调解决。"且还要缴纳一定数额的借读费，"流动儿童少年在本市公办中小学借读，学校可按照有关规定向其收取借读费和相应的杂费。对家庭确有困难的学生，学校应酌情准予缓交或减免借读费。具体标准和办法，可参照《北京市中小学学杂费减免办法》执行。"等。

3. 加快步伐：《意见》阶段

2004年8月北京市为落实国务院2003年《关于进一步做好进城务工就业农民子女义务教育工作的意见》的政策精神，由政府办公厅转发了市教委等10个部门《关于贯彻国务院办公厅进一步做好进城务工就业农民子女义务教育工作文件的意见》（以下简称《意见》）。《意见》对《暂行办法》中"两为主"的政策目标等几个方面进行了补充：（1）由区县政府负责为主，要求各地区、县政府及各有关部门尽快建立有效工作工作制度和运行机制，各部门配合督导进城务工农民子女接受义务教育，并具体规定了各街道办事处、乡镇政府、教育行政部门、公安部门、发展改革部门、财政部门、编制部门、民政部门、国土资源及房屋管理部门、劳动保障部门、卫生部门、教育督导部门等各级政府和部门的职责范围。（2）在财政上，各区县要按照学校实际学生人数划拨生均经费，即将公办中小学中借读的进城务工农民子女所需义务教育经费正式划拨到区县财政预算中。（3）以公立中小学接收为主，对来京务工就业农民子女在京接受义务教育的收费与北京市户籍学生一视同仁，自2004年9月开始对符合来京务工就业农民子女条件的借读生免收借读费。公办学校的教职工编制按照在校实际学生数进行核定。（4）对于审批打工子弟学校的标准方面，在确保安全、师资、卫生等方面完全达标的前提下，可以"酌情放宽"办学条件。对其他未经审批的自办的打工子弟学校实施管理，积极引导其规范、依法办学。并提出用三年左右的时间使全市所有接收流动儿童的民办学校基本达标。

与《办法》相比，《意见》在价值导向、政策可行性等方面有着明显的变化和改进。首先，从价值导向上看，《意见》由一味强调流动儿童必须"受优质教育"转变为首先满足流动儿童迫在眉睫的受教育需求，在此基础上逐渐为他们创设平等、良好的受教育环境，即"努力改善流动儿童少年受九年义务教育的环境条件，形成适龄儿童少年在全日制公办中小学就读为主，在民办中小学就读为补充的，全部依法接受九年义务教育的格局"。其次，《意见》阶段里，北京市关于流动儿童义务教育问题的政策可行性也得到了改进和增强。

但与此同时，《意见》在某些方面依然有很大欠缺。第一，在开具"借读证明"方面并没有明显变化，这就容易使流动儿童就学政策受到如劳动就业等方面政策的制约，影响流动儿童进入公办学校就读。第二，虽然市里规定要对来京务工就业农民相对聚集的区县给予专项补助，但以怎样的标准划拨进行专项补助的经费却没有明确，给政策执行带来了一定的随意性。第三，怎样引导打工子弟学校走向规范、依法办学，有关政策也并没有具体说明，而对于如何"酌情放宽"审批打工子弟学校标准，也存在着极大的活动空间。

刘谦和生龙曲珍在《随迁子女教育政策复杂性研究——以北京市 C 区为例》[①]中则认为北京市随迁子女教育政策沿革大致可以分为三个主要阶段。

第一个阶段是 2001-2008 年，主要针对随迁子女义务阶段教育问题，提出"两为主"政策，并在市级层面逐步落实。以上《理想与现实之间》一文中划分的三个阶段基本都可以归入此时期。

第二阶段是 2008-2013 年，这一阶段是对"两为主"政策的拓展。这一政策进入国家级及北京市中长期教育改革和发展规划纲要。

2009 年《中共北京市委教育工作委员会北京市教育委员会北京市人民政府教育督导室关于印发 2009 年工作要点的通知》[②]：切实保障来京务工人员子女接受义务教育。坚持"两个为主"，落实好《关于进一步加强来京务工人员随迁子女义务教育的意见》。对已审批合格的外来人口自办学校，市区两级投入，改善学校供暖，实施"三新一亮"、"六小"工程，改善基本办学条件。

《北京市中长期教育改革和发展规划纲要（2010-2020 年）》[③]中明确提出教育民生保障项目，实施"来京务工人员子女接受义务教育三年规划方案"。

2010 年北京市教委副主任罗洁在《光明日报》上发表署名文章中称，北京市未来三年将结合区域规划和学校布局调整，进一步挖掘公办学校教育资源，将公办学校随迁子女就读比例在原有基础上提高 5—10 个百分点；将初中阶段随迁子女全部安排在公办学校就读。到 2012 年全市公办学校接收比例力争达到 80% 甚至更高。随迁子女在京数量虽然从 2000 年的 8 万余人增加到目前的 43 万余人，但在

---

① 刘谦，生龙曲珍.随迁子女教育政策复杂性研究——以北京市 C 区为例［J］.中国教育学刊，2015，06：20—27

② 北京市教育委员会.中共北京市委教育工作委员会北京市教育委员会北京市人民政府教育督导室关于印发 2009 年工作要点的通知［Z］.2009-1-13. http：//govinfo. nlc. gov.cn/bjfz/xxgk/bjsjw/201010/t20101009_422886. shtml

③ 中华人民共和国教育部.北京市中长期教育改革和发展规划纲要（2010-2020 年）［Z］.2011-3-24. http://www.moe. edu.cn/publicfiles/business/htmlfiles/moe/s5520/201104/117401.html

公办学校就读比例始终保持在 60% 以上，目前已达 68%。自 2004 年以来，北京市财政投入近 6 亿元，特别是 2009 年，引导自办学校依法、规范办学，市教委设立专项资金 1300 万元，对已批自办学校基本办学项目给予更新和配备。

目前，北京市教委已制定了三年规划，力争在 2012 年前基本解决随迁子女平等接受义务教育的保障机制建设问题。另外，北京市将设立专项资金，对接收随迁子女较多的区县和学校予以专项补助。最终实现用公办学校完全解决随迁子女平等接受义务教育问题，辅之以少量民办学校接收为补充①。

在 2012 年 12 月之前，随迁子女接受完义务教育之后在政策上是不允许在京继续接受教育的。但是，很多随迁子女却因为长期不在家乡读书，却又不能在流入地参加考试，最后让自己陷入尴尬的境地。所以，外地学生在进入初中后就必须早早地为自己打算，学习成绩好的学生要尽早回到老家准备，在老家参加中招考试，而学习不好的学生在初中阶段基本上处于"得过且过"的状态，在结束义务教育之后就选择待业或是就业。而由于政策的限制，这些高中阶段的适龄儿童却没有办法接受和当地学生同等的受教育权利②。

2012 年，教育部、发展改革委等部门发布了《关于做好进城务工人员随迁子女接受义务教育后在当地参加升学考试工作意见》。

2012 年底，北京市出台了新的政策，允许部分随迁子女在北京市中考并报考中职教育。即"自 2013 年起，凡进城务工人员持有有效北京市居住证明，有合法稳定的住所，合法稳定职业已满 3 年，在京连续缴纳社会保险已满 3 年，其随迁子女具有本市学籍且已在京连续就读初中 3 年学习年限的，可以参加北京市中等职业学校的考试录取。"但是政策内容方面，2012 年出台的北京市异地中考政策其直接目标比较切合实际，但实现教育公平的间接目标还存在困难，政策内容科学合理，并在创新程度上大大提高，但其全面性、可行性并不高，在政策文本方面的明确性也有待增强③。

自 2013 年起，教育部、北京市对随迁子女教育问题的关注从义务教育阶段拓展到义务教育后的升学及考试政策。2013 年北京市招生考试委员会推出《2014 年进城务工人员随迁子女在京参加高等职业学校招生考试实施办法》④。

---

① 王佳琳. 北京教委公布小升初政策已制定三年规划［J］. 成才之路，2010，12：90.

② 尤锐锐. 北京市外来务工人员随迁子女义务教育后教育政策研究［D］. 中央民族大学，2013.

③ 王晓宇. 北京市流动儿童异地中考政策执行研究［D］. 首都师范大学，2014.

④ 刘谦，生龙曲珍. 随迁子女教育政策复杂性研究——以北京市 C 区为例［J］. 中国教育学刊，2015，06：20—27.

第三阶段是 2014 年至今，这一阶段更强调将随迁子女教育问题纳入为流动人口提供基本公共服务的范畴内进行通盘考虑。2014 年国务院下发《关于进一步推进户籍制度改革的意见》，明确提出"同时结合随迁子女在当地连续就学年限等情况，逐步享有随迁子女在当地参加中考和高考的资格"。但同时，中央也明确提出"严格控制特大城市人口规模"，控制人口规模势必对流动人口在京生活、工作、接受教育的条件设定产生影响。

二、流动儿童的教育政策的执行困难

政策的制定，并不等于问题的解决。美国政策学者埃里森（Allison）认为，在现实政策目标过程中，方案确定的功能只占 10%，而其余的 90% 取决于有效的执行 [①]。

目前（2003 年状况）对《北京市对流动人口中适龄儿童少年实施义务教育暂行办法》（以下简称《暂行办法》）政策的监管力度不够，流出地政府并没有按照《暂行办法》规定的"严格控制义务教育阶段适龄儿童少年外流"，流入地政府也并没有完全能够承担起"流动儿童少年接受义务教育的管理职责。"[②]

2006 年《教育政策执行难的利益分析——以北京市流动儿童义务教育政策实施为例》一文对当时教育政策难以实施的原因进行了较为全面详尽的分析。在北京市流动儿童义务教育政策执行过程中，不同政策执行主体存在着不同的利益选择。从地方政府来看，维护地方利益和部门利益是其政策行为的重要价值依据。从学校来看，保证优质生源、确保教学质量是其应对政策的基本立场。从家长来看，生存需要第一，教育需要第二是其考量政策的根本出发点。这些不同利益选择所造成的张力大大削弱了政策执行的力度和效果，不利于流动儿童就学问题的有效解决 [③]。

尽管北京市有开放学籍的指导政策，但是根据 2002 年《北京市教育委员会关于加强中小学接收借读生管理的通知》规定，进城务工人员随迁子女要想进入

---

① 余海婴. 理想与现实之间——北京市流动儿童义务教育政策执行与影响因素分析 [D]. 北京师范大学，2005.5.

② 王唯. 北京市流动人口子女义务教育政策实施分析 [J]. 中国教育学刊，2003，10：11—14.

③ 班建武，余海婴. 教育政策执行难的利益分析——以北京市流动儿童义务教育政策实施为例 [J]. 教育科学，2006，03：10—13.

公办学校，其父母必须提供在京暂住证、在京实际住所居住证明、在京务工就业证明、户口所在地乡镇政府出具的在当地没有监护条件的证明、全家户口簿在内的五份证明材料，以及由街道办事处开具的"来京务工就业农民子女在京中小学生借读证明"，才有资格进入公办学校。这对于许多文化水平不高且整日忙于生计的进城务工人员来说，要办齐"五证"是一件很困难的事。仅"务工证明"一项，就会将许多进城务工人员随迁子女挡在公办学校大门之外①。

隐性费用的问题。公办学校存在着高额的隐性收费。虽然北京市政府早在2004年就明确规定对符合条件的来京务工人员子女免收借读费，但这些政策的落实并没有有效的保障机制。有些公办学校出于保障教学质量以及避免管理方面的麻烦等原因，以各种理由收取高额费用来达到少收或拒收进城务工人员随迁子女学生的目的②。

第三节 广州市流动儿童教育政策

一、流动儿童教育政策的快速接入

早在1996年，广州市教育行政部门就牵头组成"流动人口子女入学问题研究"课题组并展开了相关调研，并向当时的国家教委和国家教育发展研究中心提交了《解决广州市流动人口入学问题的政策分析》报告，为国家制定完善流动儿童教育政策提供决策依据；同年，广州天河、海珠两区被国家教委确定为"流动人口子女入学政策实施项目实验区"，为流动儿童教育政策实施的实效性做进一步的探索。③不过这一时期只是开始对流动儿童的入学问题进行了探究，

---

① 樊秀丽，王红丽，王慧.进城务工人员随迁子女受教育权的平等机会再思考——基于对北京市进城务工人员随迁子女教育活动的田野调查 [J]. 广西师范大学学报（哲学社会科学版），2014，06：125-130.

② 樊秀丽，王红丽，王慧.进城务工人员随迁子女受教育权的平等机会再思考——基于对北京市进城务工人员随迁子女教育活动的田野调查 [J]. 广西师范大学学报（哲学社会科学版），2014，06：125-130.

③ 戴双翔.广州市教育规划研制中的流动儿童义务教育政策分析 [J]. 教育导刊,2010(10).

还没有政策的实施。

2004年9月至2005年1月，由广州市教育局牵头，市公安局、市财政局、市人口与计划生育局、市劳动保障局、市统计局、市民政局、市教育科学研究所、市社会力量办学协会以及部分区（县级市）教育局共同组成调研工作组，对全市流动儿童义务教育问题再次进行了大规模的专项调研，研制出《广州市流动人口子女接受义务教育试行办法（草案）》[①]。

2006年，广州市教育行政部门印发了《关于我市流动人口子女接受义务教育情况的函》，对全市流动儿童义务教育工作进行统筹安排；2007年，又进一步制定出《关于进一步做好来穗务工就业农民子女义务教育工作的意见（送审稿）》，提交市委市政府讨论。

2010年1月，又印发了《关于进一步做好优秀外来工入户和农民工子女义务教育工作意见的通知》，明确了流动儿童享受免费义务教育的条件，并规定了各区（县级市）具体的流动儿童义务教育财政分担比例；2010年7月，结合广东省政府办公厅《关于做好进城务工人员子女义务教育工作的意见（代拟征求意见稿）》，在全市范围内展开了广泛的意见征询，就进一步明确责任、健全制度、科学规划统筹、加大经费投入、加强管理服务等方面搞好流动儿童义务教育问题集思广益，积极研制解决方案[②]。

二、流动儿童学校政策的各种举措

近年来，广州市较为重视流动儿童义务教育的问题，结合全国、广东省的相关政策方针，配套出台了系列政策措施，实践中也取得了初步成效。一方面，公办学校挖潜与扩容并举，承担了部分流动儿童的义务教育任务。另一方面，民办学校迅速发展，成为解决流动儿童义务教育问题的现实力量。

在很长的一段时期，广州市进城务工人员随迁子女的义务教育问题主要由民办学校来解决。为此，广州市采取多种措施，鼓励社会力量发展民办教育。早在1992年广州就有进城务工人员子弟学校出现。2002年在教育部"以'三个代表'重要思想为指导，坚持'两为主'做好进城务工人员随迁子女接受义务教育工作"的会议中，肯定了广州市重视发挥社会力量办学（包括社会力量举办的简易学校）

---

① 戴双翔.广州市流动人口子女接受义务教育问题调研报告［R］.广州市政府，2005.
② 戴双翔.广州市教育规划研制中的流动儿童义务教育政策分析［J］.教育导刊，2010（10）.

促进进城务工人员随迁子女就学的经验①。以流入地区政府管理为主，以全日制公办中小学为主，强调"流入地人民政府应为流动儿童创造条件，提供接受义务教育的机会。""两为主"政策是解决农民工子女接受义务教育问题的有力举措，标志着解决农民工子女接受义务教育问题已经成为一种政府行为②。

近年来，广州市努力挖掘公办学校接收流动儿童就读的潜力，教育、财政、物价等相关部门也密切配合、齐抓共管，建立了较为有效的工作沟通机制，尽量扩大流动儿童到公办中小学校的就读面。与此同时，政府还通过布局调整、资源重组等措施，挖潜与扩容并举，努力增加公办学校的学位。由此，流动儿童义务教育"两个为主"的政策在一定程度上得到落实③。广州市教育局的统计数字显示，2009 年 48.34 万适龄入学的流动儿童中，在公办中小学校就读的有 19.51 万人，达 40.36%④。

2010 年 1 月，广州市发展和改革委员会、广州市教育局、广州市人力资源和社会保障局、广州市公安局联合印发了《关于进一步做好优秀外来工入户和农民工子女义务教育工作意见》，这是广州第一个专门针对进城务工人员随迁子女义务教育问题的正式文件。该文件明确了免费接受义务教育的进城务工人员随迁子女的条件，还正式提出了"以流入地政府管理为主"的原则，但没有要求以公办学校为主，只是强调要逐步提高在公办学校就读学生的比例⑤。

通过以上的简单梳理，我们可以发现广州市对流动儿童的教育问题不仅越来越重视，而且一直在努力探索新政策、新方法，为解决进城务工人员随迁子女的权益保护问题，近年来国家和广东省有关部门出台了一系列政策措施，逐步确立了"两为主"、"进城务工人员随迁子女义务教育纳入公共财政保障范畴"、"进城务工人员随迁子女享受平等的义务教育"的原则和政策方针。

综上所述，从 20 世纪 90 年代开始，我国流动子女教育政策经历了由就学政策的制定，逐步过渡到升学政策的成熟变革；从星星点点的地方教育政策的制定到

---

① 崔世泉、赵格红、张丽坤．广州市进城务工人员随迁子女义务教育政策变迁分析［J］．教育导刊 2012（2）．

② 中央教育科学研究所教育发展研究部课题组．进城务工就业农民子女接受义务教育的政策措施研究［J］教育研究．2007：4．

③ 钟院生．广东非户籍常住人口子女义务教育问题及对策［J］．教育发展研究，2008（3－4）．

④ 戴双翔．广州市教育规划研制中的流动儿童义务教育政策分析［J］．教育导刊，2010（10）．

⑤ 崔世泉赵格红张丽坤广州市进城务工人员随迁子女义务教育政策变迁分析［J］．教育导刊 2012（2）．

国家教育整体教育的制定过程；从简单明了的一刀切的政策，逐步过渡到繁复的系列政策的过程。这些流动儿童的教育政策给我们这次研究提供了一定的基础，由目前的政策来看，目前流动儿童的子女主要分布在民办学校和公立学校，而这两类学校的教育质量如何，就成为这次研究当中的一个组成部分。

第三章　流动儿童语文学业素养到底如何

在本研究中，流动儿童的语文学业素养主要包括两个方面，第一个方面是语文的学业水平，第二个方面是学习动机与学习策略。在本章中，我们主要探究了以北京为主的三所城市的流动儿童语文学业素养的基本情况，比较了不同地区、不同年级、不同群体学生语文学业素养的差异。结果显示，虽然北京市学生的语文学业水平没有广州和温州的学生好，但是其深层学习动机比广州和温州要高，而性别和流动与否对于以流动儿童为主的学校学生语文学业素养没有造成影响，也就是说在这样的学校里面，流动儿童与普通儿童的语文学业素养是相同的。这些研究给流动儿童教育一个启示：关注语文学业素养不仅仅要关注学业水平，还要继续关注其学生的未来的动力和机会。

第一节　学生的总体情况

总的说来，本章主要是探究以北京为主的三所城市的流动儿童语文学业水平和学习动机、策略如何，其中，不同群体之间的语文学业水平、学习动机和策略是否存在差异。在本章中，主要会使用到如下几个变量：

表 3-1　流动儿童语文学习情况调查指标和工具

调查指标	调查工具	二级调查指标	本章使用
语文素养	语文学业水平试卷	语文基础知识、阅读、写作	√
	学习动机、方法问卷	学习动机、学习策略	√
相关因素	学校层面问卷	学校性质、流动儿童所占比例、家庭经济背景	√
	教师层面问卷	教龄、教师效能感、师生关系感知、	
	学生层面问卷	家庭方面：父母教育水平、父母职业声望、父母职业收入、父母期望、补习班、兴趣班	
		个体方面：性别、流动普通、学校支持程度、自尊	√

　　在统计方法方面，本章主要使用方差分析等均值差异检验的方法来开展不同群体的语文学业水平、学习动机和策略的比较。

一、学生的总体样本情况

　　本次调查共选取北京、温州、广州三个地区 15 所学校 3—8 年级的 2568 个被试作为研究对象。其中北京地区选取了 12 所小学和中学；广州地区选取了 2 所小学；温州地区选取了 1 所小学。

　　从地域来看，北京、温州和广州分别属于华北、华中和华南地区，同时北京、广州属于一线城市，温州属于二线城市。在 2568 个被试样本中，北京地区选取了 2075 个被试；温州地区选取了 164 个被试；广州地区选取了 329 个被试。本次调查中将被试按照其所在地域情况分为普通儿童和流动儿童分别进行分析。其中普通儿童 395 人，流动儿童 2152 人，另有信息缺失者 21 人。另外，我们在对普通和流动儿童差异的影响因素分析中加入性别因素，本次样本中共有男生 1426 名，女生 1142 名。样本总体情况见表 3-2，统计图见图 3-1。

表 3-2　学生样本分布情况

		三年级	四年级	五年级	六年级	七年级	八年级	合计	流动儿童占总体百分比
北京	流动	491	426	404	361	57	27	1766	85.11%
	普通	62	70	47	59	29	23	290	
	缺失	12	4	2	1	0	0	19	
广州	流动	63	60	54	52	0	0	229	69.60%

		三年级	四年级	五年级	六年级	七年级	八年级	合计	流动儿童占总体百分比
	普通	23	28	22	27	0	0	100	
	缺失	0	0	0	0	0	0	0	
温州	流动	41	39	37	40	0	0	157	95.73%
	普通	1	1	1	2	0	0	5	
	缺失	0	2	0	0	0	0	2	
总体	流动	595	525	495	453	57	27	2152	83.80%
	普通	86	99	70	88	29	23	395	
	缺失	12	6	2	1	0	0	21	

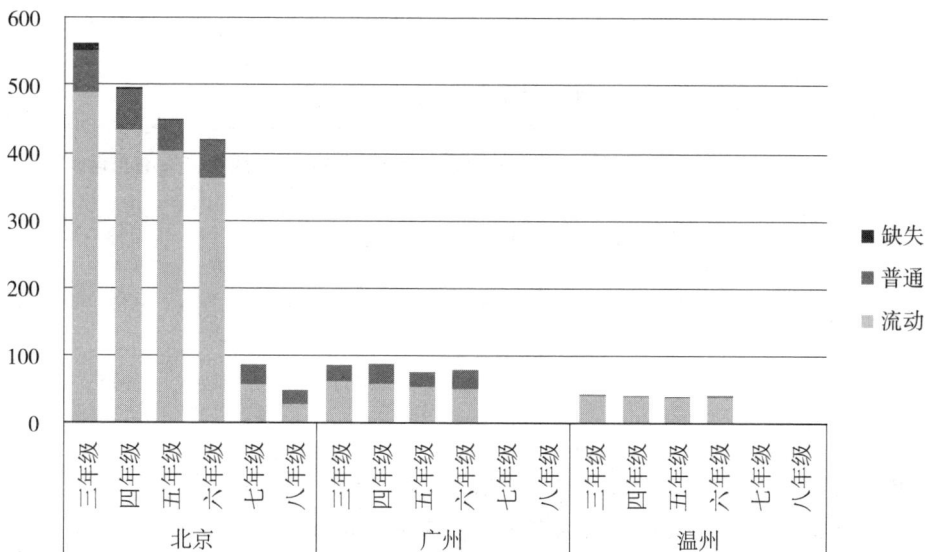

图 3-1　总样本分布情况统计图

二、学生语文学业水平的总体情况

1. 北京、广州和温州三地学业水平的现状

　　经统计，三地学生总体样本的语文学业水平情况如下表 3-3，由表中可见，广州学生的语文学业水平最高，温州其次，北京语文学业水平最次。但是，就其标准差来看，广州的学生的标准差最大，这就说明，虽然学生整体的平均水平比较高，但是，这种平均是以其学生之间的差异来实现的。

表3-3　总体样本的语文学业水平

	人　数	均　值	标准差	标准误	95%置信区间上限	95%置信区间下限
北京	2075	−0.069	0.516	0.011	−0.091	−0.047
温州	164	0.052	0.380	0.030	−0.006	0.111
广州	329	0.250	0.598	0.033	0.185	0.315

考虑到广州和温州的学生样本采集主要在小学段，因而，对三地样本的总体比较中，将剔除北京学生七、八年级的样本，故北京地区样本量为小学段样本，样本量为1939。经统计，筛选之后的总体学生样本语文学业水平情况见表3-4。

表3-4　小学阶段语文学业水平情况表

	人　数	均　值	标准差	标准误	95%置信区间上限	95%置信区间下限
北京	1939	−0.062	0.512	0.012	−0.085	−0.040
温州	164	0.052	0.380	0.030	−0.006	0.111
广州	329	0.250	0.598	0.033	0.185	0.315

由统计图表可以得出，北京地区学生的语文学业水平均值低于总体水平；广州和温州学生的语文学业水平均值都高于总体水平。同时从语文学业水平差值折线图中可以看出，温州的学生语文学业水平差距最小，北京次之，广州的学生水平差距最大。样本内部差距的结果与本次调查中样本的内部结构保持一致，即三地在标准差或方差上的差距（广州＞北京＞温州）与内部结构一致性即流动儿童所占百分比（广州＜北京＜温州）保持一致。样本内部结构与能力水平差值呈现负相关关系，即样本内部结构越趋同，其能力水平标准差越小。

为探寻地区间学生语文学业水平均值的差异，我们采用单因素方差分析法。表3-5和表3-6为ANOVA分析表。

表 3-5　地区方差分析表

	平方和	df	均方	F	显著性
组间	28. 238	2	14. 119	52. 871	0. 000
组内	648. 658	2429	0. 267		
总数	676. 896	2431			

表 3-6　方差齐性检验

语文学业水平均值			
Levene 统计量	df1	df2	显著性
15. 934	2	2429	0. 000

由表 3-5 中 $p<0.000$，故三地学生语文学业水平有显著性差异。同时在方差齐性检验即表 3-6 中，$p=0.000<0.005$，故在方差非齐性的情况下，我们在两两比较中采用假定方差非齐性的方法进行检验，得出结果如表 3-7：

表 3-7　多重比较

地区（I）	地区（J）	均值差（I-J）	标准误	显著性	95% 置信区间	
					下限	上限
北京	温州	-0. 114	0. 042	0. 006	-0. 197	-0. 032
	广州	-0. 313	0. 031	0. 000	-0. 373	-0. 252
温州	北京	0. 114	0. 042	0. 006	0. 032	0. 197
	广州	-0. 198	0. 049	0. 000	-0. 295	-0. 101
广州	北京	0. 313	0. 031	0. 000	0. 252	0. 373
	温州	0. 198	0. 049	0. 000	0. 101	0. 295

结果显示，北京、广州和温州三地的两两比较中均存在显著性差异，其中

北京和广州学生语文学业水平均值差异最大，达到 0.313；北京和温州、广州和温州学生总体能力均值差异相对较小，分别为 0.114 和 0.198。一部分原因可能是省际教育差异的客观存在造成了三地学生能力均值的显著差异。中共中央在 1985 年颁布的《中共中央关于教育体制改革的决定》明确指出，把发展基础教育的责任交给地方，有步骤地实行九年义务教育。中国教育特别是基础教育的发展自此产生了多个层面的分野，其中包括中国教育财政的分权化改革、各地区教育经费的差异、人均国民生产总值的地区化差异[①] 等。北京和广州都是一线城市，且分别属于北方和南方的代表性城市，二者在以上多个层面都产生了较大差异，尤其在教育经费的来源上，"广东、福建和海南省是全国著名的侨乡，每年都可以收到海外华人和港澳台同胞的大量捐款……特别是，在政府发出减轻农民负担的号召，各地区教育捐集资额因之急剧下降的情况下，广东省却广泛发动社区居民和企业为教育捐集资金"[②]。另外，诉诸历史文化层面，北京作为基础教育改革的试验区，基础教育阶段改革的实验成效、素质教育发展带来的教育观念的转变等，都构成了北京在教育层面上的特质性。广东和北京教育情况的差异在某种程度上解释了二者学生均值产生显著差异的原因。

2. 分年级的学生学业水平现状

据统计，样本分年级语文学业水平均值如表 3-8 和图 3-2。

表 3-8　分年级语文学业水平均值与差值

	人数	语文学业水平均值	标准误	标准差	方差	25% 人群分值	75% 人群分值
三年级	693	-0.120	0.016	0.420	0.171	-0.372	0.134
四年级	630	-0.043	0.021	0.536	0.288	-0.385	0.302
五年级	567	0.012	0.023	0.554	0.307	-0.329	0.406
六年级	542	0.136	0.025	0.575	0.331	-0.256	0.534
七年级	86	-0.344	0.058	0.535	0.286	-0.720	0.040
八年级	50	0.137	0.069	0.487	0.237	-0.049	0.484

① 魏后凯，杨大利.地方分权与中国地区教育差异［J］.中国社会科学，1997（01）.
② 魏后凯，杨大利.地方分权与中国地区教育差异［J］.中国社会科学，1997（01）.

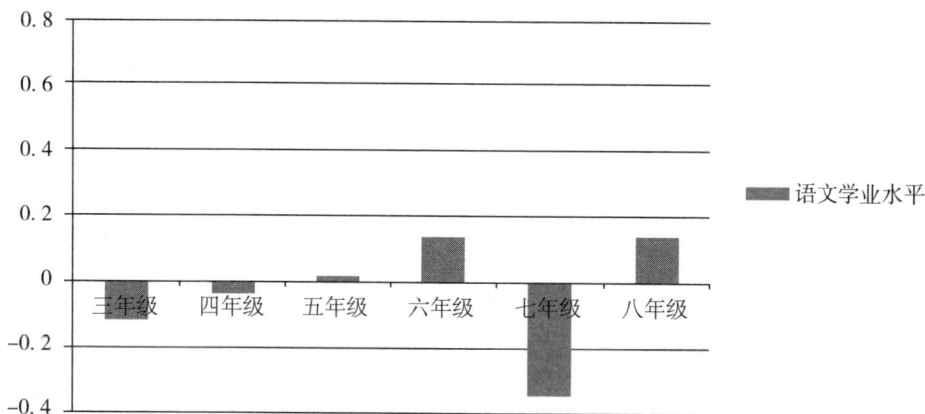

图 3-2　分年级语文学业水平均值与差值

对以上图表的解释须将 3—6 年级和 7、8 年级分别来看，因为广州和温州的 7、8 年级数据是缺省的。因而，对以上图表的解释为：在 3—6 年级，学生语文学业水平均值与年级成正相关关系，随着年级的上升，学生的语文学业水平也越高，而从标准差来看，其内部差异性也是不断增加的。7、8 年级的北京地区学生在语文学业水平表现上均值差异显著，7 年级在均值水平上低于 8 年级，且内部差异性大于 8 年级。

为探寻年级间学生语文学业水平均值的差异，我们采用单因素方差分析法。表 3-9 和表 3-10 为 ANOVA 分析表。

表 3-9　年级方差分析表

	平方和	df	均方	F	显著性
组间	20.769	3	6.923	25.619	0.000
组内	656.127	2428	0.270		
总数	676.896	2431			

表 3-10　方差齐性检验

Levene 统计量	df1	df2	显著性
23.933	3	2428	0.000

由表 3-9 中 $p=0.000<0.05$，故三地学生语文学业水平有显著性差异。同时在

方差齐性检验即表3-10中，$p=0.000<0.005$，故在方差非齐性的情况下，我们在两两比较中采用假定方差非齐性的方法进行检验，得出结果如表3-11：

表3-11 多重比较

年级（I）	年级（J）	均值差（I-J）	标准误	显著性	95%置信区间	
					上限	下限
3	4	0.131	0.028	0.000	0.057	0.206
	5	0.054	0.032	0.415	-0.029	0.138
	6	-0.124	0.034	0.002	-0.214	-0.035
4	3	0.255	0.029	0.000	0.178	0.333
	5	0.179	0.033	0.000	0.092	0.265
	6	0.124	0.034	0.002	0.035	0.214
5	3	0.000	0.000	0.000	0.000	0.000
	4	0.000	0.000	0.000	0.000	0.000
	6	0.131	0.028	0.000	0.057	0.206
6	3	0.054	0.032	0.415	-0.029	0.138
	4	-0.124	0.034	0.002	-0.214	-0.035
	5	0.255	0.029	0.000	0.178	0.333

由上表可知3年级学生的语文学业水平均值低于4、5、6年级，且与5、6年级水平有显著差异；4年级学生的语文学业水平均值高于3年级，低于5、6年级，且与6年级水平有显著差异；5年级学生的语文学业水平均值高于3、4年级，低于6年级，且与3年级和6年级水平有显著性差异；6年级学生的语文学业水平均值高于3、4、5年级，且与3、4、5年级水平有显著性差异。

3. 各地不同年级的语文学业水平的差异

为探寻地区（北京、广州和温州）和年级对儿童语文学业水平的主效应及其交互效应与儿童语文学业水平的关系，我们采用多因素方差分析的方法进行分析。在利用总样本进行多因素方差分析时，剔除了北京地区7、8年级的数据。只对三地小学阶段进行比较。表3-12为不同类型学生（流动与普通）与不同地区（北京、广州、温州）学生的学业水平方差分析表。

年级对学生语文学业水平主效应显著；地区对学生学业成绩主效应显著；年级

与地区的交互作用显著。这就是说明，不同地区的各个年级之间的学业水平具有显著性的差异。

表3-12 主体间效应的检验

源	III型平方和	df	均方	F	Sig.
校正模型	54.928	11	4.993	19.429	0.000
截距	7.130	1	7.130	27.742	0.000
年级	10.510	3	3.503	13.631	0.000
地区	28.180	2	14.090	54.823	0.000
年级 * 地区	7.161	6	1.194	4.644	0.000
误差	621.968	2420	0.257		
总计	677.265	2432			
校正的总计	676.896	2431			

三、学生学习动机和策略总体情况

1. 北京、广州和温州三地学生学习动机与策略的概貌

经统计，三地总体样本的学习动机与策略均值与差值如表3-13所示。

表3-13 三地总体样本的学习动机与策略均值与差值

		表层学习动机	深层学习动机	成就学习动机	表层学习策	深层学习策略	成就学习策略
N	有效	2390	2387	2387	2387	2389	2391
	缺失	178	181	181	181	179	177
均值		3.823	3.681	3.741	4.306	3.730	4.138
中值		3.8	3.6	3.8	4.4	3.6	4.2
标准差		1.017	1.010	1.001	1.104	1.090	1.084
百分位数	25	3.2	3	3	3.6	3	3.4
	50	3.8	3.6	3.8	4.4	3.6	4.2
	75	4.5	4.25	4.4	5.2	4.4	5

同样考虑到广州和温州的学生样本采集主要在小学段，对三地样本的总体比较中，将剔除北京学生 7、8 年级的样本，故北京地区样本量为小学段样本，样本量为1939。小学阶段学习动机与学习策略均值与差值如表 3-14，统计图如图 3-3。

表 3-14 小学阶段学生学习动机和策略均值与差值

		表层学习动机	深层学习动机	成就学习动机	表层学习策略	深层学习策略	成就学习策略
N	有效	2263	2260	2260	2260	2262	2264
	缺失	169	172	172	172	170	168
均值		3.821	3.689	3.730	4.301	3.734	4.135
中值		3.8	3.6	3.75	4.4	3.6	4.2
标准差		1.026	1.018	1.012	1.113	1.098	1.095
方差		1.054	1.036	1.024	1.238	1.206	1.199
百分位数	25	3.2	3	3	3.525	3	3.4
	50	3.8	3.6	3.75	4.4	3.6	4.2
	75	4.6	4.25	4.4	5.2	4.4	5

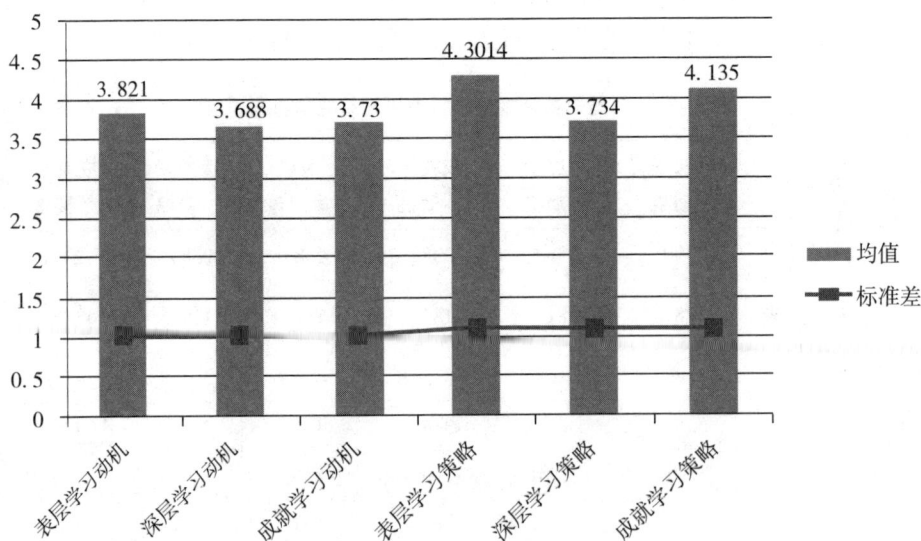

图 3-3 小学生学习动机、策略均值统计图

由统计图表可知，在学习信念上，总体样本的表层学习动机相对最高，其次是成就型学习动机和深层学习动机；与此相对应，总体样本的表层学习策略性最强，其次是成就和深层学习策略。由标准差和方差折线图可以看出，总体在学习动机方面的差异小于学习策略方面的差异，其中，总体样本在表层学习策略上差异最大。

2. 分年级的学生学习动机与策略的概貌

对总样本分年级的学生学习动机的均值与差值如图 3-5。

在学习信念上，3—8 年级学生的学习信念始终保持着深层学习动机 < 表层学习动机 < 成就学习动机的序列。在学习策略上，3—8 年级学生的深层学习策略相比于表层和深层学习策略始终保持着最高的水平。但在 3 年级和 4 年级，学生的表层学习策略均值大于成就学习策略，5—8 年级，学生的成就学习策略均值始终大于表层学习策略，并且二者差距呈现随着年级的升高越来越大的趋势（具体见图 3-4）。

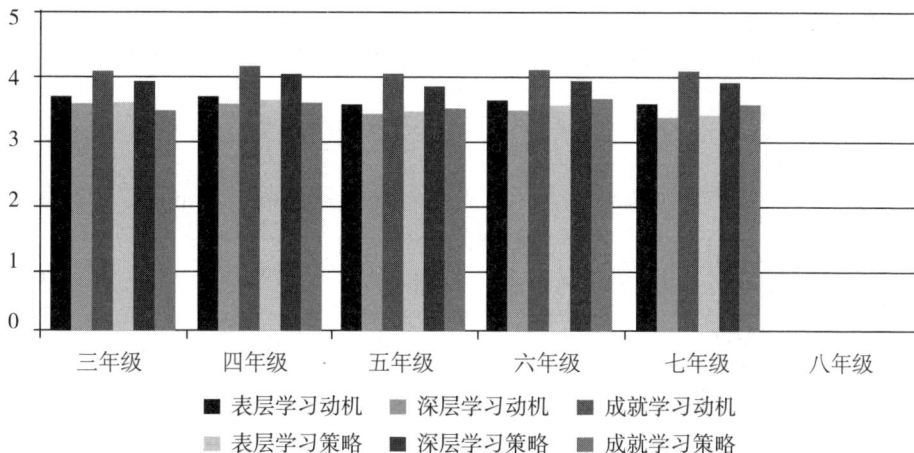

图 3-4　分年级的学生学习动机均值与差值

3. 各地不同年级的学习动机与策略的差异

多元方差分析结果显示，各个年级之间在表层学习动机、深层学习动机、成就学习动机、深层学习策略方面存在显著性的差异。而北京、温州和广州的三个地区学生在学习动机与策略方面存在差异。研究结果表示，三个地区在深层学习动机及策略、成就学习动机及策略方面具有显著性的差异（见表 3-15）。

表 3-15　学生学习动机、策略的多元方差分析

来源	因变量	III 型平方和	自由度	平均平方和	F 检测	显著性	偏 Eta 方
截距	表层学习动机	12953.278	1	12953.278	12385.083	0.000	0.847
	深层学习动机	11527.778	1	11527.778	11286.787	0.000	0.835
	成就学习动机	12676.656	1	12676.656	12535.741	0.000	0.849
	表层学习策略	16535.903	1	16535.903	13369.512	0.000	0.857
	深层学习策略	11973.264	1	11973.264	10011.482	0.000	0.818
	成就学习策略	15787.231	1	15787.231	13233.539	0.000	0.856
年级	表层学习动机	9.995	3	3.332	3.185	0.023	0.004
	深层学习动机	18.941	3	6.314	6.182	0.000	0.008
	成就学习动机	10.995	3	3.665	3.624	0.013	0.005
	表层学习策略	9.246	3	3.082	2.492	0.058	0.003
	深层学习策略	13.625	3	4.542	3.797	0.010	0.005
	成就学习策略	7.729	3	2.576	2.160	0.091	0.003
三地	表层学习动机	3.657	2	1.828	1.748	0.174	0.002
	深层学习动机	15.434	2	7.717	7.556	0.001	0.007
	成就学习动机	5.668	2	2.834	2.803	0.061	0.003
	表层学习策略	3.318	2	1.659	1.341	0.262	0.001
	深层学习策略	9.578	2	4.789	4.004	0.018	0.004
	成就学习策略	8.806	2	4.403	3.691	0.025	0.003

来源	因变量	III 型平方和	自由度	平均平方和	F 检测	显著性	偏 Eta 方
	表层学习动机	16.275	6	2.713	2.594	0.017	0.007
	深层学习动机	24.610	6	4.102	4.016	0.001	0.011
年级 X 三地	成就学习动机	19.203	6	3.200	3.165	0.004	0.008
	表层学习策略	11.997	6	2.000	1.617	0.138	0.004
	深层学习策略	11.774	6	1.962	1.641	0.132	0.004
	成就学习策略	7.609	6	1.268	1.063	0.383	0.003
误差	表层学习动机	2336.490	2234	1.046			
	深层学习动机	2281.700	2234	1.021			
	成就学习动机	2259.112	2234	1.011			
	表层学习策略	2763.093	2234	1.237			
	深层学习策略	2671.759	2234	1.196			
	成就学习策略	2665.098	2234	1.193			
总体	表层学习动机	35199.812	2246				
	深层学习动机	32909.951	2246				
	成就学习动机	33574.769	2246				
	表层学习策略	44407.465	2246				
	深层学习策略	34096.826	2246				
	成就学习策略	41169.325	2246				

图 3-5 显示，北京市学生的深层学习动机比其他两个地区更强，北京与广州学生的深层学习策略比温州学生更强，广州市学生的成就学习动机和策略比北京和温州的学生更强，成就学习动机和策略比温州的学生更加强。虽然说，北京市的学生在语文的学业水平方面没有广州市好，但是在深层的学习动机方面比广州更好。而成就学习动机和策略则可以更好地说明广州市儿童在语文学业水平方面做得更好的原因。

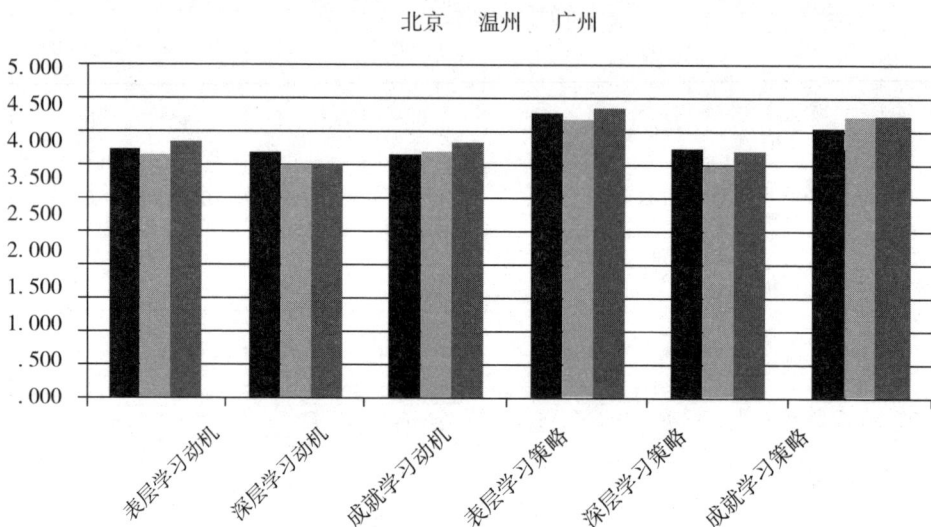

图 3-5　三地的学习动机和策略差异

第二节　不同群体语文学业素养的差异

一、流动、普通儿童的语文学业水平的差异

1. 流动与普通儿童的语文学业水平比较

总样本在流动与否数据中有 21 个缺失值，因而在比较流动与普通儿童语文学业水平中，我们将 21 个数据剔除，同时，因广州和温州缺乏 7、8 年级的样本，故在总体比较中，也将北京 7、8 年级的数据剔除，得出的结论如表 3-16。

表 3-16　样本语文学业水平情况

	人数	语文学业水平均值	标准误	标准差	方差	25% 人群分值	75% 人群分值
普通儿童	343	0.102	0.029	0.537	0.288	-0.187	0.488
流动儿童	2068	-0.028	0.0115	0.522	0.273	-0.351	0.304

由表 3-16 可知，在语文学业水平上，三地普通儿童比流动儿童均值高，但从差值来看，普通儿童在语文学业水平上的内部差异性略大于流动儿童。

2. 不同性别流动儿童的语文学业水平差异

为分别探寻年级和性别对儿童语文学业水平的主效应及其交互效应与儿童语文学业水平的关系，研究采用多因素方差分析方法进行分析。表 3-17 为性别与儿童流动与否的方差分析表：

表 3-17　主体间效应的检验

源	III 型平方和	df	均方	F	Sig.
校正模型	5.060	3	1.687	5.908	0.001
截距	0.005	1	0.005	0.018	0.893
性别	0.001	1	0.001	0.004	0.951
流动与否	0.171	1	0.171	0.597	0.440
性别 * 流动与否	0.028	1	0.028	0.098	0.754
误差	611.245	2141	0.285		
总计	617.247	2145			
校正的总计	616.306	2144			

由 3-17 表可知，性别与流动与否的主效应及其交互效应都不显著。这就是说，在我们收集的以流动儿童为主的学校里面，男女生的语文学业水平没有差异，是否是流动儿童也没有差异，流动男女生与普通男女生的语文学业水平没有差异。

3. 各地区流动学生的语文学业水平差异

为分别探寻地区（北京、广州和温州）和流动与否（流动／普通）对儿童语文学业水平的主效应关系及其交互与儿童语文学业水平的关系，我们采用多因素方差分析方法进行分析。在利用总样本进行多因素方差分析时，为提高信度，我们剔除了北京地区 7、8 年级的数据。只对三地小学学段进行比较。表 3-19 为不同学生（流动与普通）与不同地区（北京、广州、温州）方差分析表（见表 3-18）。

表 3-18　主体间效应的检验

源	III 型平方和	df	均方	F	Sig.
校正模型	38.050	5	7.610	29.093	0.000
截距	3.259	1	3.259	12.457	0.000
地区	9.007	2	4.504	17.218	0.000
流动与否	0.370	1	0.370	1.414	0.235
地区＊流动与否	8.093	2	4.046	15.469	0.000
误差	629.080	2405	0.262		
总计	667.341	2411			
校正的总计	667.130	2410			

由上表可以看出，地区对学生语文学业水平主效应显著；流动与否对学生学业成绩无显著影响；然而，地区与学生流动与否的交互作用显著。对于这个问题，我们会在第五章进行进一步的探究，看看各地在不同的学生发展方面具体的差异到底体现在哪里。

二、流动、普通儿童的学习动机与策略的差异

1. 流动与普通儿童的学习动机与策略差异

总样本在流动与否数据中有 21 个缺失值，因而在比较流动与普通儿童学习动机与策略的过程中，我们将 21 个数据剔除；同样在总体的比较中，因广州和温州缺乏7、8 年级的数据，故将北京 7、8 年级的数据剔除。得出的结论如图 3-6。

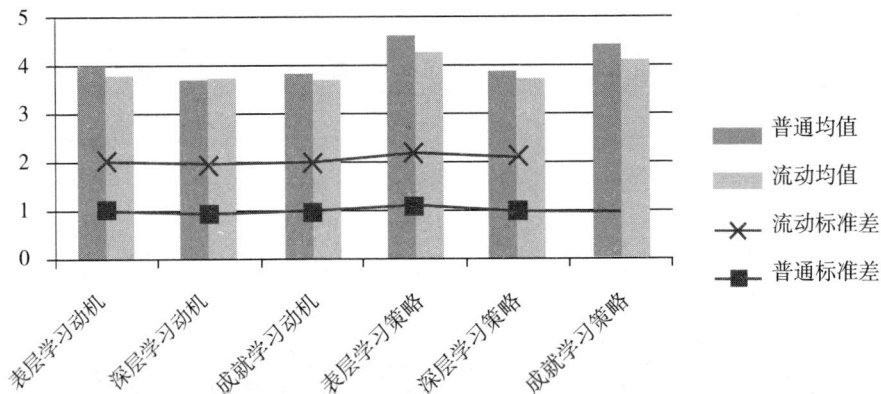

图 3-6 流动与普通儿童学习动机与策略均值与差值

由图 3-6 可知，普通儿童的语文学业水平均值在学习信念和学习策略上都高于流动儿童，但从差值来看，普通儿童学习信念与策略的内部差异性大于流动儿童。

2. 流动男女童的学习动机与策略差异

为分别探寻流动与否和性别对学生学习动机与学习策略的影响，我们采用多元方差分析进行分析。表 3-19 为性别与儿童流动与否的分析表：

表 3-19 学生学习动机、策略的多元方差分析

来源	因变量	III 型平方和	自由度	平均平方和	F 检测	显著性	偏 Eta 方
截距	表层学习动机	18131.686	1	18131.686	17586.246	0.000	0.881
	深层学习动机	16231.975	1	16231.975	15857.582	0.000	0.870
	成就学习动机	17291.384	1	17291.384	17316.479	0.000	0.880
	表层学习策略	23366.047	1	23366.047	19449.533	0.000	0.891
	深层学习策略	17071.443	1	17071.443	14393.735	0.000	0.859
	成就学习策略	21544.727	1	21544.727	18527.848	0.000	0.887
性别	表层学习动机	0.164	1	0.164	0.159	0.690	0.000
	深层学习动机	2.968	1	2.968	2.900	0.089	0.001
	成就学习动机	0.042	1	0.042	0.042	0.837	0.000
	表层学习策略	10.369	1	10.369	8.631	0.003	0.004
	深层学习策略	1.291	1	1.291	1.089	0.297	0.000
	成就学习策略	3.566	1	3.566	3.067	0.080	0.001

续表

来源	因变量	III 型平方和	自由度	平均平方和	F 检测	显著性	偏 Eta 方
流动与否	表层学习动机	9.377	1	9.377	9.095	0.003	0.004
	深层学习动机	0.003	1	0.003	0.003	0.957	0.000
	成就学习动机	6.929	1	6.929	6.939	0.008	0.003
	表层学习策略	21.572	1	21.572	17.956	0.000	0.008
	深层学习策略	2.807	1	2.807	2.367	0.124	0.001
	成就学习策略	19.137	1	19.137	16.457	0.000	0.007
性别 X 流动与否	表层学习动机	0.214	1	0.214	0.207	0.649	0.000
	深层学习动机	0.456	1	0.456	0.445	0.505	0.000
	成就学习动机	0.211	1	0.211	0.212	0.646	0.000
	表层学习策略	0.063	1	0.063	0.052	0.819	0.000
	深层学习策略	0.013	1	0.013	0.011	0.917	0.000
	成就学习策略	0.501	1	0.501	0.431	0.511	0.000
误差	表层学习动机	2442.475	2369	1.031			
	深层学习动机	2424.931	2369	1.024			
	成就学习动机	2365.567	2369	0.999			
	表层学习策略	2846.041	2369	1.201			
	深层学习策略	2809.712	2369	1.186			
	成就学习策略	2754.743	2369	1.163			
总体	表层学习动机	37179.842	2373				
	深层学习动机	34608.702	2373				
	成就学习动机	35610.148	2373				
	表层学习策略	46962.018	2373				
	深层学习策略	35917.649	2373				
	成就学习策略	43496.486	2373				

由上表可知，性别与流动与否的主效应和交互效应均显著。这就是说，在我们收集的以流动儿童为主的学校里面，男女在学习动机和学习策略方面具有显著性的差异，流动儿童和普通儿童在学习动机和策略方面也具有显著性的差异。也就是说学生的性别和是否为流动儿童都会对学生的学习动机和策略产生影响，并且二者的交互作用也会对学生的学习动机和策略产生影响。

3. 各地区流动学生的学习动机与策略差异

为分别探寻各地区（北京、广州和温州）和流动与否（流动/普通）的学生学习动机和策略的差异，我们采用多元方差分析。

表 3-20　学生学习动机、策略的多元方差分析

来源	因变量	III 型平方和	自由度	平均平方和	F 检测	显著性	偏 Eta 方
截距	表层学习动机	2352.627	1	2352.627	2283.394	0.000	0.491
	深层学习动机	2016.928	1	2016.928	1978.334	0.000	0.455
	成就学习动机	2277.069	1	2277.069	2283.239	0.000	0.491
	表层学习策略	3039.202	1	3039.202	2509.336	0.000	0.515
	深层学习策略	2233.595	1	2233.595	1886.433	0.000	0.444
	成就学习策略	2923.737	1	2923.737	2508.010	0.000	0.514
地区	表层学习动机	0.549	2	0.274	0.266	0.766	0.000
	深层学习动机	11.084	2	5.542	5.436	0.004	0.005
	成就学习动机	1.096	2	0.548	0.550	0.577	0.000
	表层学习策略	0.393	2	0.196	0.162	0.850	0.000
	深层学习策略	0.797	2	0.398	0.336	0.714	0.000
	成就学习策略	1.658	2	0.829	0.711	0.491	0.001
流动与否	表层学习动机	0.377	1	0.377	0.366	0.545	0.000
	深层学习动机	0.223	1	0.223	0.218	0.640	0.000
	成就学习动机	0.085	1	0.085	0.085	0.771	0.000
	表层学习策略	1.603	1	1.603	1.324	0.250	0.001
	深层学习策略	1.490	1	1.490	1.259	0.262	0.001
	成就学习策略	1.976	1	1.976	1.695	0.193	0.001
地区 X 流动与否	表层学习动机	1.586	2	0.793	0.770	0.463	0.001
	深层学习动机	0.829	2	0.414	0.406	0.666	0.000
	成就学习动机	1.889	2	0.944	0.947	0.388	0.001
	表层学习策略	0.854	2	0.427	0.352	0.703	0.000
	深层学习策略	1.016	2	0.508	0.429	0.651	0.000

续表

来源	因变量	III型平方和	自由度	平均平方和	F检测	显著性	偏Eta方
	成就学习策略	0.855	2	0.428	0.367	0.693	0.000
误差	表层学习动机	2438.768	2367	1.030			
	深层学习动机	2413.177	2367	1.020			
	成就学习动机	2360.604	2367	0.997			
	表层学习策略	2866.811	2367	1.211			
	深层学习策略	2802.601	2367	1.184			
	成就学习策略	2759.352	2367	1.166			
总体	表层学习动机	37179.842	2373				
	深层学习动机	34608.702	2373				
	成就学习动机	35610.148	2373				
	表层学习策略	46962.018	2373				
	深层学习策略	35917.649	2373				
	成就学习策略	43496.486	2373				

由表3-20可以看出，地区、流动与否和二者的交互作用对学生学习动机和策略均有显著影响。这就是说，在我们收集的以流动儿童为主的学校里面，不同地区的学生在学习动机和学习策略方面具有显著性的差异，流动儿童和普通儿童在学习动机和策略方面也具有显著性的差异。也就是说学生所在的地区和是否为流动儿童都会对学生的学习动机和策略产生影响，并且二者的交互作用也会对学生的学习动机和策略产生影响。

总的说来，通过本章，我们看到了不同的城市在语文学业水平和学习动机、策略方面具有很大的差异，北京地区虽然在学业水平方面落后于其他城市，但是在学习动机和策略方面具有自己的优势，而这个优势是否能够得到进一步的发展，这可能需要继续进行深入的研究，扩大样本量进行具体的分析，见表3-20。

第四章 影响流动儿童语文学业水平的多层线性分析

本章采用多层线性的分析方法，对影响学生学业水平的变量进行探究。结果表明，教师的教龄对于学生学业水平有影响，但是这个因素在家庭经济背景之收入变量加入之后作用消失了。在最终的模型中，家庭的经济背景之收入变量、学生性别、比格斯量表中的表层学习策略和深层学习策略，学校环境量表中的学校支持维度对学生的语文学业水平有预测作用。部分的研究结果与普通学生有所差异。因此，在流动儿童教育方面，我们要加强对民办教育学校的投入和支持，针对教师展开有针对性的职后培训，并结合流动儿童的心理发展特点展开有关的学习策略和方式的引导，如果可能在社区针对流动儿童的父母进行文化和教育的补偿。

第一节 到底是什么影响了语文学业水平？

在 21 世纪，随着我国城市现代化的进程，流动已成为大多数人的选择，随之而来的流动人口的二代教育问题已经成为教育管理部门不可回避的问题之一。2015年，据新公民计划发布的《2014 中国流动儿童数据报告》显示[1]，在 2010 年 11 月，

---

[1] 新公民计划. 2014 中国流动儿童数据报告［EB/OL］. 节选自 http://sky.cssn.cn/dybg/gqdy_sh/201506/t20150626_2049659_15.shtml. 2015-06-26/2015-09-25.

全国 0 至 17 岁儿童总量为 27891 万，其中流动儿童数量已达 3581 万，这就是说，在城镇儿童中有四分之一是流动儿童。在这些流动人口中，尤其进城务工农民的子女教育问题更加严重。一来是人口的基数比较多。据统计，从 2000 年到 2010 年，户口性质为农业户口的流动儿童比例持续上升，从 2000 的 70.9% 到 2005 年的 76.5%，再到 2010 年的 80.35%，数量则从 2000 年的 1405 万增加到 2010 年的 2877 万。二来是这些进城务工的农民子女由于父母的职业等级不高，相对于专业技术人员，其所拥有的资源相对匮乏，在城市生活期间造成了家庭环境方面的先天不利。

针对人数越来越多的流动儿童，早在 20 世纪 90 年代，国家就开始勒令制定流动儿童入学的有关政策，各大城市随之针对自己的情况开始制定了相关政策。以北京为例，2000 年北京市教委每年都安排专项资金，负责在京流动儿童借读经费的投入。2002 年，北京市教委颁布了《北京市对流动人口中适龄儿童少年实施义务教育的暂行办法》的政策，全面规范义务教育阶段的流动儿童的教育问题。虽然教育政策是制定了，但这不过是一个教育平等的开始，要知道在享有同样的入学机会之后，更多是教育质量问题的追问。现在大部分的流动儿童接受着怎样的教育呢？而这个教育输出的质量问题才是教育机会公平（Equity）的最后归属——教育平等（Equality）[①]。流动儿童在城市接受了学校教育之后，是否能在学业水平上和普通儿童达成同等的水平是本研究所关注的问题。

在义务教育阶段，语文是重要的基础课程，个体语言素养的发展决定了其将来在社会上的发展和家庭生活的幸福。学生语文学习成绩的提高是学校 – 教师 – 学生之间作用的结果，也是学生个体因素、教师教学方法和学校设置等相关因素之间复杂相互作用的结果。目前，国内已有相关学者针对流动儿童的学业成就和相关因素进行了研究[②]，然而，研究还非常有限。为此，本研究主要针对北京、温州、广州等 15 所以接纳流动儿童为主的公立和民办学校，选择 3—8 年级共计

---

① 在 2000 年前后，很多学者针对教育平等和教育公平进行了比较和分析，从更加清晰的角度对两者进行了界定，并引发了人们对教育公平问题的重新关注。比如：杨东平. 对我国教育公平问题的认识和思考 [J]. 教育发展研究，2000，08：5—8. 褚宏启. 关于教育公平的几个基本理论问题 [J]. 中国教育学刊，2006，12：1—4.

② 蔺秀云，王硕，张曼云，周冀. 流动儿童学业表现的影响因素——从教育期望、教育投入和学习投入角度分析 [J]. 北京师范大学学报（社会科学版），2009，05：41—47. 以及张绘，龚欣，尧浩根. 流动儿童学业表现及影响因素分析——来自北京的调研证据 [J]. 北京大学教育评论，2011，03.

2568 名处境不利的流动儿童为主的中小学生，试图探究影响这些儿童语文学业水平的有关因素。

第二节　影响学业水平的现有研究

已有的研究为本研究提供了坚实的基础[1]，接下来，我们将从学校层面、班级层面和学生层面来进行理论背景的回顾。

一、学校层面的变量

国际研究表明，学校层面的因素对学生的学习成绩产生影响。比如，学校的政策、学校的规模和学校的学生构成对学生学习成绩的影响[2]。而有研究也证明，此外，一些与家庭有关的变量，例如学校层面的家庭经济背景也需要被考虑[3]，因为每个具有不同经济状况的地区都会有特定经济背景的家庭，学生按照其居住的环境分布在临近的学校，而这些学生的分布情况，会对学生的学习成绩造成影响[4]。总的说来，已有的元分析结果发现[5]，高达 18% 的学习成绩差异可以归因于学校层面的变量。

国内已有研究也证明，我国学校内部具有聚合性的家庭经济背景的影响，但

---

[1] 比如：彭晓伟. 影响"流动儿童"学习的制约因素浅析——基于成都市红花学校的调查 [J]. 四川教育学院学报，2007，09：4—6，12. 又如，张绘，龚欣，尧浩根. 流动儿童学业表现及影响因素分析——来自北京的调研证据 [J]. 北京大学教育评论，2011，03.

[2] Sammons，P.，Hillamn，J.，&Moretimore，P. (1995). Key characteristics of effective schools: A review of school effectiveness research. London: Office for standards in Education [OFSTED].

[3] Sirin，S. R. (2005). Socioeconomic status and academic achievement: a meta-analytic review of research. Review of Educational Research，75 (3)，417—453.

[4] Hanushek，E. A.，Kain，J. F. & Rivkin，S. G. (2004). Disruption versus Tiebout improvement: the costs and benefits of switching schools. Journal of Public Economics，88 (9—10)，1721—1746.

[5] Bosker，R. J.，&Witziers，B. (1996). The true size of school effects. Paper presented at the AERA，New York.

是这个结论只是局限在数学学科[①]。有关流动儿童的研究也已经表明，学校层面的很多因素会对学生的学业水平具有不同的影响，但是可能会在不同的层面得以体现，比如学校给予学生的支持、班级层面的师生关系等。

二、班级层面的变量

班级层面变量也是影响学习成绩的因素之一[②]。其中最重要的班级因素是教师的素质、教师个人能力（一般水平／专业水平）、教师经验与教学信念[③]等。

教龄一般被认为是教学经验的重要体现，但是国际的研究表明，教学经验是否能够作为一个有效预测手段，在一些文献中是存在争论的[④]。尽管教师的专业水平被视为影响学生成绩的重要因素，然而，有研究指出专业水平是否能起作用，还要看教师和学生之间的互动情况[⑤]。国内的已有研究有一个比较奇怪的发现，语文教师的教学效能感与学生的语文学业水平呈现负相关，而数学教师的教学效能感和学生的数学成绩却出现正相关，学生的学习动机在这里起中介效应[⑥]。

国内针对流动儿童的有关研究指出，学校的环境等因素对于学生也具有非常重要的影响。由于流动儿童在城市学习需要重新适应，有研究证明良好的师生关系将会帮助学生更好地适应学校的学习生活，并且帮助学生们提升对于学习的投入程度[⑦]。

---

① Zhao, N. N., Valcke, M., Deosete, A. & Verhaeghe, J. P.（2012）. The quadratic relationship between socioeconomic status and learning performance in China by multilevel analysis: Implications for policies to foster education equity. International Journal of Educational Development, 32（3）, 412—422.

② Teddlie, C.（1994）. The integration of classroom and school process data in school effectiveness research. In Reynolds, D. B. P. M., Creemers, P. S., Nesselrodt, E. C. Schaffer, Stringfield, S. & Teddlie C.（Eds. ）, Advances in School effectiveness research and practice.（pp. 111—132）. Oxford: Pergamon Press.

③ Smith, T. M., Desimone, L. M., & Ueno, K.（2005）. "Highly qualified" to do what ? The relationship between NCLB teacher quality mandates and the use of reform-oriented instruction in middle school mathematics. Educational Evaluation and Policy Analysis, 27（1）, 75—109.

④ Kukla-Acevedo, S.（2009）. Do teacher characteristics matter ? New results on the effects of teacher preparation on student achievement. Economics of Education Review, 28（1）, 49—57.

⑤ Kukla-Acevedo, S.（2009）. Do teacher characteristics matter ? New results on the effects of teacher preparation on student achievement. Economics of Education Review, 28（1）, 49—57.

⑥ 李海华.教师的教学效能感、学生的学习动机与学业成绩的关系［D］.山东师范大学，2013.

⑦ 曲可佳，邹泓，李晓巍.北京市流动儿童的学校满意度及其与师生关系、学业行为的关系［J］.中国特殊教育，2008，07: 50—55.

三、学生层面的变量

家庭的变量（例如家长参与、社会经济地位）会影响学习成绩。而学生个人的人口学特征（如性别、种族）是影响学习成绩的重要因素[1]，除此之外，还有针对流动儿童的特殊问题，比如学生感受到的学校环境的支持、学生的学习信念和自尊等，也会对学习成绩有影响。

家庭经济背景。同样作为人口学变量，家庭经济背景变量（SES）对于学业水平的影响一般被认为凌驾于性别、种族等其他的基本背景变量[2]。一般研究发现，出身贫寒的学生的学习成绩也不怎么好，其原因是父母对于学生的学业关注不足[3]。怀特（White）和司瑞纳（Sirin）分别在1982年和2005年先后对过去百年的相关文献进行了元分析[4]，结果表明家庭经济背景对学习成绩有预测作用。而且，这个家庭经济背景和学习成绩的关系也在学校层面被观测到，比如邻居的家庭经济背景也会对学习产生影响，有学者认为学校层面的家庭经济背景（这个意思是，将整个学校的学生的家庭经济背景在学校层面求一个均分，英文为 aggregated SES）也会对学生的学习成绩造成影响[5]。意思是，如果整所学校的学生的家庭经济环境都比较好，那么学生的学习成绩就越好。

国内已有研究也表明[6]，家庭经济背景在对语文和数学的预测方面有着不一样的结果，数学学习成绩较好的孩子有可能来自贫困家庭[7]，而语文学习成绩好的孩

---

[1] Spelke, E., & Ellison, K. (2008). Gender, math and science. Harvard University Psychology Department Working Paper.

[2] Fan, X. (2001). Parental involvement and students' academic achievement: A growth modeling analysis. Journal of Experimental Education, 70 (1), 27—61.

[3] Jeynes, W. H. (2005). A meta-analysis of the relation of parental involvement to urban elementary school student academic achievement. Urban education, 40 (3), 237—269.

[4] White, K. R. (1982). The relation between socioeconomic status and academic achievement. Psychological Bulletin, 91 (3): 461—481. Sirin, S. R. (2005). Socioeconomic status and academic achievement: a meta-analytic review of research. Review of Educational Research, 75 (3), 417—453.

[5] Caldas, S. J., & Bankston, C. L. (1997). The Effect of School Population Socioeconomic Status on Individual Student Academic Achievement. Journal of Educational Research, 90 (5), 269—277.

[6] 赵宁宁，樊金凤，杨贝贝，马媛. 小学生家庭经济背景对语、数学业成就预测效应比较 [J]. 教育科学，2014，02：69—74.

[7] Zhao, N. N., Valcke, M., Deosete, A. & Verhaeghe, J. P. (2012). The quadratic relationship between socioeconomic status and learning performance in China by multilevel analysis: Implications for policies to foster education equity. International Journal of Educational Development, 32 (3), 412—422.

子却完全不可能。这是由于语言课程自身所具有的阶层色彩所导致的。针对流动儿童的相关研究也涉猎了这个问题，研究发现城市儿童和流动儿童在家庭经济背景和学业水平的预测路径上存在差异[①]，而且，家庭经济背景是通过物质投入（比如学习资源等）或精神投入（比如父母期望等）来实现对学习的影响的，但是这个研究是针对数学学科。而父母期望被认为对学生具有更多的积极影响[②]。补习这个"影子教育系统"在我国也非常盛行，国内也有研究证明，在义务教育阶段，参加课外补习学生的语数成绩都显著高于未参加课外补习的语数成绩[③]。

人口学变量。学生的人口学特征，比如性别等也已被证实为影响学生学习成绩的重要变量[④]。尤其是对于流动的女童来说，针对某地区的调查表明[⑤]，在校流动女童享受到了比较公平的教育机会，由于中国家庭更重视男孩，因此能跟随父母进城上学的流动女孩往往更加珍惜学习机会，为此，流动的女童学习成绩也会比较好。

个体特征变量。有很多个体特征都会影响学习成绩。首先，一些有关动机和信念的变量[⑥]，比如动机、归因、自我督导能力和自我概念，会影响学习成绩。国内已有研究也证明[⑦]，学习动机中的深层学习动机和成就学习动机与学生学业水平呈显著正相关，但学习动机中的表层学习动机与学生学业水平呈显著负相关。

国内学者针对流动儿童群体的特殊性展开了有关的研究，发现流动儿童的学校环境的感知会对学生有所影响，比如学生在学校获得的教师、同伴、情感、认知等方面的支持[⑧]，以及良好的师生关系会提升学生对于学习的投入程度[⑨]，并会对

---

① 张云运，骆方，陶沙，罗良，董奇.家庭社会经济地位与父母教育投资对流动儿童学业成就的影响［J］.心理科学，2015，01：19—26.

② 蔺秀云，王硕，张曼云，周冀.流动儿童学业表现的影响因素——从教育期望、教育投入和学习投入角度分析［J］.北京师范大学学报（社会科学版），2009，05：41—47.

③ 方晨晨，薛海平.课外补习的影响因素及对学生成绩影响的实证研究——基于京、黑、鲁、晋、青、川六省市的调查数据［J］.现代中小学教育，2015，08：9—12.

④ Scarr, S.（1988）. Race and gender as psychological variables: Social and ethical issues. American Psychologist, 43（1）: 56—59.

⑤ 苏雪萍.比较视角下流动女童受教育基本情况分析［J］.当代教育理论与实践，2014，11：21—23.

⑥ DiPerna, J. C., Volpe R. J., and Elliott, S. N..（2002）A model of academic enablers and elementary reading/language arts achievement, School Psychology Review, 31（3）, 298—312.

⑦ 刘加霞，辛涛，黄高庆，申继亮.中学生学习动机、学习策略与学业成绩的关系研究［J］.教育理论与实践，2000，09：54—58.

⑧ 李晓巍，邹泓，王莉.北京市公立学校与打工子弟学校流动儿童学校适应的比较研究［J］.中国特殊教育，2009，09：81—86.

⑨ 曲可佳，邹泓，李晓巍.北京市流动儿童的学校满意度及其与师生关系、学业行为的关系［J］.中国特殊教育，2008，07：50—55.

学生的学业水平有所影响。除此之外，研究显示，流动儿童的自尊与学业行为、师生关系的各维度均有显著相关 [①]。

　　总的说来，前人的研究为我们提供了很多的启示，也具有一些不足。第一，前人的很多研究，大多采用学校原有的学业测试结果，虽然进行了 Z 分数的标准转化，但没有办法在不同的学业测试中进行跨越比较，在开展了标准化转换之后，也会将相关因素的预测效应限制在某个特定的学业测试范围之内。而在本研究中，我们会根据义务教育课程标准编制有关的试题，并采用项目反应理论的方法来实现题本之间的等值计算，做到跨年级跨学区的全面比较。第二，前人的研究很少采用多层线性模型的研究方法，而在本次研究中，我们更加关注个体变量和环境变量之间的关系。因为个体学习者变量嵌套与班级层面的变量当中，而班级层面的变量又是嵌套在学校层面的变量当中的，所以这就需要我们采用多层线性的分析方法。使用多层线性模型的前提是，作为连续因变量的学业水平必须是在同一个数量级的单位上才能加以比较，意思是，这些学生同样参与了一个共同的测试，那么其获得的成绩便可进行互相的比较。先前已有的研究在采集因变量的过程中，多采集的是现成学业水平，而现成的学业水平之间由于测量难度和区分度的不同，很难保证学生之间的成绩进行相互的比较，导致成绩在这里用作多层线性分析具有一定消融层级的危险，并会对后来的预测结果具有一定的影响。因此，在本研究中，为了基于现成的义务教育课程标准的要求，有针对性地对学生的语文学业水平进行考查，我们按照新的标准制定了语文学业测试工具，并在这个基础之上进行了调研，保证多层线性模型结果的有效性。

第三节　影响学业水平的要素及其交互作用

一、研究设计和思路

　　总的说来，基于如上的研究文献的回顾，本章确定的研究问题是：什么变量对流动儿童的语文学业素养产生影响？不同的影响变量在什么层面上发挥作用？其

---

① 李小青，邹泓，王瑞敏，窦东徽. 北京市流动儿童自尊的发展特点及其与学业行为、师生关系的相关研究 [J]. 心理科学，2008，04：909—913.

作用的力度有多大？在本章中，主要会使用到如下几个变量：

表 4-1　流动儿童语文学习情况调查指标和工具

调查指标	调查工具	二级调查指标	本章使用
语文素养	语文学业水平试卷	语文基础知识、阅读、写作	√
	学习动机、方法问卷	学习动机、学习策略	√
相关因素	学校层面问卷	学校性质、流动儿童所占比例、家庭经济背景	√
	教师层面问卷	教龄、教师效能感、师生关系感知	√
	学生层面问卷	家庭方面：父母教育水平、父母职业声望、父母职业收入、父母期望、补习班、兴趣班	√
		个体方面：性别、流动普通、学校支持程度、自尊	√

为了能够充分考查其数据类型，本章主要采用多层线性模型（MLWin）来分析学校、班级和学生层面因素对学习成绩的影响。在多层线性模型中，数据必须是嵌套性质的[①]，多层线性模型假设，学生和教师不是随机分布的，他们是嵌套在特定的环境当中的。这个研究的一个优点是，我们可以考虑到不同层级之间的相互影响。因此，多层线性模型更加有利于研究真实的社会场景，考虑到不同层面环境的影响。

在本次研究的过程中，我们首先试图建立三层模型，但是三层模型中的随机部分参数表明，学校、班级和个体层面的指数分别是 0.026（SE=0.017）、0.052（SE=0.015）、0.216（SE=0.006），三层模型不能成立，为此，我们只能建立学生和学校两个层面的多层线性分析。第一步，我们设立了零模型，检测三个层次之间是否存在显著性差异。如果答案是肯定的，那么我们进入第二步。第二步，我们将来自学校层面、班级层面和学生层面的因素逐渐添加到模型中。多层次分析的规范公式写成：

$$Y_{ijk} = \beta_{0ijk} + \beta_{1i} X_{1i} + \beta_{2ij} X_{2ij} \cdots \cdots$$

在这里，

$$\beta_{0ijk} = \beta_0 + v_{0k} + u_{0jk} + e_{0ijk}$$

β_0 是学生的学习成绩的平均分；

u_{0jk} 是在学校层面的随机效果；

---

① Hox, J. J.（2002）. Multilevel Analysis. Techniques and Applications. Erlbaum, Mahwah, N J.

e_{0ijk} 是在学生层面的随机效果；

β_{1i} 是在学校层面的变量 X1i 的参数；

β2ij 是在个体层面的变量 X2ij 的参数。

零模型。表 4-2、表 4-3 和表 4-4 总结了多层线性分析的每一步过程。零模型是没有包含任何变量的模型（见表 4-2 中零模型）。在这个模型中的截距为 -0.021，这个数字表示了在所有学校中学生的平均学习成绩。整个模型的方差被分成两个部分：学校层面和学生层面。从模型中可以看出，学校层面的因素对学习成绩的解释率为 17.87%，个体层面（含班级层面）的因素对学习成绩的解释为 82.13%。这个结论和国内外的已有研究结论是类似的[1]，学校层面的影响因素只有 18% 左右的解释率。无论是对于普通儿童还是流动儿童，其学校层面的影响因素其结果也是类似的。

多层线性模型。接下来，我们把变量逐步添加到模型当中。在加入变量之前，我们将所有的变量进行中心化（中心化的方法是，所有的分数减去均值，目标是为了更好地进行解释）。由于制作模型的原则是精简，因此，只有那些有显著性作用的变量才能在表中被呈现出来。

二、学校层面的变量

首先，在学校层面，学校层面的学生家庭经济因素被加入模型当中。学校层面的父母教育职业水平（x^2=0.608，DF=1，p=0.43）、学校层面的父母收入水平（x^2=0.209，DF=1，p=0.64）并不构成重要的影响因素，意思是其整所学校的学生家庭经济背景并不对语文学习成绩造成影响（见模型 1、2）。除此之外，公私立学校本身也并没有造成学生在语文学业水平上的差异，而造成学生语文学业水平具有差异的重要原因是学校自身的问题，由于学校变量并没有能够成功预测学生的语文学业水平，为此，我们以零模型为基础，以其残差做了一个预测图（见图 4-1）。

---

[1] Bosker, R. J., &Witziers, B.（1996）. The true size of school effects. Paper presented at the AERA, New York.

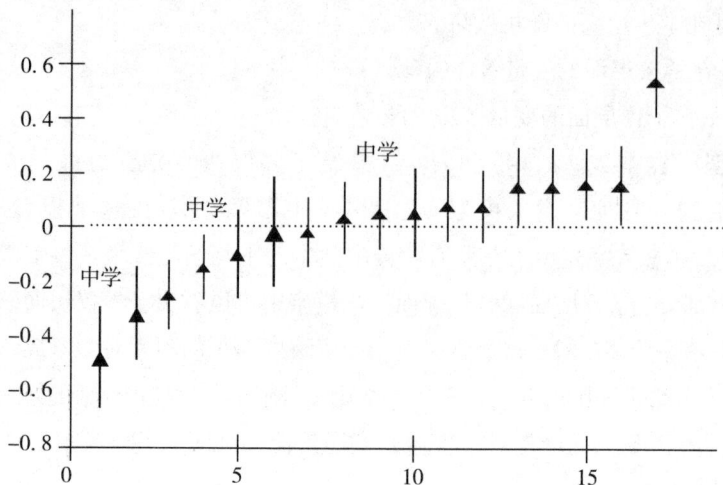

图 4-1   学校间的语文学业水平差异

从图 4-1 中可以看到，在这 17 所不同的学校里，学校学生平均的语文学业水平分布具有很大的差异，其中只有一个学校的成绩远远高于其他同类学校。由于本次的调查中有小学和初中两类学校，首先我们进行了学校的标记，由图 4-1 所见，其中成绩最好的学校并不是中学，而是小学。

三、个体层面的变量

1. 个体层面的班级变量

在个体所在的班级层面，其教师的教龄首先被加入模型中（见表 4-2 的模型 3）。由于教龄是类别变量，我们加入教龄变量，以具有 15 年以上教龄的教师为参照。结果发现，教师教龄有效改善了模型（见模型 3）（x^2=639.603，DF=452，$p<0.00$）。教龄为 1—5 年的教师和教龄为 6—15 年的教师都比教龄大于 15 年的教师的教学效果好。这主要是由于，教龄为 1—5 年的教师在语文教育中具有更多的想法，能够随着新的课程改革的要求对我国的语文课程提出有意义的，建设性的意见和建议。但教师所感受到的师生关系（x^2=0.239，DF=1，p=0.65）、教师的自我效能感（x^2=1.437，DF=1，p=0.23）并没有对学生的语文学习能力具有预测作用。接下来，学生的家庭背景变量被添加到模型中，我们会看到，随着学生家庭变量被加入变量之后，教师教龄变量的影响被学生层面的变量湮没了（见模型 5b）。

表 4-2 学校和班级层面的多层线性模型分析

预测变量	零模型	模型 1a	模型 1b	模型 3	模型 4a	模型 4b	模型 4c
固定部分							
截距	-0.021（0.057）	-0.035（0.059）	-0.03（0.06）	-0.17（0.125）	-0.063（0.067）	-0.06（0.067）	-0.061（0.067）
学校层面父母职业		0.075（0.096）					
学校层面父母收入			0.083（0.182）				
公立/私立校				0.183（0.139）			
教师教龄 1-5 年					0.102（0.036）	0.103（0.037）	0.102（0.036）
教师教龄 6-10 年					0.044（0.027）	0.04（0.028）	0.042（0.027）
教师的师生关系						0.012（0.021）	
教师自我效能感							0.014（0.029）
随机部分							
学校层面	0.052（0.019）	0.05（0.018）	0.051（0.019）	0.046（0.017）	0.062（0.024）	0.061（0.024）	0.063（0.024）
学生层面	0.239（0.007）	0.239（0.007）	0.239（0.007）	0.239（0.007）	0.241（0.007）	0.241（0.007）	0.241（0.007）
学校个数	17	17	17	17	15	15	15
学生个数	2568	2568	2568	2568	2120	2120	2120
-2LL	3666.266	3665.658	3666.057	3664.642	3026.663	3026.424	3025.226
Δx^2		0.608	0.209	1.624	639.603	0.239	1.437
Δdf		-1	-1	-1	-452	-1	-1
p		0.436	0.648	0.203	<0.01	0.625	0.231
参照模型		模型 0	模型 0	模型 0	模型 0	模型 4a	模型 4a

* 说明：括号里面的是标准误。

2. 个体层面之家庭变量

在个体的层面，第一步，学生无法改变的家庭背景变量首先被加入模型（见表 4-3）。学生的家庭经济背景的被加入到模型 4a。结果，我们发现，父母教育和职业水平（β=0.005，SE=0.017）并不能有效语文学业水平（见模型 5a），但父母的收入水平（β=0.056，SE=0.017）更加有效地预测了语文学习成绩（x^2=14.127，DF=1，p<0.00）（见模型 5b）。如果学生的父母收入水平每高 1 个单位，那么学生的语文学习平均成绩就高出 0.067 个单位（见模型 5b）。而且，在父母的收入水平进入模型之后，教师的教龄对语文学习成绩不再有预测作用（见模型 5c）。虽然父母的教育水平不能很好地预测学生的语文学业水平，但其父母的收入水平却成了预测变量，在控制了学校差异的条件下，我们仍旧能够在学校的内部发现了父母收入和语文学业水平的多层回归关系。

表 4-3　个体层面的家庭变量的多层线性回归

预测变量	模型 5a	模型 5b	模型 5c	模型 6	模型 7	模型 8
固定部分						
截距	0.04 （0.068）	0.039 （0.067）	0.063 （0.058）	0.173 （0.113）	-0.188 （0.113）	-0.173 （0.114）
教师教龄 1-5 年	-0.001 （0.05）	-0.01 （0.05）				
教师教龄 6-10 年	-0.004 （0.035）	-0.018 （0.035）				
家庭经济背景之职业	0.005 （0.017）					
家庭经济背景之收入		0.056 （0.015）	0.067 （0.014）	0.069 （0.014）	0.069 （0.014）	0.07 （0.014）
父母期望之初中				0.158 （0.132）	0.154 （0.132）	0.151 （0.132）
父母期望之高中				0.029 （0.115）	0.034 （0.115）	0.011 （0.115）
父母期望之大学				0.228 （0.101）	0.229 （0.101）	0.221 （0.102）
父母期望之研究生以上				0.277 （0.101）	0.276 （0.101）	0.268 （0.101）
每周半小时以内					0.007 （0.12）	
每周半小时到 2 小时					0.037 （0.33）	

续表

预测变量	模型 5a	模型 5b	模型 5c	模型 6	模型 7	模型 8
每周 2 小时到 7 小时					0.05 （0.053）	
每周 7 小时以上					0.043 （0.07）	
每周半小时以内						0.028 （0.135）
每周半小时到 2 小时						0.042 （0.036）
每周 2 小时到 7 小时						−0.027 （0.05）
每周 7 小时以上						0.028 （0.043）
学校层面	0.058 （0.024）	0.057 （0.023）	0.052 （0.019）	0.046 （0.018）	0.045 （0.017）	0.047 （0.018）
学生层面	0.208 （0.009）	0.205 （0.009）	0.206 （0.008）	0.203 （0.008）	0.203 （0.008）	0.204 （0.008）
学校个数	15	15	17	17	17	17
学生个数	1027	1027	1237	1208	1191	1186
−2LL	1340.696	1326.569	1598.845	1547.53	1521.844	1522.259
Δx^2	1684.53	14.127	272.276	51.315	25.686	0.415
Δ df	1094	1	214	33	18	6
p	<0.001	<0.001	0.004	0.023	0.107	0.999
参照模型	模型 4a	模型 5a	模型 5b	模型 5c	模型 6	模型 6

* 说明：括号里面的是标准误。

　　在家庭经济背景之中，有一个有趣的交互作用，在教师教龄和父母收入水平两者之间，一者进入而另外一者消失的现象。这个现象警示着，父母的收入水平对语文学习成绩的影响比教师的教龄更甚，而在这其中，是否存在交互作用呢？父母的收入水平是否能够对教师教龄有影响？比如，父母的收入是否能够选择教师？我们目前的多层线性模型无法很好地体现这种交互，为此，我们针对不同教龄的教师和父母收入水平进行进一步单因素方差分析，结果表明，三种不同的教师教龄之间存在显著性差异（$F_{(2,1024)}$=4.157，p=0.016），进一步多重比较的结果表明：1—5 年教师任教班级学生的父母收入与 15 年以上的教师所在班级的学生父母收入没有显著性差异（M_D=-0.17，p=0.843），但5—15年的教师班级学生的父母收入与1—5年的教师（M_D=0.2，p=0.034）和15年以上的教师（M_D=0.183，p=0.008）差异达到显著性水平。这里可以说，教师的教龄和父母的收入有一定的关系，但是这个关系却和我们的多层模型呈现出不一样的趋势，这也就说明父母的收入并没有对教师的教龄进行选择，而到底是存在什么交互影响？我们仍旧需要进一步深入探究。在这里，父母的收入水平对学生语文学业水平的影响一直保留到学生个人要素加入才得以消失。

而后，父母的期望、家庭给学生提供的补习班时间、兴趣班的时间都被加入到模型中（见模型6、7、8），研究结果显示，父母期望对语文学业水平有显著影响（x^2=51.315，DF=33，p=0.023<0.05），与期望孩子念完小学就可以的父母相比，期望孩子能够考取大学或研究生的父母的孩子，其孩子的语文学业素养分别高出0.228和0.277个单位。但是，父母对于孩子兴趣班和补习班的投入对于学生的语文素养没有什么影响（x^2=25.686，DF=18，p=0.107；x^2=0.415，DF=6，p=0.999）。父母对于孩子的期望越大，我们可以预见孩子的成就也就越大。

3. 个体层面之学生个人变量

在个体层面，第二步，我们把学生人口学特征变量添加到模型当中（见表4-4）。我们从模型9中可以看到，性别是预测语文学业素养的重要因素（x^2=13.16，df=1，p<.005），男生比女生的语文学业素养要低0.178个单位。虽然这个结果并没有出乎我们的意料，但是如果结合数学的影响模型来看，在小学阶段男生的数学成绩也是呈现出比女同学落后的状况[1]。也就是说，在义务教育阶段，男生的语文、数学成绩比女生落后，这个结果很可能造成了男学生在这个阶段学习方面的不利处境，继而造成了在后续的升学阶段的男性的缺失。值得反思的是，这说明我们目前的课程、教学和评价都不利于男学生的发展，也并没有在性别上造成公平。

不过，是否是流动儿童本身并没有构成对语文学业素养的差异（x^2=1.891，df=3，p=0.5955），也就是意味着，流动儿童本身并没有在语文学习方面具有劣势。虽然流动儿童在语言素质方面与城市儿童具有差异[2]，但从本研究数据来看，这些

---

[1] 赵宁宁，樊金凤，杨贝贝，马媛. 小学生家庭经济背景对语、数学业成就预测效应比较［J］. 教育科学，2014，02：69—74.

[2] 李琳. 流动儿童在城市入学的语言适应——以关中方言为例［J］. 社会科学家，2012，02：151—154.

在语言方面的差距在控制了学校层面的差异之后已经不复存在了，学校层面的教学质量的差异比较严重，不过，也就说明流动儿童的语文学业成就的差距完全可以通过教育来得到相应的弥补。

接着，我们学生的心理特征等要素加入模型当中，在这里由于心理特征的量表包含了太多的维度，为此，我们挑选了几个比较重要的变化模型进行展示。比格斯的学习过程量表中的表层学习动机、深层学习动机和成就学习动机被加入模型之后，并没有对模型有显著性的改善（x^2=30.685，df=40，p=0.855；x^2=35.802，df=43，p=0.773；x^2=31.568，df=41，p=0.855）。然而，表层学习策略在边缘水平上对于语文学业素养具有预测作用（x^2=55.97，df=41，p=0.059），每增加1个表层学习策略的单位，其语文学业水平就增加0.064个单位。也就是说，为了完成基本任务、不被老师责怪而采取的学习策略对于语文学习是有帮助的，这可能是由于目前调研的对象主要集中在小学阶段，而这个阶段是学习习惯养成的重要时期，教师对于某些学习行为的敦促和教导是非常重要的。而且，这个表层学习策略与父母的期望具有一定的交互作用，当我们增加了表层学习策略之后，父母期望的指数也得到了相应的增加。这就是说，同样具有表层学习策略的学生，如果他们的父母期望自己初中毕业、大学毕业和研究生毕业，那么，他们的语文学业水平会比只希望自己念完小学就好的父母的孩子好。其内隐的意思是，具有不同期望的父母的孩子其表层学习策略也可能有所不同，父母对孩子的教养方式在学生学习策略的养成方面具有非常重要的作用。

然而，令我们感到惊讶的，深层学习策略对语文学业水平有所会有重要的影响（x^2=11.021，df=5，p=0.004），但其指数却是负值。这就是说，如果学生具有深层学习策略，那么其语文学业水平就会下降0.05个单位。因此，学校不鼓励学生对语文学习采取更加有深度的学习。而成就学习策略对语文学业水平没有影响（x^2=1.92，df=1，p=0.16），这可能是因为在流动儿童为主的学校，学生们对于获得成就的期望并没有太过强烈，但是，这个结论需要进一步进行调查和研究。

第三步，学校环境量表的各个维度被加入了模型，只有学校支持维度对语文学业水平有正向的影响，对于模型有明显改善（x^2=38.252，df=5，p<0.01）。但是，当我们增加这个变量之后，父母的期望水平对学习成绩的预测效应消失了（见模型12a），而当我们删除了父母期望水平之后，其模型并没有见到显著性的变差（见模型12b）（x^2=37.161，df=2，p=0.072>0.05），为此，我们进行了父母期望水平变量的删除。其他维度的学习环境量表，包括学校支持维度、教学信念维度、情感支持维度、同伴支持维度并没有对语文学业成就有所预测作用

(x^2=1.621, df=2, p=0.445; x^2=20.113, df=18, p=0.333; x^2=8.386, df=9, p=0.99; x^2=5.208, df=5, p=0.391)。

最后，在模型 8a 中，我们发现学生的自尊对学习成绩有着显著的预测作用（x^2=20.85, df=3, p<.001）。每提升 1 个单位的自尊，学习成绩就会有 0.104 个单位的降低。在这个方面，强度的自尊并没有对学生的学业水平有所促进，反而是一种降低。这或许是由于，我们所调研的对象所导致的情况，在流动儿童为主的学校里面，我们的学生的心灵是否过渡的敏感和脆弱，在自尊和自负之间进行了转化，这个问题值得进一步进行讨论和调研。

表 4-4 个体层面的个人性格特质变量的多层线性回归

预测变量	模型 9	模型 10	模型 11d	模型 11e	模型 11f	模型 12a	模型 12b	模型 13
固定部分：截距	-0.021 (0.114)	-0.029 (0.12)	-0.055 (0.117)	-0.061 (0.116)	-0.055 (0.116)	-0.048 (0.115)	0.123 (0.055)	0.11 (0.055)
家庭经济背景之收入	0.074 (0.013)	0.074 (0.013)	0.07 (0.014)	0.067 (0.014)	0.067 (0.014)	0.063 (0.013)	0.062 (0.013)	0.063 (0.013)
父母期望之初中	0.153 (0.129)	0.176 (0.131)	0.218 (0.134)	0.234 (0.133)	0.224 (0.134)	0.225 (0.131)		
父母期望之高中	-0.023 (0.113)	-0.001 (0.115)	0.037 (0.118)	0.028 (0.118)	0.02 (0.118)	0.012 (0.116)		
父母期望之大学	0.168 (0.1)	0.19 (0.102)	0.201 (0.104)	0.205 (0.104)	0.197 (0.104)	0.174 (0.103)		
父母期望之研究生以上	0.206 (0.1)	0.229 (0.102)	0.219 (0.104)	0.22 (0.104)	0.212 (0.104)	0.182 (0.103)		
男生	-0.178 (0.026)	-0.179 (0.026)	-0.172 (0.026)	-0.166 (0.026)	-0.166 (0.026)	-0.157 (0.026)	-0.161 (0.026)	-0.152 (0.026)
流动儿童		-0.017 (0.04)						
表层学习策略			0.064 (0.013)	0.095 (0.016)	0.083 (0.018)	0.074 (0.016)	0.075 (0.016)	0.055 (0.017)
深层学习策略				-0.05 (0.016)	-0.061 (0.017)	-0.056 (0.016)	-0.053 (0.015)	-0.048 (0.015)
成就学习策略					0.027 (0.02)			
学校支持维度						0.083 (0.014)	0.082 (0.014)	0.08 (0.014)
自尊								-0.104 (0.025)

续表

预测变量	模型 9	模型 10	模型 11d	模型 11e	模型 11f	模型 12a	模型 12b	模型 13
随机部分								
学校层面	0.048 （0.018）	0.047 （0.018）	0.045 （0.017）	0.042 （0.016）	0.043 （0.016）	0.041 （0.016）	0.044 （0.017）	0.042 （0.016）
学生层面	0.196 （0.008）	0.196 （0.008）	0.195 （0.008）	0.193 （0.008）	0.193 （0.008）	0.187 （0.008）	0.188 （0.008）	0.185 （0.008）
学校个数	17	17	17	17	17	17	17	17
学生个数	1208	1206	1168	1167	1167	1163	1189	1187
−2LL	1501.422	1499.531	1445.452	1434.431	1432.511	1394.259	1431.42	1410.57
Δx^2	46.108	1.891	55.97	11.021	1.92	38.252	37.161	20.85
Δdf	1	3	41	2	1	5	27	3
p	<0.001	0.595	0.060	0.004	0.166	<0.001	0.072	<0.001
参照模型	模型 8	模型 9	模型 9	模型 11d	模型 11e	模型 11e	模型 12a	模型 12b

* 说明：括号里面的是标准误。

四、各层面因素的贡献率

在图 4-2 中，我们通过比较零模型、模型 8 和模型 12b，研究发现，我们所添加的环境方面的变量，包括学校层面、个体层面的教师、父母等环境变量，大概解释了 9.62% 的学校层面的残差、14.64% 的个体层面的残差。而当个体变量全部被加入模型之后，个体层面的性格特质等变量进一步解释了 10.64% 的学校层面的残差、9.31% 的个体层面的残差。最后的模型，总共解释了 19.23% 的学校层面残差和 22.59% 的个体层面残差。个体层面的因素仍旧是主要的影响因素，但是从图 4-2 中仍旧可以见，我们还有 12.71% 的和 51.54% 的残差并没有在学校层面和个体层面得到解释，这就意味着对于流动儿童语言学业水平的研究仍旧需要继续。总的说来，通过比对三个不同的模型，我们发现一个重要的问题，虽然某些变量并不属于学校层面的变量，而是隶属于个体层面（含班级层面），但是其仍旧能够降低学校层面的残差。这个意思就是，某部分的变量虽然隶属于个体层面，但在学校层面上有一定的共性差异，也就是说，学校内部的具有很高的同质性，而学校之间的预测模型有可能会有很大的差距。

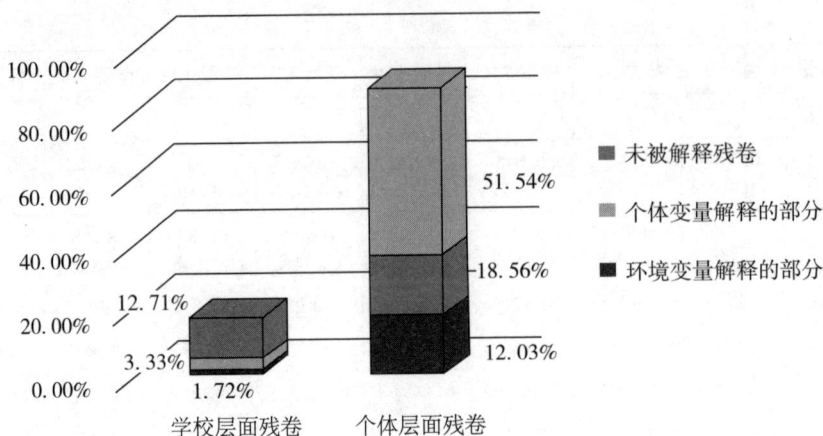

图 4-2　各个层面影响因素的解释率

第四节　反思和讨论：学生语文学业水平的影响要素汇总

一、学校间语文学业水平差异很大

国际的研究显示，在发展水平比较低的国家，学校教育被认为对学习成绩有更多的贡献。从目前的模型拟合状况来看，学校层面的要素基本和国际持平，也就是占到 18% 的解释率。然而目前，我国正在处于从发展中国家到发达国家的过渡时期，很多矛盾得到凸显，同样在学校教育方面，也会出现不一样的结果，原有的理论模型已无法充分预估未来经济社会的发展下的学校教育所具有的作用。在本研究中，学校层面的家庭经济背景，包括父母教育和职业水平以及父母的经济收入这两个指标也被尝试加入零模型当中，但结果发现，它们对学习成绩没有显著的预测作用。这可能是由于我们采样的学校内部学生父母经济背景差异不大导致的。这个现状也显示了目前国内的学校存在的分层情况，在流动儿童为主的学校内部，其普通儿童的父母大多从事的职业也是边缘的职业水平，这就是说，学校的分化已经到达了较小的阶段。所以，我们需要在更大的范围内采集更多的数据来论证这个问题。

二、学生的外部教育环境具有重要影响

由于我们无法建构三层模型，为此，班级层面的教师变量也变成了学生层面的变量。在教师层面的变量上，只有教师的教龄成了预测变量，而教师个体的师生关系、自我效能感都对语文学业水平没有预测作用。这个教龄的问题值得追踪研究，我们到底在教师的教育问题方面出现了什么问题？为什么工作年限稍长的老师其学生语文学业素养会比较低？一般而言，工作年限在5—15年，以及15年以上的教师，一般在80-90年代毕业，那个时候的师范教育尚未完善。在1978年之后，小学教师学历与专业水平提升的变革是由中等师范学校承担，实行五年制师范教育培养专科程度小学教师，到了1995年之后，国家教委师范司为了加强宏观指导、保证教学质量，制订了《大学专科程度小学教师培养课程方案（试行）》，对五年制师范教育的目标、规格、课程提出基本要求。至此很多省市，师范教育在20世纪90年代进行了整改，要求取消中等师范教育，并将中等师范教育全面升级为示范性质的职业高中或者大专、本科性质的师范教育机构[①]。而工作年限在1—5年以内的教师，大多毕业于2000年前后，在20世纪90年代中期接受了职前教育，是这次整改的一个受益者，也为之后的义务教育提供了良好的保障。虽然这些教师之后也会在职后的学历教育中有所提升，但是这个教龄问题的差异仍旧是存在的。这给我们提供了一个警醒：对于工龄一定的教师的职后培训必须要有所区别，每一类不同的教师必须要提供相对应的更加有效的职后培训内容和培训形式。

而在学生的家庭环境方面，家长的受教育程度和职业水平并没有对学生的语文学业水平造成任何的影响，但是家庭经济背景中的工资收入水平则成为很强的预测变量，并且一直持续到最终的模型中。同样作为家庭经济背景的指标参数，父母的教育和职业水平虽然更加贴近于家庭文化资本，但是却对学生的语文学业没有影响，反倒是父母的职业带来的收入对语文学业水平有影响。这就意味着，父母的教育水平和职业这些文化资本在我国社会对于语文——具有文化特性课程——的学习没有任何作用。受过较高教育水平的父母在家庭里面对于孩子的语文学习并没有任何的促进，这个研究结果和国际的研究相反[②]。在国际的研究过

---

① 王大磊.共和国中小学教师专业发展的政策研究［D］.华东师范大学，2011.v

② Sirin, S. R.（2005）. Socioeconomic status and academic achievement: a meta-analytic review of research. Review of Educational Research，75（3），417—453.

程中，受过较高教育水平的父母利用其已有的教育水平和文化见识，能够对于学生的阅读水平有着一定的促进作用①。反过来，值得我们对当前的语文课程目标和内容进行反思：一个受过教育的公民为何不能够发挥其在学校教育中所学，在家庭中充当我国语言文字的代言者，进行汉语文化的传承？也不能够发挥其父母的语文素养在孩子语文学习中的作用？那么，学校教育到底给予我们国民什么样的语文素养？教育难道仅仅只是帮助我们达成阶层的流动，而并非精神的改善？很多时候，学校教育给予我们理想的职业，却并没有改善我们对于社会的看法；给予我们一定的操控选择的范围，但却没有改良我们的价值观念和选择的能力；给予我们更多范围内的语文知识，却没有提升我们日常与人书面或口头互动交流的顺畅性，那么，这个学校教育的结果就比较悲观。更有甚者，连我们自己的孩子，都没有在自己所接受的高层次教育中获得进步，获得较高学历的父母，不能很好地发挥其教育所给人带来的潜在的知识、能力和价值观念在家庭中引导自己的孩子。比如目前在早期教育领域，我们会听到很多关于亲子阅读的呼吁②，而亲子教育的缺失也正是说明了我们国民在受教育水平与个人的业余文化生活之间的差距。目前在所调查的学校里，父母的教育水平和职业水平并不能够发挥其内在的文化资本，赋予我们的儿童更多关于语言文字的知识，发展其对于语文学习的兴趣。对于这个问题，我们可能要对学校教育的目的和目标进行反省，并值得开展进一步的追踪和深入的分析。

三、学生的个体特征对于学业水平的作用

在学生层面，性别因素毫无疑问地成了语文学业水平的预测变量，男生的在学校教育的语文学业水平比女生落后，这个结论和前人的研究基本一致③。不过，是否为流动儿童却并不能成为一个很好的预测变量，当然，这里存在着一个调研样本的问题，由于本次调研中我们基本以流动儿童为主，也就是即便是在流动儿童学校占30%的学校里面，普通儿童也是当地属于处境不利的儿童。因此，在控

---

① Hamid, M. O. (2011). Socio-economic characteristics and English language achievement in Rural Bangladesh. Bangladesh e-Journal of Sociology, 8 (2), 31—51.

② 朱从梅，周兢. 亲子阅读类型及其对幼儿阅读能力发展的影响 [J]. 幼儿教育（教育科学版），2006，Z1：89—94.

③ 苏雪萍. 比较视角下流动女童受教育基本情况分析 [J]. 当代教育理论与实践，2014，11：21—23.

制了学校层面的差异之后，流动儿童和普通儿童在语文学业水平方面没有差异也属正常。

　　而在学生的学习方式方面，其学生的各类学习动机并没有对语文学习具有影响，这也可能是由于我们针对流动儿童为主的学校开展了调研，表层、深层和成就动机的三个标准差分别为 1.01、1.01、1.00，从标准差可见，同类学校的学生在动机方面并没有更多的异质性为此，学习动机并没有成为我们最好的预测结果。而表层学习策略和深层学习策略则成为语文学习的预测变量，表层学习策略成了我们的预测变量，这可能是由于在小学阶段，更多的学生遵从了老师的吩咐，按照老师布置的任务去完成语文方面的学习，处于学习习惯的自我养成时期。但是深层学习策略的结果让我们感到吃惊，如果一个学生希望喜欢语文，并将精力更多地投入到学习当中，那么他在我们的测试中获得的成绩反倒是不好的[①]。这个结果让我对现在的学校教育形式进行了反思，或者学生缺乏对学习的喜爱，又或者是目前的学校教育的课程制度中不支持这些深层学习策略。当然，也可能是由于语文学科的特质造成的，比如深层次的学习策略可能只能加强语文具体知识、细节知识的掌握[②]，这需要进一步探究。

　　在学生的学校环境方面，我们得知，如果学生获得了更多的来自教师的结构性的指导，那么学生的语文学业水平就会获得进步。教师的结构性支持，包括教师能够清晰地陈述自己的教学目标、清楚地表达自己的教学要求，学生会从这些学支持中明确自己的学习目标，而教学目标的清晰程度是促进有效教学的重要途径，尤其是对于语文这门结构比较松散的课程。而来自学校的其他情感支持，却并没有对学生的语文学业水平有所影响，这可能是由于这些支持并没有直接作用于学生学业学习的关系，但是是否能够对学生的学习态度有所变化呢？也需要进一步进行探究。

　　除此之外，学生的自尊，然而值得注意的是，自尊越高的学生在学校里面的语文学业水平会越低，这可能是由于特定调查的流动儿童群体造成的。本研究发

---

　　① 当然，有人会质疑我们的测试工具的可信度，因此我们利用平时采集的该学生的语文成绩进行了进一步的分析。本次测试出来的语文学业成绩和平日的语文成绩是显著性的相关（r=0.173，p<0.01），而分别用本次测试成绩、平日语文成绩与深层学习策略进行相关分析，均得出显著性相关的结果，其系数分别为 0.050（p=0.016）和 0.096（p<0.01）。基本验证了本次的测试和平日的测试是同质性。

　　② 隋洁，朱滢.学习动机和学习策略与知识获得的关系［J］.中国心理卫生杂志，2004，05：345—347，332.

现 3—8 年级的自尊得分分别为 3.174、3.122、3.190、3.133、3.195 和 3.156，可以看出 7 年级和 8 年级的学生在自尊方面达到了最高[1]，这与先前的研究发现一致，这是由于特定的年龄段儿童心理发展，以及在特定的学龄段的父母在小升初变化之际教养方式变化造成的一种特殊情况。而在本次调研中，7、8 年级学生的语文学业水平却降到最低，这或许是在本研究中自尊对语文学业水平的负向预测结果原因。鉴于初中阶段的学生自尊水平达到了最高，我们可以在这个时期通过支持学生自尊发展，进而增强学生在学习方面的投入。

本研究研究了影响流动儿童语文学业水平的各类因素。与以往的研究不同，本研究制定了语文学业素养的新的测试试卷，采用项目反应理论针对不同的试题进行跨年级的等值计算，同时涵盖了语文课程标准中涉及的课程内容和学习能力，在因变量方面弥补了原有研究中采用学校学业水平的非标准化的不足。而且，本研究采用了多层线性的分析方法消除了多元回归带来的错误。然而，研究还存在一定的不足。首先，学校层面的变量和班级层面的变量还不够充分。比如，在未来的研究当中，我们可以加入学校文化或者学校氛围的变量[2]。其次，我们在样本的抽取方面还不够充分，我们的调研尚未能覆盖到各大城市中的流动儿童。再次，我们的多层线性分析方法只能考察一个因变量——学习成绩，没有对其他的因变量进行分析，而多层线性分析无法做出因果推断，我们不知道这些因素之间的相互作用是什么。最后，我们没有考虑到，对于不同群体的学生而言，这些影响变量是否还是一样的。比如，对于流动儿童或者留守儿童或者城市儿童而言，影响变量是否会发生变化。

总的说来，本研究得出了一些具有值得深思的，而且需要进行深入探讨的问题。第一，在学校教育方面，我们需要针对民办学校进行教育质量的管理和监控，并进行有关的培训和投入。第二，在教师教育方面，比如对于流动儿童为主的学校的教师培训需要根据其所接受的第一学历的教育来制定相应的培训计划，又如针对流动儿童为主的学校的教师培训要结合流动儿童的学习特点重新制定新的培

[1] 李小青，邹泓，王瑞敏，窦东徽．北京市流动儿童自尊的发展特点及其与学业行为、师生关系的相关研究［J］．心理科学，2008，04：909—913. Harter S. Developmental perspective on the self system, in Mussen P. eds: Handbook of child Development, John Wiley and Sons, 1983, Vol. 4, 275—385.

[2] Heck, R. H.（2007）. Examining the relationship between teacher quality as an organizational property of schools and students' achievement and growth rates. Educational Administration Quarterly43（4）, 399—432.

训形式和内容。第三，在流动儿童为主的学校的心理健康方面，比如针对在流动儿童的父母教育缺席的情况下，我们需要针对流动儿童的学习进行怎样的关注，并且为他们的未来职业发展和人生进行如何的关注。第四，在流动儿童为主的语文教育教学的课堂当中，我们要针对流动儿童的学习方式的特点进行课堂教学方式的设计，以便有效促进其个人的学习方式和学习变化等。

当然，由于本研究的局限，在未来的研究当中，我们会对学校和班级层面的因素进行更多的关注，比如学习方式是如何作用于学生学业水平的，而自尊是如何作用于学习方式的，变量之间是如何进行交互作用的。此外，除了采用定量的研究方法之外，我们也可以采取定性的分析方法，考查跟多个为人知的影响变量。最后，这个多层分析的结果还可以用路径分析（path analysis）来检测各个变量之间的因果关系，以便深入研究其内在的作用机制。

第五章 公办和民办学校流动儿童语文学业水平的差异

本章通过对公办和民办学校流动儿童语文学业素养进行比较分析，探究不同的学校类型在语文学业水平方面的差异。研究发现，北京、广州和温州三地的流动儿童语文学业水平具有很大的差距。而且，公办和民办的学校在语文的学业水平方面相差比较大，针对北京市的小学阶段，尤其是随着年级的增长，民办学校的语文学业水平并没有任何的增长。这些研究给我们一个冲击，要求我们加强对于民办学校的监管和质量监控。

第一节 公办和民办学校哪个更好？

学校是教育发展到一定阶段的产物，是儿童学习、社会化的主要场所。根据《教育大辞典》："儿童是指身心处于未成熟阶段的个体，在人的一生中，儿童时期身心发展最快。"[①] 因此在个体发展中，儿童期是极为重要的一个阶段，儿童智力培养和能力发展又离不开正规且系统的学校教育。学校教育的立足点也主要在于发

---

① 黄晶慧，谭文明.如何看待教学中的"儿童"与"学生"［J］.中国教师，2006（41）：14—16.

展儿童的学习能力①。因此虽然家庭以及社会也可以对儿童起到一定的教育作用，但是就目前大多数儿童而言，学校教育依然是无法被替代的，而对于目前大部分的流动儿童来说，学校教育更是不可缺少，由于出生于农民工家庭，其经济基础、社会地位已经相对较弱，因此更需要学校为其提供大量的文化知识和技能，促进其学业素养和认知能力的正常发展。

目前流动儿童的教育问题已经引起了社会、政府的广泛关注，《我国流动儿童生存和发展：问题与对策》一文以 2010 年第六次全国人口普查数据为基础得出目前 0—17 周岁流动儿童规模为 3581 万，具体来说全国 0—5 周岁学龄前流动儿童、6—14 周岁义务教育阶段学龄儿童和 15—17 岁大龄流动儿童的规模分别是 899 万、1393 万和 1290 万。且在 0—17 周岁的流动儿童中，户口性质为农业户口的流动儿童占 80.35%，如果将农业户口的 0—17 周岁流动儿童视为农民工随迁子女，全国农民工随迁子女数量达到 2877 万②。

对于如此大规模的流动儿童，尤其是处于相对弱势处境的农民工随迁子女来说，有机会跟随父母来到城市见识到另一个世界的确已经是一个进步，但是能够进入学校学习，平等地接受规范有效的学校教育才是改变其原有弱势处境必不可缺的途径。

从目前的发展来看，一部分专门面向流动儿童的有针对性的、切实可行的政策已经相继出台，但是不可否认，流动儿童教育还存在很多问题，目前依然有一部分流动儿童正常的入学机会得不到保障，还有一部分流动儿童虽然有幸进入学校就读，但是由于目前各地有关流动儿童入学的政策措施还不完善，各类为流动儿童提供入学机会的学校对流动儿童群体的认识还不深入，因此很多流动儿童即使有入学机会，但是其学业水平依然不是很理想。所以对于流动儿童的教育问题，我们不能仅仅满足于为其提供就学机会，更应该关注到其在入学之后学业素养能否获得正常的发展，因此本文主要探究学校层面的因素对流动儿童语文学业素养的影响。

---

① 周皓，巫锡炜.流动儿童的教育绩效及其影响因素：多层线性模型分析 [J].人口研究，2008（7）：22—32.

② 段成荣，吕利丹，王宗萍，郭静.我国流动儿童生存和发展：问题与对策——基于2010年第六次全国人口普查数据的分析 [J].南方人口，2013（4）：44—55.

第二节 流动儿童就读学校的变迁和现状回顾

通过对相关研究资料的梳理分析，可以发现由于流动儿童群体自身及其入学问题的复杂性，目前已有的涉及流动儿童及学校层面因素的相关研究也是非常复杂和多样。由于平等的入学机会是流动儿童学业素养发展的基本保障，因此早期主要是围绕增加、建设接纳流动儿童入学学校的相关研究，多是探讨如何为流动儿童提供平等的入学机会。而随着近年来流动儿童入学政策的不断完善，越来越多的流动儿童得以进入各类公办、民办（多为打工子弟学校）学校就读，因此很多研究开始探讨如何更好地促进流动儿童融入学校环境，在学校中正常地发展成长，但是此类研究更多涉及的是流动儿童在不同类型学校中的归属感、适用性、心理健康、行为发展等方面的问题，专门探究学校层面因素对流动儿童学业素养影响的研究还很有限，但是对于流动儿童未来的发展来说，进入学校学习，最主要的还是为了获得学业素养的正常发展，这将是其未来融入社会的基础，因此很有必要探究学校层面因素对流动儿童语文学业素养的影响。

以下将主要从流动儿童就读学校的产生和发展，以及流动儿童在学校学习过程中的具体情况等角度对已有的涉及学校层面因素对流动儿童学业素养影响的文章进行综述。

一、关于流动儿童就读学校的产生与发展研究

由于流动儿童群体是随着社会时间发展逐步出现的群体，因此为流动儿童提供入学机会的学校并非从来就有，而是随着流动儿童群体自身的发展变化应运而生并且也在不断地发展变化，同时流动儿童学校的发展变化又反过来对流动儿童的学业水平产生了一定影响。因此在已有的涉及接纳流动儿童就读学校的研究中，有相当一部分专门探究或涉及了流动儿童学校的产生与发展。

（一）流动儿童就读学校的产生

平等公平的入学机会是提高流动儿童学业水平的前提，因此对于流动儿童的受教育问题而言，能够入学，被流入地学校接纳才是首先需要解决的。但是由于目前中国大部分的流动儿童群体的出现是伴随着大规模的"民工潮"而逐步产生的，因

此接纳流动儿童的学校也是逐渐产生的。总的来说，接纳流动儿童入学的学校，一类主要是民间自发产生的，一类则主要是由政府推动逐步加入建设起来的。

1. 民间自发

由于上级调研及政策落实的滞后性，各类民间组织以及流动儿童群体的家人都在积极探索适合流动儿童学习的途径。

韩嘉玲在其《北京市流动儿童义务教育状况调查报告》中指出，大约在1992—1993年，在一些外地来北京的打工人群中，就开始有人以"自力救济"办法，在菜棚、简陋的平房中开始了小班私塾式的办学，其间虽多次遭到有关部门的取缔、拆迁等波折，但是到2000年底为止在北京已有200所以上的流动儿童学校，有4万名以上的流动儿童在该类学校就读。只是在其调查完成之前（2000年底），在北京还没有一所流动儿童学校得到政府相关部门的审查批准，从政府的角度来说，这些学校都是所谓的"地下学校"或"非法办学"。下图是作者对北京50所流动儿童少年学校的调查，最早办学时间是1993年，然后逐步发展起来，1997年以后这类学校迅速发展（下图为韩嘉玲调研得出的北京市流动儿童学校办学时间分布），总体而言这些学校基本上是在"自力救济"的情况下办起来的[1]。北京是中国的政治经济文化中心，聚集在此的流动儿童数量一直都有相当规模，因此以北京市为例也是具有一定的代表性。

流动儿童学校办学时间分布

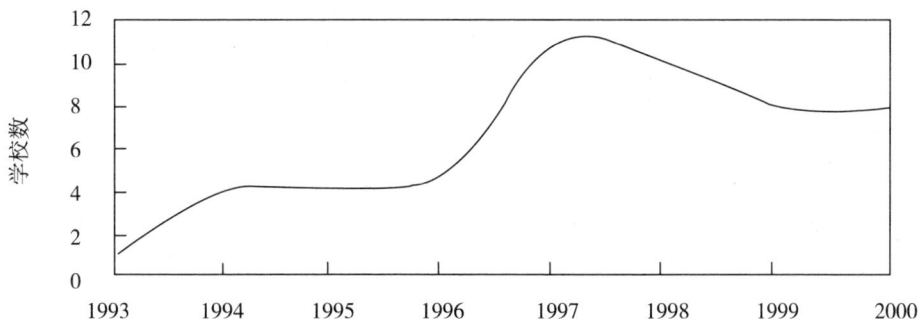

图5-1　流动儿童学校办学时间分布

但即使同样是从民间自发兴起的这类学校，其原因也是有所区别的，有些是出于公益的目的，希望能够为自己的亲属或者弱势群体提供学习机会，但也有一

[1] 韩嘉玲.北京市流动儿童义务教育状况调查报告[J].青年研究，2001（8）：1—7.

些是因为看到了其中的商机，因此前者倾向于公益性质，后者则主要是市场化的商机推动产生。

公益性推动

在韩嘉玲的调查中，以目前拥有近 2000 人的行知打工子弟学校为代表，创办人李淑梅原本是个民办教师，她是在亲戚们的一再规劝下，自身也觉得责无旁贷的情况下逐渐办起了学校[①]。且在崔义中、朱君宜的研究中，我们也可以看到现在社会上还有很多人在积极推动探索面向流动儿童的学校公益办学模式[②]。毕竟大多数流动儿童的家庭经济条件有限，因此公益力量的参与对他们的受教育问题具有很强的积极意义。

市场化推动

不仅有公益力量在推动流动儿童入学，随着流动儿童群体的增加，日益递增的对入学的需求又使后来办学者发现这些学校的运作，通过学费不仅可以回收投资，可以"自负盈亏"，同时还"有利可图"。因此刹那间这块教育市场成为争夺地，甚至形成恶性竞争的局面。在竞争激烈的情况下，流动儿童学校提供了因家长工作忙，无法接送年幼儿童入学的额外服务，这又是公立学校所不可能满足的[③]。因此也有一些人是因为看到此行业中的潜在利益才加入的。

2. 政府推动

面对着越来越庞大的流动儿童群体，上级政府组织、相关部门也加快了探索为流动儿童提供合适的学习途径的脚步。

由于政府对于接纳流动儿童学校的推动主要是通过官方的政策引导，因此，在此处主要是通过对近二十年的政府相关政策的呈现来展示。流动儿童群体是一个随着近几十年社会发展才出现的新群体，因此在初始阶段关于流动儿童的受教育问题，几乎没有针对性的政策，政府的大多举措都是逐步探索出来的。

（1）初期政策不明，关注较少

1995 年 1 月 21 日《中国教育报》刊登的李建平的报道性文章《流动的孩子哪上学——流动人口子女教育探讨》是中国国内最早提及农民工子女教育问题的文章[④]。虽然在此之前就已经有流动儿童存在，但在当时并没有引起学术界太多的关

---

① 韩嘉玲. 北京市流动儿童义务教育状况调查报告 [J]. 青年研究，2001（8）：1—7.

② 崔义中，朱君宜. 农民工子弟学校公益办学模式研究——基于新公共管理视角 [J]. 教育与人才，2013（3）：87—91.

③ 韩嘉玲. 北京市流动儿童义务教育状况调查报告 [J]. 青年研究，2001（8）：1—7.

④ 干燕丹. 城市农民工随迁子女义务教育：制度、责任与对策 [D]. 上海：上海师范大学. 2010.

注与探究。直到 1996 年，在联合国儿童基金会的支持和鼓励下，原国家教委基础教育司与国家教育管理信息中心首次在北京、上海、天津、广东和浙江等地就城市农民工随迁子女的义务教育情况作了一系列实证调查，其研究成果于 1997 年 9 月发表，这是首次针对全国性的城市农民工随迁子女义务教育问题进行的具有里程碑意义的调查研究[①]。

　　但是在此阶段，关于谁应负担流动儿童的教育责任和教育经费的问题并不明确，流入地政府和流出地政府互相推诿，实际的教育经费很大程度落在了流动儿童自身的家庭上。他们或者交纳高额的借读费、赞助费，选择到公办中小学就读；或者交纳数额不一的学费到打工子弟学校上学[②]。对于大多数条件较差的农民工家庭而言，他们的流动子女只能接受非正规式教育，甚至是不合法的教育。此阶段还没有正规意义上的政策法令出台，但是越来越多的与流动儿童教育相关的问题的涌现已经显示出必要的政策法令的重要性。

　　（2）提高关注，由"限制"到"支持"

　　随着流动儿童就学问题越来越突出，国家也开始尝试探索制定相应政策。其中以 1998 年 3 月国家教委、公安部发布的《流动儿童少年就学暂行办法》最为典型，其中规定"流动儿童少年常住户籍所在地人民政府应严格控制义务教育阶段适龄儿童少年外流。凡常住户籍所在地有监护条件的，应在常住户籍所在地接受义务教育，常住户籍所在地没有监护条件的，可在流入地接受义务教育。"其中虽然也提及对流入地的要求，但是对流入地的责任要求还不够明确，甚至还允许招收流动儿童的流入地全日制公办中小学收取借读费。

　　不过 1998 年的变化已经是一次有益的尝试，它首次明确了"两为主"政策（以流入地区政府管理为主，以全日制公办中小学为主），强调"流入地人民政府应为流动儿童创造条件，提供接受义务教育的机会。""两为主"政策，是解决农民工子女接受义务教育问题的有力举措，标志着解决农民工子女接受义务教育问题已经成为一种政府行为[③]。

　　（3）高度关注，不断完善保障机制

　　时间进入 21 世纪，随着国家经济社会的快速发展，流动儿童不仅数量在增

---

　　① 于燕丹.城市农民工随迁子女义务教育：制度、责任与对策［D］.上海：上海师范大学.2010.

　　② 盛苃.流动儿童受教育权的法律保护研究［D］.苏州：苏州大学硕士论文.2009.

　　③ 中央教育科学研究所教育发展研究部课题组.进城务工就业农民子女接受义务教育的政策措施研究［J］.教育研究.2007：4.

加，对教育的质量要求也在逐步提高。因此国家也更加关注流动儿童就学问题并随之提出了很多相应政策，积极解决流动儿童就学问题。

2001 年《国务院关于基础教育改革和发展的决定》进一步指出，"要重视解决流动儿童接受义务教育问题，以流入地区政府管理为主，以全日制公办中小学为主，采取多种形式，依法保障流动儿童接受义务教育的权利。"这一规定，意味着中央政府解决流动儿童接受义务教育问题的"两为主"政策正式成型①。2002 年国家教育部召开全国工作会议，要求流入地政府安排一部分城市教育费附加用于解决进城务工就业农民子女接受义务教育。这一阶段的政策已突破管理本位的思路，开始出台一系列保障性的措施②。

除了开始提供保障性措施，一直颇为人们所诟病的借读费也不再要求交纳。2003 年 9 月 17 日，国务院办公厅转发教育部等六部委《关于进一步做好进城务工就业农民子女义务教育工作的意见》（国办发〔2003〕78 号）。《意见》把占流动儿童少年的绝大多数、处于弱势地位的"进城务工就业农民子女"，从"流动儿童少年"群体中单独提出，这是首次直接把政策焦点对准农民工子女③，同时指出："进城务工就业农民子女转学、返学禁止收取任何费用"；"设立'民办学校'条件将酌情放宽"；"进城务工就业农民子女上学收费须与当地学生一视同仁"；"全日制公办中小学是进城务工就业农民子女就学主渠道"等等。与 1998 年的《暂行办法》相比，此《意见》仍然坚持"两为主"的政策原则，但是对于流动儿童在流入地接受义务教育采取了更宽容的态度，不再要求流动儿童交纳借读费，而是更加强调政府的财政责任④。2006 年 3 月的《国务院关于解决农民工问题的若干意见》则是明确提出："输入地政府要承担起农民工同住子女义务教育的责任，将农民工子女义务教育纳入当地教育发展规划，列入教育经费预算，以全日制公办中小学为主接收农民工子女入学，并按照实际在校人数拨付学校公用经费。城市公办学校对农民工子女接受义务教育要与当地学生在收费、管理等方面同等对待，不得违反国家规定向农民工子女加收借读费及其他任何费用。输入地政府对委托承担农民工子女义务教育的民办学校，要在办学经费、师资培训等方面给予支持和指导，

---

① 盛芨.流动儿童受教育权的法律保护研究［D］.苏州大学硕士论文.2009.

② 干燕丹.城市农民工随迁子女义务教育：制度、责任与对策［D］.上海：上海师范大学.2010.

③ 张雪萍.打工子弟学校在流动儿童社会化过程中的影响分析——北京 ZQ 打工子弟学校的个案研究［D］.中央民族大学，2009.

④ 盛芨.流动儿童受教育权的法律保护研究［D］.苏州：苏州大学硕士论文.2009.

提高办学质量。"

2006 年 6 月，十届人大常委会第 22 次会议通过了《中华人民共和国义务教育法（修订案）》，其中第二章第十二条明确规定："父母或者其他法定监护人在非户籍所在地工作或者居住的适龄儿童少年，在其父母或者其他法定监护人工作或者居住地接受义务教育的，当地人民政府应当为其提供平等接受义务教育的条件"。这更是标志着政府以法律的形式将解决农民工子女平等接受义务教育问题推向一个新的阶段，农民工子女平等接受义务教育成为一个有法律保障和指导的政府行为[①]。

而在近十多年，国家政府也从未停止过探索解决流动儿童入学问题的脚步。在 2010 年的《政府工作报告》中温家宝总理强调：教育、科技和人才是国家强盛的基石，也是综合国力的核心。要有计划有步骤地逐步实现农民工子女就学等方面与城镇居民享有同等待遇。2012 年 9 月《国务院关于深入推进义务教育均衡发展的意见》指出，"保障进城务工人员随迁子女平等接受义务教育。要坚持以流入地为主、以公办学校为主的'两为主'政策，将常住人口纳入区域教育发展规划，推行按照进城务工人员随迁子女在校人数拨付教育经费，适度扩大公办学校资源，尽力满足进城务工人员随迁子女在公办学校平等接受义务教育。在公办学校不能满足需要的情况下，可采取政府购买服务等方式保障进城务工人员随迁子女在依法举办的民办学校接受义务教育。"

此外，随着户籍制度的改革，流动儿童的入学问题也进一步在发生转机。2014 年《国务院关于进一步做好为农民工服务工作的意见》着力推动农民工逐步实现平等享受城镇基本公共服务和在城镇落户一条中再次明确保障农民工随迁子女平等接受教育的权利。输入地政府要将符合规定条件的农民工随迁子女教育纳入教育发展规划，合理规划学校布局，科学核定公办学校教师编制，加大公办学校教育经费投入，保障农民工随迁子女平等接受义务教育权利。公办义务教育学校要普遍对农民工随迁子女开放，与城镇户籍学生混合编班，统一管理。积极创造条件着力满足农民工随迁子女接受普惠性学前教育的需求。对在公益性民办学校、普惠性民办幼儿园接受义务教育、学前教育的学生，采取政府购买服务等方式落实支持经费，指导和帮助学校、幼儿园提高教育质量。各地要进一步完善和落实好符合条件的农民工随迁子女接受义务教育后在输入地参加中考、高考的政策，开展关爱流动儿童活动。

① 中央教育科学研究所教育发展研究部课题组.进城务工就业农民子女接受义务教育的政策措施研究［J］.教育研究，2007：4.

通过以上的简单梳理，我们基本可以发现国家对流动儿童的教育问题不仅越来越重视，而且一直在努力探索新政策、新方法，从"限制"到"开放"且"不断完善"，从"有学上"到"上好学"。不仅要为流动儿童提供平等的受教育机会，还要让他们与当地的孩子一样，可以接受越来越好的教育，真正平等地享受城镇基本公共服务。

（二）流动儿童就读学校的发展

在政府、社会各界的努力之下，接纳流动儿童就读的学校不仅越来越多，而且也在努力发展。

1. 学校的多样化

经过多年的发展，接纳流动儿童就读的学校已经越来越多。由于目前的研究资料中大多直接默认接纳流动儿童就读的学校有公办学校和打工子弟学校（也称流动儿童学校，主要是指以招收流动儿童为主的民办学校）两类，因此在本文中，我们也将接纳流动儿童就读的学校归纳为这两类。

公办学校

公办学校是政府主办支持的以当地普通儿童为主要招收对象的学校，流动儿童只是后来由于国家政策的变化才招收的群体，大多数此类学校目前仍以当地儿童为主体。此类学校在初期由于担心会影响学校整体教学质量等多种原因，并不是很愿意接纳流动儿童，但是由于政府的倡导以及其自身发展的需要，接纳流动儿童的学校也在逐渐增加。

比如由于政府对学校的收费管理越来越严格，此类学校的收费有所降低，因此也会有越来越多的流动儿童家庭逐渐能够接受学校的收费。此外，在《我国流动儿童生存和发展：问题与对策——基于 2010 年第六次全国人口普查数据的分析》一文中，研究者提出：近年来，中小学招生人数下降比较突出，普通小学招生人数从 2000 年的 1947 万降到 2010 年的 1691 万，降幅达 13%，普通初中降低的幅度更为明显，从 2000 年 2263 万降到 2010 年 1715 万，降幅更是高达 24%。很多中小学校难以招收到足够的学生。大量流动儿童从农村流入到城市，恰好可以补偿城市学龄人口的下降，填补了城市中由于生育率下降而形成的中小学生源不足空缺。大城市也可以借此机会将剩余的公立学校资源投入到流动儿童教育中来 ①。

---

① 段成荣，吕利丹，王宗萍，郭静 . 我国流动儿童生存和发展：问题与对策——基于 2010 年第六次全国人口普查数据的分析 [J]. 南方人口，2013（4）：44—55.

因此，我们有理由相信会有越来越多的流动儿童会被公办学校所接纳。

打工子弟学校（流动儿童学校）

打工子弟学校则大多数是私立民办学校，且学生主要都是流动儿童，由于这些儿童的父母大多是来城市打工，因此家庭收入以及父母对其的关注度相对于当地普通儿童都会偏少，但韩嘉玲通过调查发现此类学校中可能还有部分城市里的另一种边缘儿童，他们有的是因为户籍制度的限制，有的是因为社会歧视而被排除出主流社会[①]。整体上来说，此类学校的学生是属于相对弱势的群体。

虽然从目前的调研来看，此类学校还存在很多问题，很多学校甚至还没有获得合法化的地位，甚至 2011 年在北京还发生了引人瞩目的 24 所打工子弟学校被通知取缔，其中 19 所最终被拆迁的情况[②]，但是打工子弟学校在为流动儿童提供教育方面所做出的贡献依然是无法被抹杀的。以北京来说，2006 年 7 月有近 37.7%，约 13.8 万流动儿童没有进入公办学校，而是选择打工子弟学校就读[③]。而根据 2008 年北京市教委的统计，北京市共有 40 万义务教育阶段流动儿童，其中有大约 13.4 万人在打工子弟学校就读，占流动儿童总数的 34%[④]。

2. 学校发展新构想

对于接纳流动儿童入学的学校，尤其是打工子弟学校，在目前的发展中仍有很多困难难以解决，因此还有一些研究试图为打工子弟学校未来的发展提供新的途径。

纳入基本教育公共服务体系

邱萍萍和陈恩伦在《将打工子弟学校纳入基本教育公共服务体系的构思》一文中提出打工子弟学校是顺应现代教育发展的需求而产生的，这一类学校的产生，或许用发展的眼光看来是有一定的滞后性和不合理性，但就目前的教育现状来说，不得不说是有一定的产生原因和存在依据的。因此，保障外来务工人员子女的受教育权、生存权和发展权，需要将打工子弟学校纳入基本公共教育服务体系。这是因为将打工子弟学校纳入基本教育公共服务体系，一方面可以使打工子弟学校的学生面对的各项问题得到很好解决，其次可以提升打工子弟学校的社会地位，使其不再是现代教育制度的补充，而是一种合法的教育制度保障形式。同时这也

---

① 韩嘉玲.北京市流动儿童义务教育状况调查报告（续）[J].青年研究，2001（9）:10—18.

② 向明明.打工子弟学校拆迁与流动儿童教育问题 [D].北京;中央民族大学.2012.

③ 中央教育科学研究所教育发展研究部课题组.进城务工就业农民子女接受义务教育的政策措施研究 [J].教育研究，2007,（4）.

④ 北京市教委:打工子弟学校可免学杂费 [N].京华时报，2008-12-02.

可以让外来务工人员子女感受到国家社会的重视，不存在自卑、受歧视等问题[①]。

探索公益办学新模式

而在《农民工子弟学校公益办学模式研究——基于新公共管理视角》一文中，研究者基于目前的社会情况分析认为由于政府与市场的局限性，因此不能单纯依靠政府与市场，应该多去探索农民工子弟学校公益办学的新模式，并针对此途径提出了自己的初步构想，希望能通过此种模式将政府、社会、公众的力量最大化[②]。

总之，不管是社会民间自发组织，还是政府行政部门的积极鼓励倡导，在各界的努力下，流动儿童的入学机会逐步有了基本保证，这也是流动儿童能够正常学习、提高学业素养的前提条件。

二、关于流动儿童在学校学习过程中的具体情况研究

（一）学校类型差异对流动儿童学业水平的影响

1. 国外研究

由于中国流动儿童情况的特殊性，国外的研究中并没有完全一致的群体，因此参考的国外研究主要都是学校类型的差异对儿童学业水平的影响，而流动儿童是儿童群体的一部分，因此也具有参考价值。

由于国内外文化、环境的差异，在国外涉及到学校类型的差异对儿童学业水平的影响的研究中，可以发现一个非常有趣的现象，比如戴维和布儒（Dr. David & N. P. Mburu），通过大量的调查，在其研究中指出，学生是选择在单一性别的学校就读还是在男女生合校的学校就读，也会对其学业水平造成影响，且多项数据都表明，选择在女校就读的女生会比在混合学校就读时获得的学业水平相对更好，但是对男生而言，选择在男校就读或是在混合学校就读，学业水平受到的影响却会比女生相对小一点。当然这背后的具体关系也比较复杂，除了与不同性别

---

① 邱萍萍，陈恩伦. 将打工子弟学校纳入基本教育公共服务体系的构思 [J]. 现代中小学教育，2014（5）：9—12.

② 崔义中，朱君宜. 农民工子弟学校公益办学模式研究——基于新公共管理视角 [J]. 未来与发展，2013（3）：87—91.

的气质特点有关，也涉及到根深蒂固的社会观念与教师观念等[①]。虽然目前中国男女生分校学习的情况还很少，但是可以看到在男女混合学校就读的一些缺陷，因此也值得作为一个参考。

而在大卫·纽豪斯（David Newhouse）的研究中是对比了公立抑或是私立的学校性质对儿童的学业水平所造成的显著影响，此外还发现学校的宗教性质，比如是有穆斯林信仰抑或是普通的世俗学校也会对学生学业水平造成影响[②]。

不过仔细看国外的此类相关研究，也主要是针对某个地区的一所或者部分学校，因此也不是完全适用所有学校或者地区，其他地方则可能出现不同甚至相反的结论，但是这并非研究本身的问题，主要是由于此类研究问题本身的特殊性所造成的。

2. 国内研究

相对于国外的研究，国内单纯针对学校类型差异，比如是男校、女校还是混合学校，抑或是公办还是民办的研究涉及比较少，大多是落实到由于学校类型的差异而造成的具体问题进行的研究探索。

曾守锤认为公立学校流动儿童在行为问题和受歧视感上优于打工子弟学校，但在自我概念和孤独感上存在不一致的差异[③]。袁立新在《公立学校与民工子弟学校初中生流动儿童受歧视状况比较》中通过研究总结得出，不管是校园歧视还是校外歧视，民工子弟学校的流动儿童遭遇过歧视的比例都高于公立学校的流动儿童，支持了"公立学校中的流动儿童感受到的歧视更少"[④]。

在《教育安置方式与流动儿童城市适应的关系》一文中，研究者也发现公立学校的流动儿童在社会文化和心理适应上都明显优于打工子弟学校儿童。在控制了性别、年龄、来京时间及家庭经济地位后，教育安置方式对流动儿童城市适应仍然有显著预测作用，公立学校流动儿童社会文化适应更好，自尊更高，且更少

---

① Dr. David N. P. Mburu. Effects of the Type of School Attended on Students Academic Performance in Kericho and Kipkelion Districts, Kenya. International Journal of Humanities and Social Science, 2013（4）: 79—90.

② David Newhouse. The Effect of School Type on Academic Achievement: Evidence from Indonesia Bethesda, Md.: LexisNexis, 2005.

③ 曾守锤. 流动儿童的社会适应: 教育安置方式的比较及其社会政策含义 [J]. 辽宁教育研究, 2008,（7）.

④ 袁立新. 公立学校与民工子弟学校初中生流动儿童受歧视状况比较 [J]. 中国学校卫生, 2011（7）: 856—857.

产生孤独、抑郁等心理适应问题[①]。

胡心怡等人通过研究也发现打工子弟学校流动儿童的未来取向与公立学校流动儿童、城市儿童差异较大,具体表现为,打工子弟学校流动儿童的受教育领域未来目标显著较少,未来职业目标较多,未来计划得分显著较低;未来评价方面,打工子弟学校的流动儿童具有较少的内部归因,乐观性也较弱[②]。

由以上的研究我们可以发现,学校类型的差异(主要是公立学校与打工子弟学校)对流动儿童的身心发展、行为表现以及价值取向等多方面都有可能造成影响,同时由于流动儿童身心发展还不够成熟,因此这些因素都有可能间接地对其学业水平造成影响。但是由于学校因素及学生个人的复杂性,不同类型学校对流动儿童学习的影响并非是绝对的,且随着时间发展呈现动态变化,以上主要是研究者们针对某个地区部分学校的研究所得出的结果,并且研究中也并未直接探究学校类型差异对流动儿童学业素养的直接影响,可能并不完全适用于所有学校的流动儿童群体,因此需要理性对待。但是从他们的研究来看,我们还是必须承认学校类型差异对流动儿童的影响是绝对不可忽视的,而且很值得进一步深入研究探讨其间的联系。

(二)流动儿童在学校学习中所遇困境

儿童在学校的学习中本身就可能会遇到很多问题,而流动儿童由于其群体自身差异在学校学习中则可能会面临更多问题,通过对已有研究的分析,大概可进行以下分类:

1. 融入问题

本研究不仅使用的是专门为研究而设计的试题,而且还有针对性地专门设计了学生问卷与教师问卷,其中学生问卷中涉及的学校与教师的很多题目都是关于学生在学校中可能会遇到的融入问题。

群体融入

学生在学校要想进入一个正常的学习状态,首先要能够融入学校环境,与周围学生群体主要是当地的普通儿童以及教师群体都有融洽和谐的关系是学习

---

① 袁晓娇,方晓义,刘杨,李芷若. 教育安置方式与流动儿童城市适应的关系 [J]. 北京师范大学学报(社会科学版),2009(5):25—32.

② 胡心怡,刘霞,冀巧玲,申继亮,张玲玲. 流动儿童的未来取向及与学业卷入的关系 [J]. 心理发展与教育,2010(5):502—508.

的前提保证。

对于打工子弟学校中的流动儿童而言，同学之间的家庭背景、生活环境大多还比较相似，因此群体融入相对而言较容易。但是群体融入对于进入公办学校就读的流动儿童而言却是至关重要，由于在公办学校中就读的大多为本地学生，流动儿童若不能很好地融入，很可能在后期的学习生活中处于一种孤立状态，这会对流动儿童的学习造成不利影响。

当然流动儿童进入学校面临的也不仅仅是同学，还有老师，比如在《北京市公立学校与打工子弟学校流动儿童师生关系特点的比较研究》一文中，研究者分别从流动儿童对教师流动性、教师对儿童关心程度的评价、流动儿童师生关系的学校与年级差异、流动儿童的师生关系类型及分布等角度都进行了深入探究，并由此发现学校教师与流动儿童之间的关系在整体上是有规律可循的，且将流动儿童的师生关系分为疏远平淡型、亲密和谐型和紧密矛盾型三种类型[①]。这几种不同的师生关系自然也会潜移默化地影响到学生的群体融入。

考虑到教师在学校中极其重要的地位，因此儿童与教师的关系也非常重要，不仅儿童要接纳老师，老师也要接纳儿童。

这样的群体融入过程是相当复杂的，流动儿童如果想尽快适应环境开始正常学习，除了要接纳对方的话语方式，对彼此的诸多其他差异之处也要尽可能地宽容与接纳。

文化融入

学校就像一个小社会，有其自身相对完整的文化氛围，并且不同地区的不同学校差异也比较大。面对这样一个新的环境氛围，需要流动儿童自身学会去适应，从调查中我们发现很多流动儿童跟随着父母住在比如城乡结合部等地方，这里既方便父母工作而且生活成本较低，但是对于成长中的孩子来说很显然并不适宜，且由于父母的忙碌，很多孩子的业余生活并没有受到太多规范与管理。

但是在学校中，学生更多需要的是学习，而且还要遵守很多规范与行为守则，因此这样的学校文化也需要流动儿童能够及时适应与融入。

其实对于流动儿童在学校中所遇到的融入问题，其影响意义也许并不仅仅局限于当前的学业水平，比如卢国显在其研究中则是进一步指出了流动儿童的群体融入对其未来发展的重要性，他指出在公办学校就读的流动儿童的适应性比在打

---

① 谢尹安，邹泓，李小青. 北京市公立学校与打工子弟学校流动儿童师生关系特点的比较研究［J］. 中国教育学刊，2007（6）：9—12.

工子弟学校就读的流动儿童较强。在公立学校就读的流动儿童进入新环境后，能够很快融入新的集体 ①。这也是在提醒我们，也许流动儿童所遇到的很多问题，如果在当前就可以得到较好地解决，会对其未来的发展有很多益处。

2. 公平问题

干燕丹认为我国以全民九年制义务教育制度为依据，同时针对城市农民工随迁子女这群弱势群体的特殊性发布了一系列的政策和采取了相关措施，但由于相关制度的不完善以及政府责任意识的缺失，许多城市农民工随迁子女在流入地还是无法正常地接受平等教育，具体表现在教育机会不公平、教育过程不公平和教育结果不公平 ②。

总之，由于制度、责任的缺失，流动儿童群体在学校学习过程中有相当长的一段时间内是处于一种不公平的处境之中。但是在学校层面所面临的不公平也是有所区别的，比如由于政策、资金等导致的影响流动儿童入学机会，或者接受的教育质量问题都是相对显性的不公平，而流动儿童在学校环境中所面临的歧视、缺乏特殊照顾等会对其学习产生影响的不公平又是相对隐性的，因此有必要对此进一步区分并及时对症下药。

显性不公平

胡勇和陆雁飞指出虽然 2003 年国务院在《关于进一步加强农村教育工作的决定》中提出"两免一补"（免除学杂费、免费提供教科书和补助家庭经济困难寄宿生生活费）的政策，但在民办中小学中占学生比例较多的流动儿童和留守儿童却享受不到"两免一补"政策，这就使得很多流动儿童由于家庭的贫困和家长认识不够而不能或者不能完全接受义务教育。此外民办教育由于缺乏相关政策和资金支持而陷入了困境，由于民办学校接收的生源主要是打工人员子弟和留守儿童 ③，因此在这个过程中已经有相当一部分流动儿童的学习因此而受到了影响。

叶咏也在其文章中指出 2007 年，我国城乡义务教育全面进入免费阶段，这一措施有力地推进了义务教育起点公平。但是直到 2009 年 1 月 1 日起才取消了农民

---

① 卢国显．城市流动儿童的社会融合与政策取向：一个个案研究［J］.石家庄学院学报,2009(5).

② 干燕丹．城市农民工随迁子女义务教育：制度、责任与对策［D］.上海：上海师范大学. 2010.

③ 胡勇，陆雁飞.甘肃省民办中小学"两免一补"面临的问题与对策研究［J］.新课程研究, 2008（8）: 166— 168.

工子女在异地公办中小学的借读费[①]。但在此前若干年，因为高昂的借读费，很多流动儿童已经失去了公平的受教育机会。

以上研究者所提及的这种最直接的经济上的不公平其实对流动儿童的学习影响是相当大的，毕竟大多数流动儿童家庭经济并不宽裕，结果还要付出比别人更多的经济投入才可能接受相对正常的教育，这对很多家庭来说都是难以承受的，更不要说还有很多对其家庭来说价格昂贵的课外辅导。其实并不是家长主观上的不愿意承担孩子学习费用，只是对于大多数家庭而言，如果入学费用控制在一个相对合理的区间内，他们还是愿意接受的，当然近几年由于政府政策对借读费的取消，虽然一些地方还没完全落实，但是已经有相当一部分孩子受益了。只是对于前些年那些真的是被实际条件所逼，致使其连最基本的受教育权也受到了影响的流动儿童而言，不能不说这是个很大的遗憾。此外，翁秋怡通过研究发现师生比对学习成绩的影响大多为负，作用不显著，说明在学生的学习成绩的作用中，教师的数量不是最重要的，教师质量相比于教师的数量可能会更重要[②]。而不管是要想让学校保持合理的师生比，还是相对较高的教师质量，其背后都需要有大量的经费支撑，且王静通过实地探访发现对于民工子弟而言，经费不足是非常头疼的事。由于经费的不足，学校硬件设施跟不上，教师待遇差，缺乏激励机制，直接影响了教师工作的积极性，最终影响到学生学业水平[③]，这也是我们普遍可以观测到的现象。

周皓与巫锡炜研究发现教育资源在学校之间的不均匀分配也会成为社会不平等的一种生产机制[④]。但是作为相对弱势群体的流动儿童，他们对于这些优势的教育资源的享有却是非常有限的。

赵静在《农民工子弟学校的现状分析及发展建议》一文中更是直接分析了农民工子弟学校的现状，合法地位难以取得、办学资金的局限、师资队伍问题突出、

---

① 叶咏．从"借读费"的取消看流动儿童义务教育起点公平［J］．现代教育科学，2009（6）：53—55.

② 翁秋怡．教育资源对学生成绩影响的实证分析［A］．中国教育学会教育经济学分会．2010年中国教育经济学学术年会论文集［C］．中国教育学会教育经济学分会：2010：8.

③ 王静．流动儿童学业成绩之差异研究——以公立学校与民工子弟学校作比较［D］．上海：上海师范大学．2008.

④ 周皓，巫锡炜．流动儿童的教育绩效及其影响因素：多层线性模型分析［J］．人口研究，2008（4）：22—32.

教师队伍整体素质有待提高等①，还有近些年打工子弟学校被取缔，以及一直备受热议的异地高考等问题，很多流动儿童到升学考试的前一年都要再次回到原籍地准备考试，这样频繁的转学对流动儿童正常的学习更是很不利。这些因素都不仅会对以流动儿童为主体的打工子弟学校的发展有所阻碍，更是会影响到相当一部分流动儿童的学习。

隐性不公平

袁立新主要是在参考有关研究的基础上自编流动儿童校园歧视知觉与校外歧视知觉问卷，校园歧视知觉指因为自己是流动人口而在学校内遭受老师或本地同学的歧视或不公平待遇的感知。在其问卷中所涉及的具体评估情境有被排斥、受到打击、被侮辱、嘲笑或起花名、被粗暴对待、受到不公平待遇、被威胁、被拒绝服务或有意拖延、被忽视等。最后发现不仅社会上存在对流动儿童的歧视现象，67%的流动儿童报告自己受到过校园歧视②。而这些歧视由于主要是夹杂在日常的生活交往之中，不太容易对其进行专门处理，因此也算是一种隐性不公平。

此外，张水玲还认为，就读城市公办学校的流动儿童在教育中还无法和城市学生一样享受平等的教育。因学校教育系统本身具有的不公平性，使其忽视了对流动儿童需求的特殊关照③。比如专门的打工子弟学校会为流动儿童提供一些特殊的帮助，如由于流动儿童父母工作繁忙，可以允许其晚点被接回家，这些看似不是大问题，但是对于流动儿童的入学选择却会有很大影响，因此学校如果不能为流动儿童提供一些简单的力所能及的帮助与关照，这本身就是一种潜在的不公平。此类的不公平可能其存在方式更加隐蔽，对流动儿童学习的影响不是那么明显，但若是长期得不到关注并加以妥善处理，也会对流动儿童当前学习以及未来发展产生负面影响。

总之，对身心还处于发展期的流动儿童而言，他们本该受到更多的关注与呵护，但是他们在学校学习过程中却要通过自己的力量尽可能去适应这些不利因素，且任何一步处理不合理，都有可能对其学业素养产生不利影响。

---

① 赵静.农民工子弟学校的现状分析及发展建议［J］.现代教育科学，2008（5）：33—35.

② 袁立新.公立学校与民工子弟学校初中生流动儿童受歧视状况比较［J］.中国学校卫生，2011（7）：856—857.

③ 张水玲.基于"教育公平"的城市公办学校流动儿童辅助教育研究［J］.山东省团校学报青少年研究，2011（5）：14—16.

　　综上所述，通过对已有从学校层面因素对流动儿童学业水平影响的研究进行分析，我们可以发现随着政策的变化、时间的发展、不同地区、不同类型学校对流动儿童学业水平的影响并不一致，且是动态变化的。因此目前大多相关研究都只是针对局部地区部分学校的部分问题得出的结论，因此虽然这些结论都可以接受但是其适用范围却非常有限。而且很多学校层面的相关研究都主要是关注流动儿童学校融入的问题，探索流动儿童在不同类型学校中的归属感、适应性、心理健康、行为发展等方面的问题，专门探究学校层面因素对流动儿童学业素养影响的研究还很有限。

　　此外我们还发现，很多研究中所使用的对流动儿童的学业素养的评价大多来源于其学校已有的考试成绩，而直接选用这类考试成绩的是否真的可以考查出学生的真实水平有待商榷，且各地区、各类学校的评价标准又有差异，不能直接进行比较。本项研究的语文学业素养则是在正规统一的测试基础上得出的，试题都是在参考了大量研究的基础上专门编制的，且经过专家的审核，此外，我们还额外设计了学生和教师问卷以便进一步全面了解流动儿童语文学业素养的相关问题。

　　从目前来看，在上下级各方的努力之下，大多数流动儿童已经基本可以有入学的机会，但是由于前期发展中就已经遗留了大量不利因素及问题，且随着时间的推移，又有很多新的问题不断涌现，因此在此背景下再具体探究学校层面因素对流动儿童语文学业素养的影响，希望能对未来流动儿童的发展、对为流动儿童提供入学机会的学校的发展有借鉴与参考价值。

第三节　公办和民办学校的语文学业水平差异

一、研究设计和思路

　　总的说来，基于如上的研究文献的回顾，本章主要是为了探究不同类型学校的学生语文学业水平是否具有差距。在本章中，主要会使用到如下几个变量：

表 5-1　流动儿童语文学习情况调查指标和工具

调查指标	调查工具	二级调查指标	本章使用
语文素养	语文学业水平试卷	语文基础知识、阅读、写作	√
	学习动机、方法问卷	学习动机、学习策略	
	学校层面问卷	学校性质、流动儿童所占比例、家庭经济背景	√
相关因素	教师层面问卷	教龄、教师效能感、师生关系感知、	
	学生层面问卷	家庭方面：父母教育水平、父母职业声望、父母职业收入、父母期望、补习班、兴趣班	
		个体方面：性别、年级、流动普通、学校支持程度、自尊	√

为了比较不同类型的学校在学生学业水平方面的差距，本章主要采取单因素方差分析和协方差分析等均值检验方法，针对不同类型的学校的学生学业素养进行对比。

二、三地小学阶段学生语文素养的比较分析

由于广州、温州两地都没有选取初中的样本，因此以下仅对三个地区小学阶段学生语文学业素养的整体状况进行描述。

1. 三地小学阶段学生语文学业素养的总体比较

为了了解北京、广州、温州三地小学阶段学生在语文学业素养上的整体差异状况，因此以地区为自变量，以各地学生的能力均值为因变量作单因素方差分析，其中自变量包括了北京、广州、温州三个地区，结果如表 5-2：

表 5-2　北京、广州、温州三地小学生语文学业素养对比

地区	人数（N）	能力均值	标准差
北京	1939	−0.062	0.512
广州	329	0.250	0.598
温州	164	0.052	0.380

方差分析结果显示，北京、广州、温州不同地区在小学生的语文学业素养方

面的主效应显著（$F_{(2,2429)}=52.871$，$p < 0.01$），结合能力均值看，广州地区小学生的语文学业素养要显著高于温州地区小学生的语文学业素养，温州地区小学生的语文学业素养还要显著高于北京地区小学生的语文学业素养，即广州学生学业水平＞温州学生学业水平＞北京学生学业水平。

2. 三地小学阶段流动儿童语文学业素养的总体比较

由于本研究主要是针对流动儿童的语文素养影响因素的探究，因此还需要对三个地区流动儿童的语文学业素养进行总体比较分析，以地区为自变量，以各地流动儿童的能力均值为因变量作单因素方差分析。如表5-3：

表5-3　北京、广州、温州三地小学阶段流动儿童语文学业素养

地区	人数（N）	能力均值	标准差
北京	1682	−0.082	0.509
广州	229	0.314	0.577
温州	157	0.052	0.358

方差分析结果显示，北京、广州、温州不同地区在小学阶段流动儿童语文学业素养方面的主效应也非常显著（$F_{(2,2065)}=63.554$，$p < 0.01$）。结合能力均值看，广州地区小学阶段的流动儿童语文学业素养要显著高于温州地区小学阶段流动儿童的语文学业素养，温州地区小学阶段流动儿童的语文学业素养还要高于北京地区小学阶段流动儿童的语文学业素养，即广州学生学业水平＞温州学生学业水平＞北京学生学业水平。

3. 三地小学阶段普通儿童语文学业素养的总体比较

此外，由于普通儿童与流动儿童的家庭生活环境差异较大，因此再对三地小学阶段普通儿童的语文学业素养的整体状况进行方差分析，结果显示北京、广州、温州不同地区在小学阶段普通儿童语文学业素养方面的主效应不显著（$F_{(2,340)}=0.652$，$p > 0.05$）。各地小学阶段普通儿童具体状况如表5-4：

表5-4　北京、广州、温州三地小学阶段普通儿童语文学业素养

地区	人数（N）	能力均值	标准差
北京	238	0.096	0.497
广州	100	0.105	0.623
温州	5	0.373	0.55

综合以上结果分析得知，北京、广州、温州三地小学生语文学业素养的总体差异显著，三个地区小学阶段流动儿童的语文学业素养的差异也非常显著，但是小学阶段普通儿童的语文学业素养差异不显著。且无论是总体比较还是流动儿童分类比较，北京地区小学生的语文学业素养在三个地区中始终是较差的（见图 5-2）。

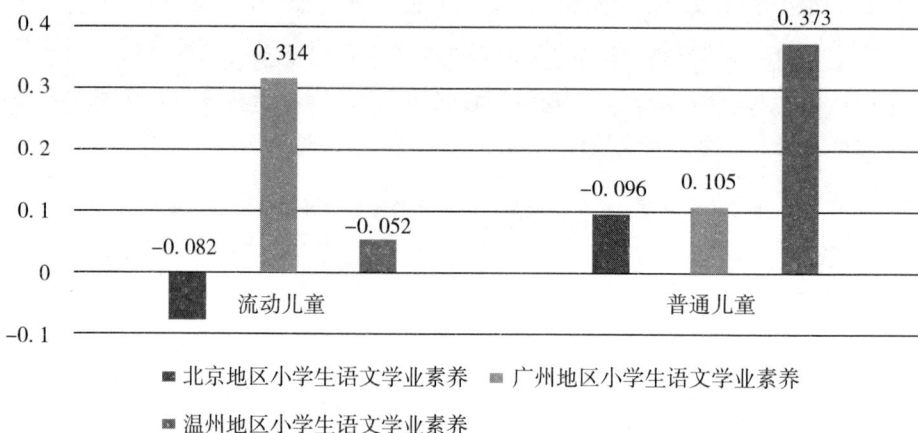

图 5-2　三地小学阶段流动儿童与普通儿童语文学业素养

由于三个地区小学阶段普通儿童的语文学业素养差异不显著，因此只对三个地区小学阶段流动儿童语文学业素养的差异原因进行探究。从图 5-1 中可以清晰地看出广州地区流动儿童的语文学业素养要显著好于北京地区流动儿童的语文学业素养，同样作为全国经济发达的大城市之一的北京和广州为何会出现如此大的差异呢？由于流动儿童的入学状况与当地政策有相当大的关系，因此笔者将两个地区与流动儿童入学状况相关的政策进行了梳理。

本文前面文献综述部分已指出，国家大概是从 1996 年开始尝试探索制定流动儿童入学的相关政策。而在同一年，广州市教育行政部门就牵头组成"流动人口子女入学问题研究"课题组展开了相关调研，并向当时的国家教委和国家教育发展研究中心提交了《解决广州市流动人口入学问题的政策分析》的报告，为国家制定完善流动儿童教育政策提供决策依据；同年，广州天河、海珠两区被国家教委确定为"流动人口子女入学政策实施项目实验区"，为流动儿童教育政策实施的实效性做进一步的探索[①]。虽然这一时期只是开始对流动儿童的入学问题进行了重视的探究，还没有政策性的实施，但已经体现了广州市对于流动儿童入学问题的极

---

① 戴双翔.广州市教育规划研制中的流动儿童义务教育政策分析［J］.教育导刊,2010（10）.

大重视，且在 1998 年到 1999 年间，上海、广州等城市陆续出台了相应的地方政策法规，而北京市教委虽然于 1998 年初制定了《北京市对外来人口中适龄儿童、少年实施义务教育的暂行办法（讨论稿）》，但并没有出台实施细则。作为一个有着 1300 万人口和 300 万流动人口的超大型城市以及国家首都，出于种种考虑，北京市政府在 1998 年至 2002 年间这一阶段更多的是观望与等待，这也直接导致了北京市流动儿童教育问题的日益突出[1]。由此可知北京市关于流动儿童入学的相关调研与政策措施在初期就出现了很多问题。

而在 2010 年 1 月，广州市又印发了《关于进一步做好优秀外来工入户和农民工子女义务教育工作意见的通知》，明确了流动儿童享受免费义务教育的条件，并规定了各区（县级市）具体的流动儿童义务教育财政分担比例；2010 年 7 月，结合广东省政府办公厅《关于做好进城务工人员子女义务教育工作的意见（代拟征求意见稿）》，在全市范围内展开了广泛的意见征询，就进一步明确责任、健全制度、科学规划统筹、加大经费投入、加强管理服务等方面搞好流动儿童义务教育问题集思广益，积极研制解决方案[2]。相比较于广州市在 2010 年就已经相对明确的政策方案，北京市教委在 2010 年才制定了三年规划，力争在 2012 年前基本解决随迁子女平等接受义务教育的保障机制建设问题[3]。

所以，仅从北京和广州两地有关流动儿童的入学的政策、措施来看，广州地区整体上是介入早、投入早、关注早，相信这对流动儿童学业水平的影响是不可避免的。

不同地区流动儿童的总体学业水平除了可能主要是受当地政策的影响，也可能受到其家庭环境影响，对于大多数流动儿童而言，如果家庭收入较好，为其提供稳定的学习环境的可能性更大。为此，我们以城市为固定因子，比较了各地的学生的父母职业水平、收入水平和教育水平之间的差异。结果发现，三地儿童的父母在这些方面具有一定的差距，通过后设检验发现，广州的儿童父亲、母亲职业排名、职业收入比温州和北京的儿童好；广州儿童的父母教育水平好于温州儿童的父母，也好于北京儿童的父母（见表 5-5）。

① 余海婴.理想与现实之间——北京市流动儿童义务教育政策执行与影响因素分析［D］.北京师范大学，2005.5.
② 戴双翔.广州市教育规划研制中的流动儿童义务教育政策分析［J］.教育导刊,2010(10).
③ 王佳琳.北京教委公布小升初政策已制定三年规划［J］.成才之路, 2010, 12:90.

表 5-5　三地儿童的父母相关变量的单因素方差检验

变量		平方和	自由度	均方	F 值	显著性
父亲职业水平	组间	1825.308	2	912.654	49.077	0.000
	组内	33213.444	1786	18.597		
	总计	35038.752	1788			
母亲职业水平	组间	1603.869	2	801.935	36.512	0.000
	组内	37843.090	1723	21.963		
	总计	39446.959	1725			
父亲教育水平	组间	40.320	2	20.160	14.685	0.000
	组内	2862.322	2085	1.373		
	总计	2902.642	2087			
母亲教育水平	组间	40.186	2	20.093	14.252	0.000
	组内	2919.716	2071	1.410		
	总计	2959.902	2073			
父亲职业收入	组间	195.113	2	97.557	5.227	0.005
	组内	32830.958	1759	18.665		
	总计	33026.071	1761			
母亲职业收入	组间	736.435	2	368.218	17.237	0.000
	组内	33880.467	1586	21.362		
	总计	34616.902	1588			

通过以上分析发现，北京、广州两地流动儿童的语文学业素养的差异原因是多方面的，除了政策实施的时间、力度不同，流动儿童的父亲收入状况也会对此产生影响。

三、三地各年级学生语文学业素养的比较分析

1. 北京地区各年级学生语文学业素养发展变化

以年级为自变量，以学生能力均值为因变量进行方差分析，结果显示北京地区

不同年级在学生语文学业素养方面的主效应显著（$F_{(5,2069)}=16.631$，$p<0.01$）。在一般的认知中，学生的语文学业素养应该是随着年级发展而递增的，而在北京地区的研究分析中却发现虽然其他年级学生的语文学业素养发展趋势都比较正常，但是在 7 年级，学生的能力均值却比之前有所下降，见图 5-3：

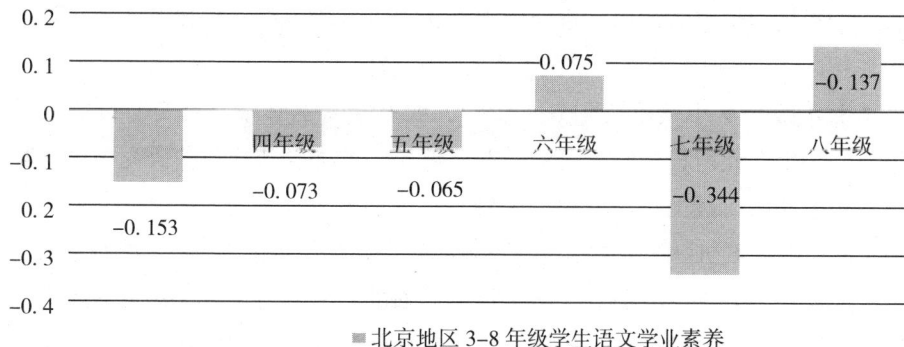

图 5-3 北京地区 3-8 年级学生语文学业素养发展变化

再以年级为自变量，以北京地区流动儿童能力均值为因变量进行方差分析，结果显示北京地区不同年级在流动儿童语文学业素养方面的主效应也非常显著（$F_{(5,1760)}=13.682$，$p<0.01$），且 3—8 年级的流动儿童的能力在 7 年级也出现了显著下降，见图 5-4。

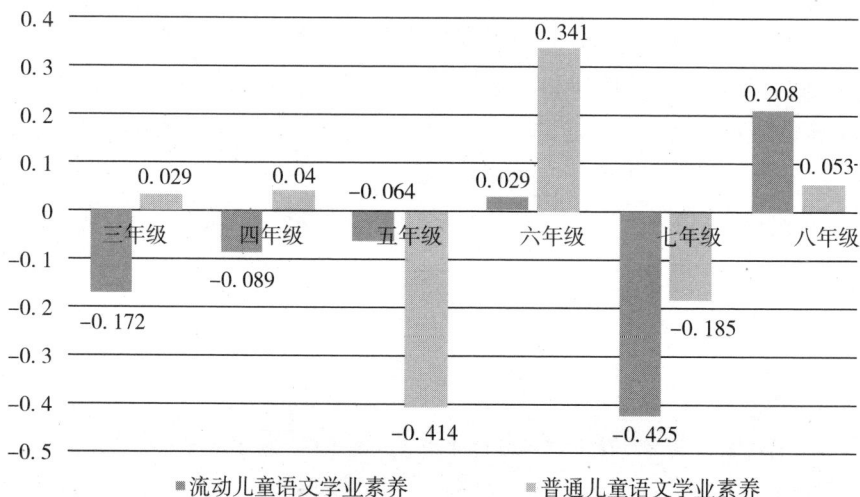

图 5-4 北京地区 3—8 年级学生语文学业素养发展变化

再进行方差分析，北京地区不同年级在普通儿童语文素养方面的主效应也非常显著（$F_{(5,284)}$ =6. 101，$p < 0.01$），但是3—8年级的普通儿童的能力不仅在7年级出现了显著下降，在5年级却也意外出现了下降趋势，见图5-3。

通过以上分析发现，北京地区不管是所有学生的语文学业素养还是流动儿童的语文学业素养或者是普通儿童的语文学业素养的发展水平都是呈现出曲折上升的状态。但不仅学生整体的语文学业素养在7年级有所下降，单独看流动儿童或是普通儿童的语文学业素养在7年级也都有下降趋势。

由于七年级是从小学阶段刚升入中学，面对新奇的环境，且暂时没有了升学的压力，学生在此阶段的学习可能会有所放松。此外，从相关的研究中可以看出小学和初中两个阶段的学习有很大差别，也可能导致学生的语文学业素养的下降。比如苏久霞在《初一新生数学成绩下降的原因分析与对策》[①]一文中对小学和初中阶段知识内容、学习方法、学习评价等方面的差别进行了对比，虽然此文主要是针对学生数学成绩的变化，但是学生在从小学阶段进入初中阶段时，语文学科在这几个方面也同样可能会遇到问题。另外《初一学生心理和学习方法调查及启示》[②]一文也曾对如何切实做好小升初的衔接工作，缩短学生心理、行为和学习方法上的不适应期，使他们尽快实现从小学生到初中生的角色转换等问题进行了探究。

总的说来，学生到7年级如果不能及时调整状态，平稳过渡，其语文学业素养都有可能因此而出现波动。

2. 广州地区各年级学生语文素养发展变化

通过方差分析，广州地区年级与学生语文素养存在显著性差异（$F_{(3,325)}$ =12. 073，$p < 0.01$），随着学生知识的增加和认知能力的提升，广州地区3—6年级学生的语文学业素养是随着年级发展而递增的，符合一般的认知情况，如图5-5：

---

① 苏久霞. 初一新生数学成绩下降的原因分析与对策 [J]. 教育教学论坛，2012，24：156—157.

② 沈浩宁，李悦民，蒋国林. 初一学生心理和学习方法调查及启示 [J]. 现代中小学教育，1997，03：52—54.

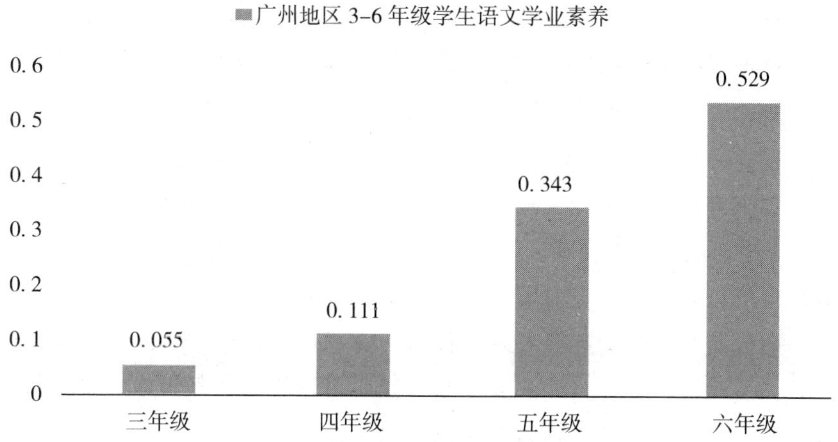

图5-5　广州地区3—6年级学生语文学业素养发展变化

通过方差分析，广州地区年级与流动儿童语文学业素养间的相关系数存在显著性差异（$F_{(3,225)}=8.466$，$p<0.01$），且3—6年级流动儿童的语文学业素养是随着年级发展而递增的，符合学生能力发展逐渐递增的预期，再通过方差分析，广州地区年级与普通儿童语文素养间的相关系数差异显著（$F_{(3,96)}=4.984$，$p<0.05$），3—6年级普通儿童的语文学业素养也是随着年级发展而递增的，也符合一般的认知情况，如图5-6：

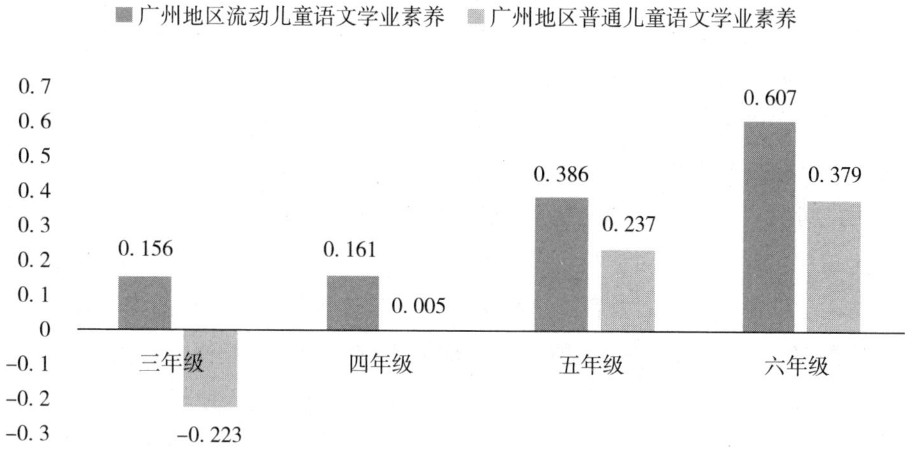

图5-6　广州地区3—6年级流动儿童与普通儿童语文学业素养发展变化

将广州地区流动儿童的语文学业素养与普通儿童的语文学业素养进行比较，意外的发现流动儿童的语文学业素养一直好于普通儿童，因此重新分析了本研究在广州地区所选取的样本。由于义务阶段学校不可以有排名，所以我们无法获悉这两所学校在当地的具体排名，但是通过网络论坛及查找到的学校相关介绍，可以知道广州地区所选取的两所学校是一所学校的本部和分部，属于当地区一级学校，学校所处区域办学底蕴浓厚，周边科研单位多，临近中山大学，并且学校都是按照广东省义务教育阶段标准化学校的要求配备教育资源，师资条件也相对较好。从对学校负责老师的调查问卷可知，学校只是按照广州市的小一招生指南的要求正常招生，没有特殊要求。

但学校的招生名额毕竟有限，从相关评论来看，想进入该学校就读并不是很容易，当地普通儿童升学可以有政府保障，升学压力相对较小，学业水平可能并不是唯一的关注点，此外当地普通儿童里面也可能有一些是当地弱势群体，但是在政府的保障支持下可以进入较好学校就读。

可是对于流动儿童来说，要想进入此类优等学校就读，其家庭首先要有一定的经济承受能力，从统计结果来看，广州地区 229 名流动儿童中，有效统计出父亲职业的有 187 名。依据李春玲的职业排名划分，可以发现广州地区流动儿童父亲职业所属种类最多的是第九类，百分比为 40.1%，即主要是小店主、小作坊主和其个体经营者，这与学校老师所提供的信息也基本符合，学校流动儿童家长普遍从事布料和辅料生意。另外，从事医疗、工程、经济类中高层专业技术人员，医生、工程师、会计师等职业的流动儿童父亲的有效百分比也达到了 6.4%，还有 5% 是高级专业技术人员，如大学教授、知名科学家等。从以上统计中可以基本确定，这些流动儿童的家庭基本都具有经济能力保障其正常入学，甚至是进入较好的学校。另外从流动儿童的父母期望来看，除了 12 人情况缺失，有效统计的 217 个样本中，父母希望其都本科的有 96 人，有效百分比为 44.2%，希望其读研究生的有效百分比甚至达到了 47.5%。

由此可见，广州地区的这些流动儿童父母不仅有经济能力，而且对孩子的期待值比较高，此外，从对学校老师的调查可知，这些父母大多有教育意识，希望孩子能在学校得到良好的教育，这种家庭对于学校指导、与老师的沟通比较关注，尽管他们都忙于生计，但是对孩子的期待值比较高，通过各种办法提高孩子的学业水平。另外，流动儿童在升中学并不是由政府派位，要入读好的民办中学要靠好的学业水平。由于以上这些原因，都有可能最终导致广州地区流动儿童的语文学业素养优于普通儿童的语文学业素养。

3. 温州地区各年级学生语文素养发展变化

通过方差分析，温州地区年级在学生语文素养方面的主效应差异显著（$F_{(3,160)} = 5.743$，$p < 0.05$），但是在六年级时学生的能力却意外出现了下降趋势，如图 5-7：

■ 温州地区 3-6 年级学生语文学业素养

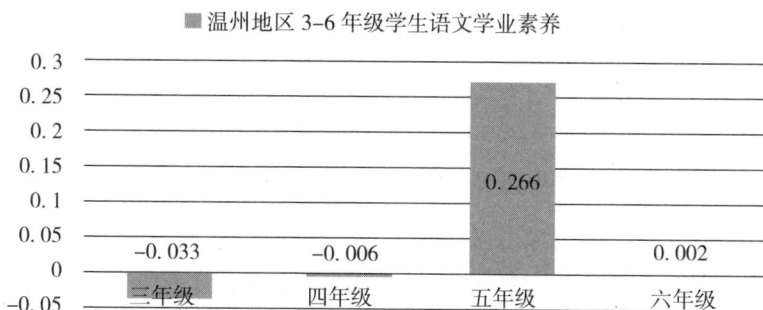

图 5-7　温州地区 3-6 年级学生语文学业素养发展变化

通过方差分析，温州地区年级与流动儿童语文素养间的相关系数差异显著（$F_{(3, 153)}$ =5.908，$p < 0.05$），其中 3—5 年级流动儿童的语文学业素养是随着年级发展而递增的，符合一般的认知情况，但是 6 年级出现了意外的下降，如图 5-8：

■ 温州地区 3-6 年级流动儿童语文学业素养

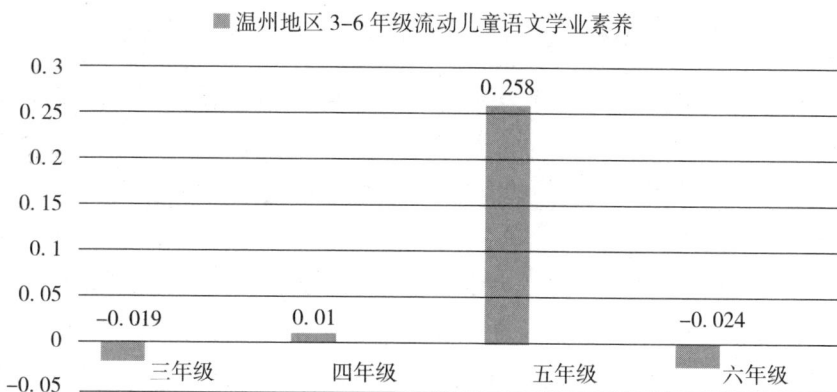

图 5-8　温州地区 3-6 年级流动儿童语文学业素养发展变化

由于 6 年级到了升学期，很多研究显示有相当一部分流动儿童读完小学就会辍学，虽然辍学的原因很复杂，但是对于那些已经基本明确不会继续进入初中就读的流动儿童来说，在 6 年级就已经基本放弃学习，《打工子弟学校分流再调查》[①] 一文中也有提及，最近的一次调查结果显示，不同学龄段中，1—5 年级的学生留在城市的比例最大，1—5 年级为了能够保持就学的连贯性，因此更愿意选择在城市完成小学学业，且很多这个学年段的学生家长认为，老家所学知识内容比较难，担心孩子跟不上课业进度。此外，通过在温州市教育局及温州市人民政府网站查询，并没有找到专门针对流动儿童的升学的专项政策。由此可见，当学生处于升学阶段时，选

---

① 郭铁.打工子弟学校分流再调查［J］.决策探索（上半月），2013，08：31—33.

择回老家读书的可能性会大一些，因此可能导致 6 年级流动儿童的语文学业素养整体出现下降。

四、北京地区流动儿童语文学业素养状况

1. 北京地区公办、民办学校流动儿童语文学业素养差异

在北京地区进行样本选择时，选取了不同类型的学校，既有公办学校，也有民办学校（由于本研究主要是针对农民工随迁子女，因此选取的都是打工子弟学校），以下将对这两类学校流动儿童的语文学业素养状况进行比较分析。

结合能力均值分析，可以发现北京地区公办学校流动儿童的语文学业素养要显著好于民办学校的流动儿童语文素养。如表 5-6：

表 5-6　北京地区公办、民办学校流动儿童语文学业素养整体状况

学校类型	人数（N）	能力均值	标准差	极小值	极大值
公办	710	0.041	0.541	-1.534	1.693
民办	1056	-0.175	0.477	-1.52	1.264

从表 5-6 来看，北京地区公办学校中语文学业水平最好的流动儿童要比民办学校中语文学业水平最好的流动儿童好，但最差的儿童也比民办学校要差。也就是说，在公办学校就读的流动儿童语文学业素养波动范围较大，而民办专门的打工子弟学校的流动儿童语文学业素养却相对要更稳定集中，这可能与学校的整体环境和学生的适应能力有较大关系。

虽然民办打工子弟学校的整体硬件设备资源，甚至师资都不如公办学校，但是民办打工子弟学校的流动儿童大都来自相似的家庭，学生的家庭背景、生活环境相差不大，且由于是专门的打工子弟学校，也方便学校进行统一管理。

但是进入公办学校就读的流动儿童，如果学校里普通儿童数量较多，就会面对差异比较大的环境，既要学会融入不一样的群体，还要主动去适应教师及整个学校的氛围，且学校方面也不方便进行统一管理，因此在公办学校就读的流动儿童，如果其自身适应能力较强，能尽快适应学校环境，和普通儿童一样正常学习，其语文学业水平可能会发展较好，但是如果不能适应新的环境正常学习，其学业水平则可能又会比较落后，因此在公办学校就读的流动儿童语文学业素养的波动范围才会比较大。

2. 北京地区公办学校各年级流动儿童语文学业素养发展变化

通过方差分析，北京地区公办学校不同年级的流动儿童语文学业素养存在显著性差异（$F_{(5,704)}$=35.704，$p < 0.01$）。结合能力均值分析，也是在 7 年级有所下降（如图 5-9），与北京地区所有儿童的语文学业素养发展趋势也是一致的，可能存在的原因上文已有相关讨论，在此不作赘述。

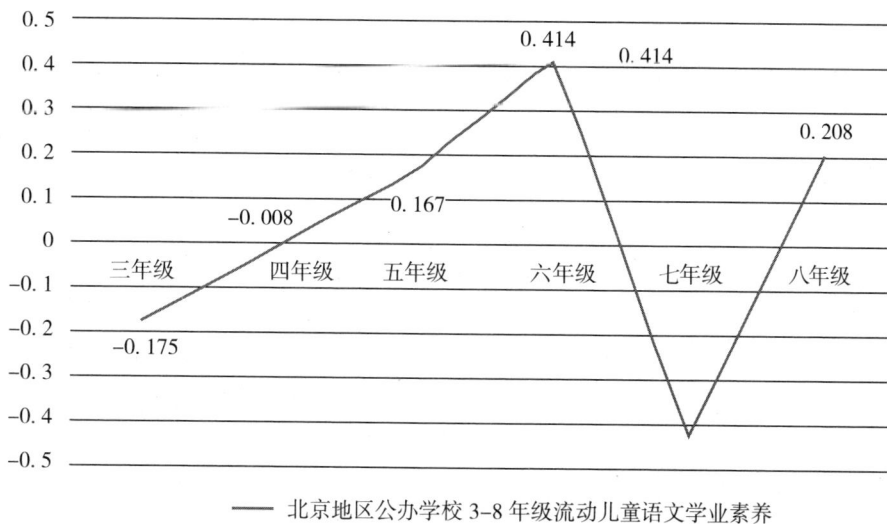

图 5-9 北京地区公办学校 3-8 年级流动儿童语文学业素养发展变化

3. 北京地区民办学校 3—6 年级流动儿童语文学业素养发展变化

通过方差分析可以发现北京地区民办学校不同年级的流动儿童语文素养不存在显著性差异（$F_{(3,1052)}$=0.493，$p > 0.05$），如图 5-10 所示：

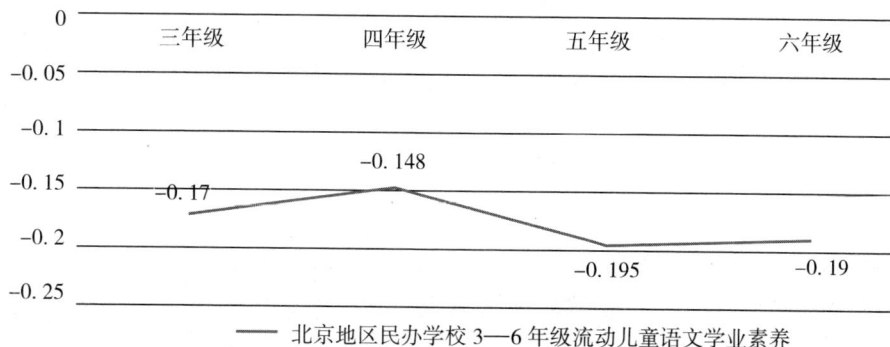

图 5-10 北京地区民办学校 3—6 年级流动儿童语文学业素养发展变化

　　由于目前具有资历专门招收小学阶段流动儿童（特指打工子弟子女）的民办学校数量就已经很少，能够招收初中学段流动儿童的民办学校更是极少，因此在北京地区选择的民办学校中没有初中样本，以下仅对北京地区公办、民办两类学校中的小学阶段 3—6 年级流动儿童的语文学业素养发展状况进行探究分析。

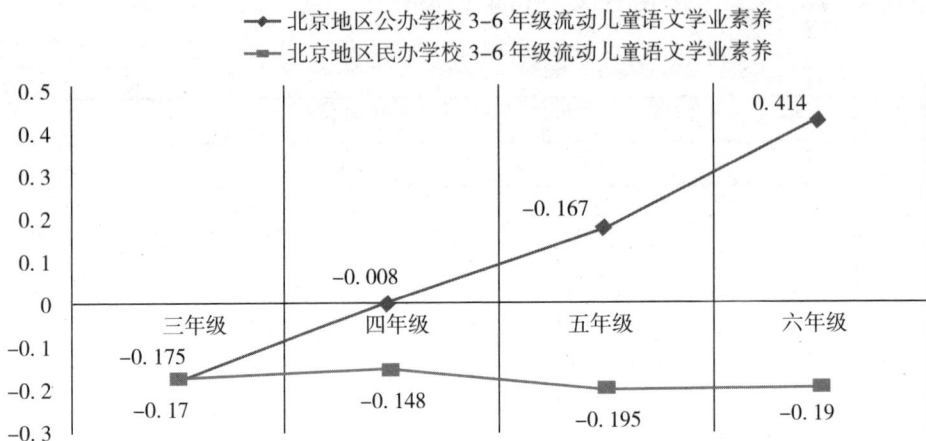

图 5-11　北京地区公办、民办学校 3—6 年级流动儿童语文学业素养发展变化

　　本研究所选取的北京地区的民办学校都是专门面向流动儿童的打工子弟学校，招收的多是跟随北京地区打工的农民工父母而到北京来的流动儿童，属于社会弱势群体，不同于学费高昂的贵族民办学校中的那些流动儿童。

　　我们分年级针对公立和民办学校进行独立样本的 T 检验，结果发现，3 年级的时候，公办（M=-0.168，SD=0.364）和民办的学校（$M_{民办}$=-0.130，$SD_{民办}$=0.377）没有差异（$t_{(583)}$=-1.203，p=0.229>0.5），但是从 4 年级（$M_{公办}$=0.008，$SD_{公办}$=0.517；$M_{民办}$=-0.150，$SD_{民办}$=0.534）、5 年级（$M_{公办}$=0.125，$SD_{公办}$=0.535；$M_{民办}$=-0.196，$SD_{民办}$=0.516）、6 年级（$M_{公办}$=0.428，$SD_{公办}$=0.486；$M_{民办}$=-0.186，$SD_{民办}$=0.506）的公办和民办学校的语文学业素养就具有显著性的差异（$t_{(498)4年级}$=-3.352，p<0.01；$t_{(583)5年级}$=-6.398，p<0.001；$t_{(419)6年级}$=-12.530，p<0.001）。

　　结合图 5-11，我们可以发现在三年级时，进入北京地区公办学校就读的流动儿童与进入北京地区民办学校就读的流动儿童语文学业素养相差还不大，但是之后的几年却出现了完全不同的发展趋势，北京地区公办学校 3—6 年级流动儿童的语文学业素养一直处于上升趋势，但是在北京地区民办学校就读的 3—6 年级流动儿童的语文学业素养却几乎没有发展。本研究所选取的研究样本是已经可以进入学校就读，具有学校学习机会的流动儿童，但即使享有了学习机会，也不代表这些流动儿童就可以因此拥有平等的发展机会。从上图的发展趋势来看，北京地区的公办学校总体上还是比民办学校更有利于流动儿童的语文学业素养的发展，毕竟公办学校是由政府主办支持，学校的硬件设施、环境、师资都会比民办的打工子弟学校要好，能够为流动儿童提供相对较好的学习环境。

但是从目前的调研情况来看，仍然有相当一部分流动儿童家长会选择让孩子到民办打工子弟学校就读，因为虽然目前公办学校对流动儿童已经有了很多优惠措施，但是总的说来，在公办学校入学，其额外的费用投入成本还是会比打工子弟学校要高，因此还有相当一部分流动儿童家庭是难以承受的。此外小学阶段的流动儿童年龄还比较小，其父母为了干活维持生计常会早出晚归，没有额外时间去接送小孩，因此在农民工聚居的地区如果没有公办学校可以就近入学，一些家长还是会为孩子选择较近的打工子弟学校，因为打工子弟民办学校大多是开设在农民工聚居的地区，方便流动儿童就近入学，且还会为流动儿童提供一些专门的照顾措施，比如在调研中我们得知北京市树人小学的学生可以很早到校，比较晚才接走，学校还安排老师专门看管；交不起学费的贫困生，学校还通过减免缓等措施让学生上学，这些都是公办学校较少做到的，而这也正是打工子弟学校吸引流动儿童之处。

因此，如果公办学校既能很好地促进流动儿童学业素养的发展，还能够考虑到流动儿童的特殊情况，为其提供更多的服务措施，相信有更多的流动儿童会选择到公办学校就读。而打工子弟学校如果能在现有基础上得到政府或社会更多的支持，优化硬件设施，引进更多好的师资力量，相信也能够更好地促进流动儿童语文学业素养的发展。

4. 北京地区三个学段流动儿童语文学业素养差异

将北京地区3、4年级，5、6年级，7、8年级分别分为三个学段，对应义务教育阶段的二、三、四学段，以三个学段为自变量，以流动儿童学业素养均值为因变量进行单因素方差分析，结果显示，三个学段在流动儿童语文学业素养方面的主效应显著（$F_{(2,1763)}=13.249$，$p < 0.01$）。结合能力均值看，北京地区第三学段的流动儿童语文学业素养要显著高于第二学段的流动儿童的语文学业素养，第二学段学生的语文学业素养要显著好于第四学段的流动儿童的语文学业素养。

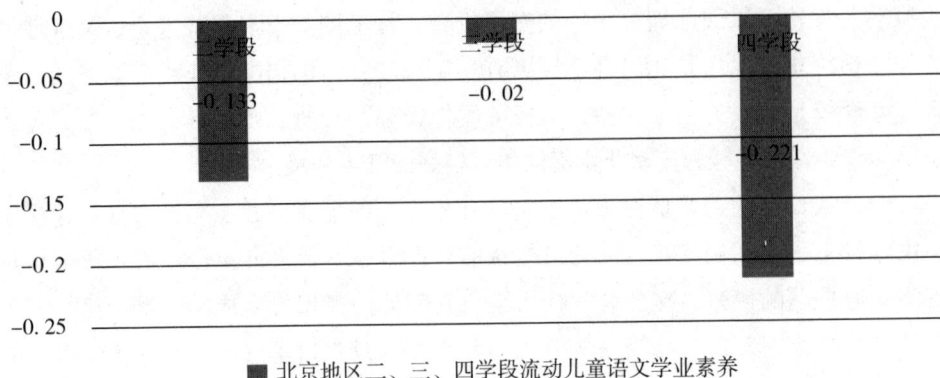

图 5-12　北京地区二、三、四学段流动儿童语文学业素养

从图 5-12，可以发现北京地区流动儿童第二、第三学段的学业素养还是有所发展提升的，但是到第四学段却大幅度地下降了，由于第四学段包括了 7、8 两个年级，7 年级学生由于环境适应等可能导致成绩下降，此外《打工子弟学校分流再调查》[①] 一文中也指出打工子弟在初二到初三的这个阶段失学率较高，即使学校没有分流，情况也是如此。首先，打工子弟学校中设有初中部的就很少。其次，穷人的孩子早当家，对于学习成绩不好的学生来说，早点进入社会打工可能更加现实；那些想要考高中的学生，可能在初二、初三阶段就回老家了。

虽然经过多年的努力和发展，小学阶段流动儿童的学习已经有了基本保障，但是目前初中阶段流动儿童的学习状况还是不容乐观，打工子弟学校所接纳的也多是小学阶段流动儿童，因此流动儿童在小学毕业后若想继续接受教育，还要面临更多的困难。

五、不同类型学校学生语文学业素养差异比较

本研究在样本选取时，不仅考虑到了不同地区、不同年级总体学生中流动儿童的比例问题，在具体抽取学校时，还按各个学校流动儿童的比例大致抽取了三类学校，此三类学校分别为流动儿童比例小于等于 30%，大于 30% 小于 80%，大于等于 80%。从北京、广州、温州总样本来看，流动儿童比例小于 30% 的学校共有 2 所，流动儿童比例大于 30% 小于 80% 的学校共有 6 所，流动儿童比例大于 80% 的学校共有 7 所。

① 郭铁：打工子弟学校分流再调查［J］．决策探索（上半月），2013，08：31—33.

1. 三类学校学生语文学业素养整体差异

表 5-7　三类学校中学生语文学业素养状况

学校流动儿童比例	学校（所）	学校总人数	均值	标准差
小于等于 30%	2	251	0.074	0.529
大于 30% 小于 80%	6	746	0.168	0.563
大于等于 80%	7	1571	−0.125	0.487

以流动儿童比例划分的三种学校类型为自变量，学生能力均值为因变量进行单因素方差分析，结果显示不同类型学校在学生语文学业素养方面的主效应非常显著（$F_{(2,2565)}=86.905$，$p < 0.01$）。结合以上均值来看，流动儿童比例大于30% 小于 80% 的学校学生整体语文学业素养要显著好于流动儿童比例小于 30% 的学校学生整体语文学业素养，流动儿童比例小于 30% 的学校学生整体语文学业素养还要显著好于流动儿童比例大于 80% 的学校学生整体语文学业素养，如图 5-13：

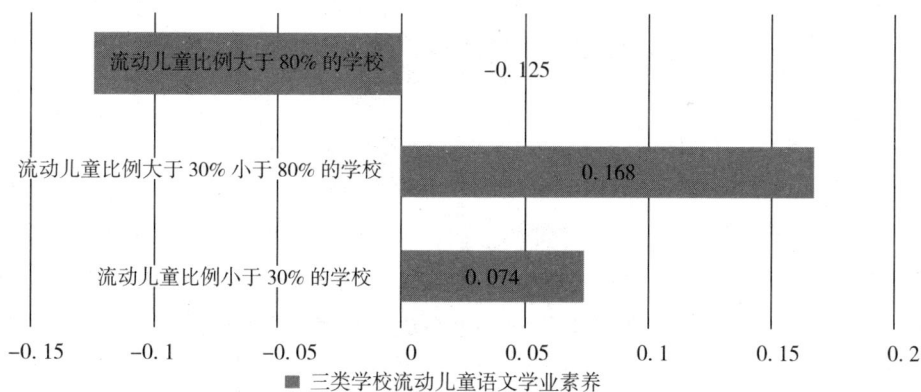

图 5-13　不同类型学校中学生语文学业素养

2. 三类学校中流动儿童语文学业素养整体差异

以流动儿童比例划分的三种学校类型为自变量，流动儿童能力均值为因变量进行单因素方差分析，结果显示不同类型学校在流动儿童语文学业素养方面的主效应非常显著（$F_{(2,2149)}=80.276$，$p < 0.01$），如表 5-8：

表 5-8 三类学校中流动儿童语文学业素养状况

学校流动儿童比例	学校（所）	流动儿童总人数	均值	标准差
小于等于 30%	2	133	0.085	0.544
大于 30% 小于 80%	6	513	0.196	0.568
大于等于 80%	7	1506	−0.125	0.483

　　再结合均值来看，流动儿童比例大于 30% 小于 80% 的学校流动儿童的语文学业素养显著好于流动儿童比例小于 30% 的学校的流动儿童语文学业素养，流动儿童比例小于 30% 的学校流动儿童的语文学业素养还要显著好于流动儿童比例大于 80% 的学校中流动儿童的语文学业素养，如图 5-14：

不同类型学校中流动儿童的语文素养

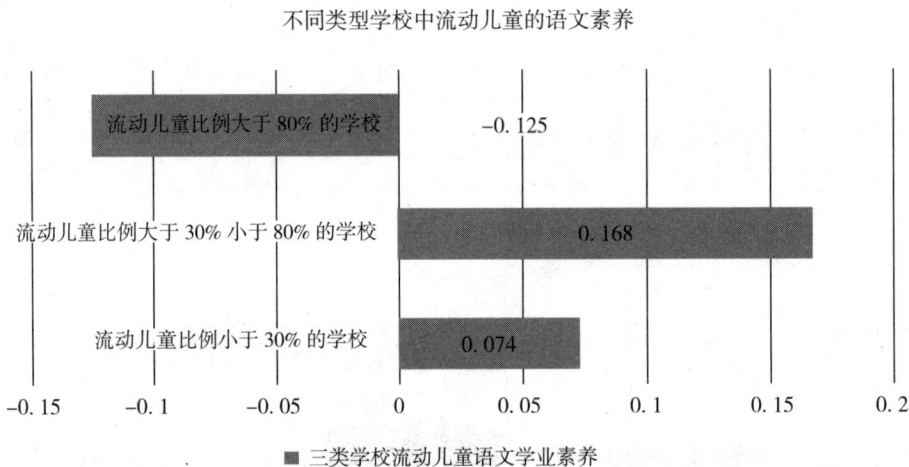

图 5-14 不同类型学校中流动儿童的语文学业素养

　　从以上分析中可以发现流动儿童在流动儿童占学校比例中等类型的学校中语文学业素养最好，因为在此类学校中流动儿童与普通儿童都占有相当一部分比例，因此流动儿童对此学校群体并不完全陌生，既有与其家庭处境、生活环境相似的流动儿童可以互相帮助，彼此激励，还有与其家庭处境、生活环境不同的当地儿童与其交往，这样他们在此群体中就是普通的一员，不会感受到太多的异样，而且在这样的环境中流动儿童与普通儿童更能够以平等的身份相处，也有利于流动儿童融入当地的环境。

　　而当流动儿童进入那些流动儿童所占比例小于 30% 的学校时，面对的大多是与自己家庭处境、生活环境不一样的当地儿童，要想在此类学校中正常学习，首先还要学会与大多数当地儿童相处，如果不能很好地适应，将会对其后期的发展产生不良的影响。

而当整个学校的流动儿童比例大于80%甚至达到100%时，此类学校要么就是专门招收流动儿童的打工子弟学校，要么就是当地政府为了解决当地流动儿童入学问题而鼓励要大量接收流动儿童的学校。对于打工子弟学校的状况前文已有介绍，在此不作赘述，而那些大量招收流动儿童的公办学校，虽然有政府的财政支持，但是其整体招收的生源质量也几乎和打工子弟学校一样，因此此类学校的学生语文学业素养情况也不是很好。

综上而言，对于流动儿童来说，选择流动儿童比例中等的学校似乎是有利于其语文学业发展的最好选择，而对于当地政府来说，也应该多鼓励此类学校的发展，尽可能让当地原有的公办学校适当地接收流动儿童，并尽可能为流动儿童的入学提供便利，鼓励他们进入此类学校学习。

3. 三类学校普通儿童语文学业素养整体差异

以流动儿童比例划分的三种学校类型为自变量，以普通儿童的能力均值为因变量进行单因素方差分析，结果显示不同类型学校在普通儿童语文素养方面也有显著差异（$F_{(2,392)}$=4.059，$p < 0.05$），如表5-9：

表5-9 三类学校中普通儿童语文学业素养状况

学校流动儿童比例	学校（所）	普通儿童总人数	均值	标准差
小于等于30%	2	111	0.088	0.494
大于30% 小于80%	6	229	0.119	0.538
大于等于80%	7	55	-0.107	0.559

再结合均值来看，流动儿童比例大于30%小于80%的学校中普通儿童的语文学业素养显著好于流动儿童比例小于30%的学校的普通儿童语文学业素养，流动儿童比例小于30%的学校普通儿童的语文学业素养显著好于流动儿童比例大于80%的学校中普通儿童的语文学业素养，如图5-15：

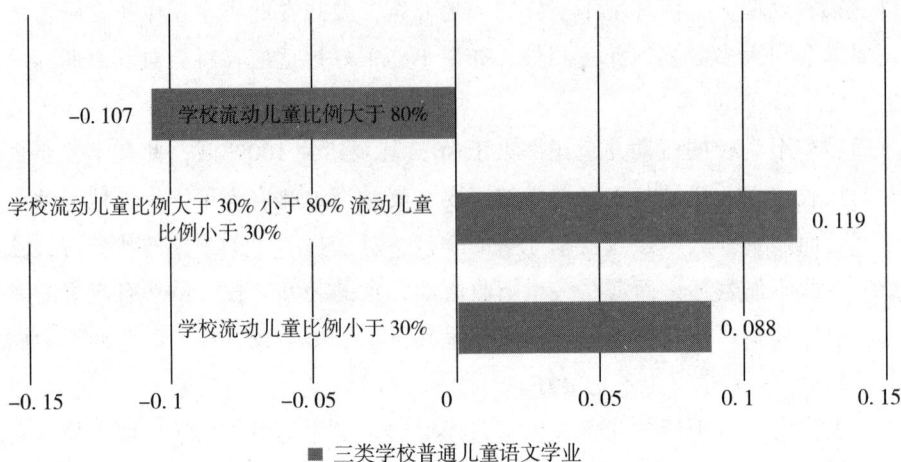

图中数据：
- 学校流动儿童比例大于80%：−0.107
- 学校流动儿童比例大于30%小于80% 流动儿童比例小于30%：0.119
- 学校流动儿童比例小于30%：0.088

■ 三类学校普通儿童语文学业

5-15 不同类型学校中普通儿童的语文学业素养

由此可以发现，对于普通儿童而言，当学校中流动儿童所占比例超过80%时语文学业素养最差，在此类学校中普通儿童即成了少数群体，他们需要适应不一样的学习环境、同伴群体。此外，前文文献综述也已经提到，一部分城市中的弱势群体也可能会选择此类学校，因此在此类学校中的普通儿童语文学业素养相对较弱是可以理解的。而至于为什么会出现普通儿童的成绩在流动儿童占学校比例中等的学校比在流动儿童占学校比例较少时还要好，其中原因还有待进一步探究。

4. 北京地区不同类型学校中各年级流动儿童语文学业素养状况

由于上文已对流动儿童所占比例在30%到80%的学校中的流动儿童成绩状况作过说明，以下将不再赘述，只对流动儿童占学校比例小于30%和大于80%的学校流动儿童语文学业素养状况进行探究。如图5-16：

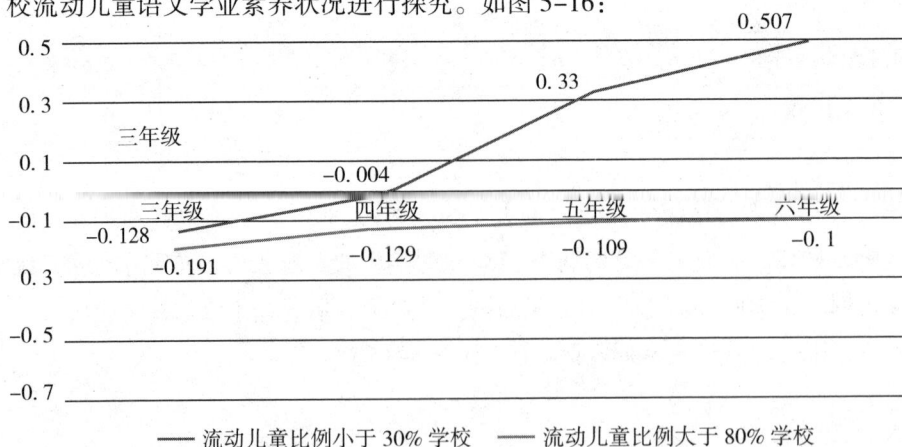

图中数据：
- 三年级：−0.004；四年级：0.33；五年级：0.507（流动儿童比例小于30%学校，约六年级0.507）
- 三年级：−0.128；四年级：−0.129；五年级：−0.109；六年级：−0.1
- −0.191

—— 流动儿童比例小于30%学校　—— 流动儿童比例大于80%学校

图5-16 北京地区不同类型学校中流动儿童各年级语文学业素养的发展变化

从图 5-16 中可以发现，在流动儿童所占比例大于 80% 学校中就读的流动儿童语文学业素养从 3—6 年级发展非常缓慢。以北京市 3 年级时不同类型学校为自变量，以北京市 3 年级流动儿童能力均值为因变量进行单因素方差分析，结果为 $F_{(2,488)}=2.884$，$p > 0.05$，说明 3 年级时，不同类型学校中流动儿童语文学业素养并不存在显著差异。但是以北京市 6 年级时不同类型学校为自变量，6 年级流动儿童能力均值为因变量进行单因素方差分析，结果为 $F_{(2,358)}=37.876$，$p < 0.01$，说明到 6 年级时，不同类型学校中流动儿童成绩存在显著差异。在流动儿童所占比例小于 30% 学校中就读的流动儿童与流动儿童所占比例大于 80% 的学校中就读的流动儿童的语文学业素养随着年级的增长，出现了显著的差异。即相比较于大部分学生都是流动儿童的学校来说，流动儿童所占比例较少的学校更有利于流动儿童的语文学业水平的发展，这可能是因为当某所学校中的大部分学生都是成绩、成长环境较弱的流动儿童，来自于当地正常环境中的普通儿童较少时，虽然流动儿童比较容易适应环境，群体融入困难相对较小，但是同伴学习的榜样作用也会相对较小，也不是很有利于流动儿童的语文学业素养的发展。

也就是说当流动儿童基本可以适应环境之后，更需要同学的榜样引导，才能更有利于其语文学业素养的发展，但是其中具体的影响还有待进一步探究。

第四节 反思和讨论：流动儿童就读学校水平亟待提升

一、不同城市流动儿童就读学校水平差异较大

北京地区流动儿童语文学业素养在三个地区中是最差的，同样作为全国经济发达的大城市之一的北京和广州竟会出现如此大的差异，值得人深思。通过调研和政策信息查找可以发现，相对而言，广州地区有关流动儿童入学的问题，当地政府介入早、投入早、关注早，这对流动儿童学业水平的影响是不可避免的。此外，通过进一步探究，还发现不同地区流动儿童父亲收入状况也会对流动儿童的语文学业素养产生影响。

二、公办和民办学校的教育质量具有年级的差异

对于三个不同的地区而言，公办和民办学校的教育质量有很大的差别，尤其是不同年级的学生其语文学业水平并没有呈现出递增的情况。

北京地区流动儿童和普通儿童的语文学业素养在七年级都出现了下降趋势，这与学生面对新的环境，暂时没有了升学的压力，以及小学初中两个学段的学习内容、方法的差异，学生在心理发展上的适应期等都可能存在关系，但是其中具体的关系还有待进一步探索。总之对于七年级学生在学业水平上的起伏变化，学校要及时发现问题，采取措施，帮助学生调整状态，平稳过渡。

从进入北京地区公办学校和民办学校就读的3—6年级的流动儿童语文学业素养发展来看，3年级时语文学业素养相差还不太大，但是之后的几年却出现了完全不同的发展趋势。在北京地区公办学校就读的3—6年级流动儿童的语文学业素养一直处于上升趋势，但是在北京地区民办学校就读的3—6年级流动儿童的语文学业素养却几乎没有发展。因此，整体而言，公办学校更有利于流动儿童语文学业素养的发展，但是目前由于各种条件的限制，仍有相当一部分流动儿童家长会选择让孩子在民办打工子弟学校就读。

公办学校如果不仅能够促进流动儿童学业素养的发展，还能够考虑到流动儿童的特殊情况，为其提供更多的服务措施，相信有更多的流动儿童会选择到公办学校就读。而打工子弟学校如果能在现有基础上得到政府或社会更多的支持，优化硬件设施，引进更多好的师资力量，相信也能够促进流动儿童学业素养较好的发展。

广州地区3—6年级流动儿童的语文学业素养意外地要好于普通儿童，通过进一步信息调查和问卷整理可以知道广州地区所选取的两所学校是当地区一级学校，对于流动儿童来说，要想进入此类优等学校就读，其家庭首先要有一定的经济承受能力，统计结果也对此进行了印证，进入这两所学校就读的流动儿童的家庭基本都具有经济能力保障其正常入学，甚至是进入较好的学校。

此外，广州地区这些流动儿童父母不仅具有一定的经济能力，而且对孩子的期待值也比较高，从对学校老师的调查可知，这些流动儿童父母大多有教育意识，希望孩子能在学校得到良好的教育，这种家庭对于学校指导、与老师的沟通比较关注，尽管他们都忙于生计，但是对孩子的期待值比较高，通过各种办法提高孩子的学业水平。另外，流动儿童的孩子在升中学并不是由政府派位，要入读好的民办中学要靠好的学业水平，所以他们自身也会努力学习。以上这些原因，都有

可能最终导致了广州地区流动儿童的语文学业素养优于普通儿童的语文学业素养。

温州地区流动儿童语文学业素养在 6 年级出现了下降趋势。通过在温州市教育局及温州市人民政府的官网查询，并没有找到专门针对流动儿童的专项政策。由此可见，当学生处于升学阶段时，选择回老家原籍地读书的可能性会大一些，因此可能导致六年级流动儿童的语文学业素养整体出现下降。不过除了升学前期回原籍考试，还可能与一部分即将辍学基本放弃学业的流动儿童有关。

三、流动儿童就读学校的分配需要重新考量

流动儿童在流动儿童比例中等的学校学业水平最好，因为在此类学校中既有一定数量的流动儿童，也有一定数量的普通儿童，流动儿童在此类型学校中既可以较好地融入学校环境，还可以和普通儿童一起学习。

但是对于流动儿童较多或者较少的两类学校来说，比如在本研究中发现在流动儿童所占比例大于 80% 学校中就读的流动儿童语文学业素养从 3—6 年级发展非常缓慢，在流动儿童所占比例为 30% 学校中就读的流动儿童与流动儿童所占比例为 80% 的学校中就读的流动儿童的语文学业素养随着年级的增长，出现了显著的差异，即相比较于大部分学生都是流动儿童的学校来说，流动儿童所占比例较少的学校更有利于流动儿童的语文学业水平的发展，除了可能的榜样效应之外是否存在其他原因还有待进一步探究。

综上所述，学校层面影响流动儿童语文学业素养的因素涉及诸多方面，不仅政府及有关部门的政策要及时到位，尽可能通过公办民办学校共同努力，先保障流动儿童有学可上，还要进一步关注其在学校中是否能充分利用资源以获得正常的成长发展，这绝不仅仅是硬件设施的问题，还关系到整个学校的文化氛围、群体融入等问题，任重而道远！

第六章 教师——学校教育对学业素养影响的重要中介

本章主要分析了教师对流动儿童语文学业素养的影响，同时探究了教师与流动儿童的心理发展的关系。研究发现，教师的师生关系感知对于学生的学业水平和学生的学习策略具有影响，教师效能感与学生的语文学业水平和深层动机、策略有关系。同时，学生从教师那里获得的情感支持越多，师生关系越好，教师自我效能感越高。这就是说，建立良好的师生关系有助于提升教师的自我效能感，同时可以成为学生情感支持的重要来源。

第一节 流动儿童的教师教育作用到底有多大?

根据国家统计局抽样调查结果，2014 年全国农民工总量为 27395 万人，比上年增加 501 万人。其中，外出农民工 16821 万人，比上年增加 211 万人。而外出农民工中，跨省流动农民工 7867 万人，占外出农民工总量的 46.8%，举家外出的农民工占 3578 万人，占外出农民工的 21.27%。在流动人口不断增加的过程中就产生了一个特殊的群体，即流动儿童。流动儿童大多是出生在农村，随父母进入城市生活。由于父母的工作性质和经济地位等，他们经常会被贴上"乡巴佬"等标签，甚至遭到周围人的歧视，因而社会也给予了流动儿童很多特殊的关注与对待。

儿童期是个体身心成长的关键时期。而这个时候流动儿童离开家乡，来到陌生的城市，他们首先接触的社会环境就是学校，而在学校中，教师与同学成为流动儿童身边最重要、对其影响最大的人。并且，心理学的研究表明，学生具有"向师性"，也就是说学生都有模仿、趋近教师的自然倾向，再加上教师总会在某些方面比学生知识更多，因而学生钦佩、尊重教师，听从教师的教导[①]。因此，教师对学生的成长有着十分深远的意义，而教师作为影响流动儿童重要的因素之一，他到底是在哪些方面影响学生的呢？弄清楚到底教师的哪些方面的因素对学生有较大的影响，一方面有利于教师自身的专业发展，一方面也有利于流动儿童在新环境下更好地成长。

以往关于中国流动儿童的研究重点关注城市流动儿童受教育机会，而研究教师因素对流动儿童影响的文献有限。为了更加深入地了解教师层面的因素对学生语文学业素养的影响，并对这些影响因素给予解释，剖析这些因素背后的原因，本研究将从教师的教龄、教师的自我效能感以及师生关系这三方面因素来考查其是否对学生的学业水平有影响。

第二节　作为学校教育重要执行者的教师研究回顾

在研究教师层面对学生学业水平的影响方面，多以学科课程实施为核心，关注班级特征、教学活动、教师背景、教师培训情况等对学业水平的影响。其中，教师背景主要包括教师性别、年龄、学历、教龄、任职资格、专业一致化程度等。来自对于我国台湾地区 TIMSS2003 年结果的分析指出，教师年龄对学生学业水平具有一定影响。另外，教师的教学效能感和学生的学习动机是教育心理学和学习心理学研究中的两个重要概念，它们直接影响着学生的学习成绩，与学校的教育教学质量有着密切的关系，所以，在素质教育实施改革的今天，弄清教师的教学效能感、学生的学习动机和学业水平的关系，发现当下教育改革中存在的问题，能够更好地为学校教育教学工作提供良策。而师生关系问题在教育史上一直是教学理论十分关注的基本问题，许多研究表明师生关系对学生的学业水平有显著的

---

① 刘海云 . 新课程实施中初中师生关系的研究［D］. 南京：南京师范大学，2008. 5.

影响。因此本研究将聚焦于教师层面的专业发展阶段、教师自我效能感和师生关系这三个因素对学生语文学业素养的影响。

一、教师专业发展阶段及其对学生的影响

20 世纪 80 年代研究者提出教师专业发展的概念，90 年代教师专业发展成为教师研究的重要内容。教师专业发展是指教师通过终身专业训练，习得教育专业知识技能，逐步提高自己的从教素质。教师在职业生涯不同的岁月中会有不同的专业技能、知识和态度，所关心的事物也有所不同，因此教师的教龄可以反映教师专业能力的成长变化。

目前对于教师专业成长阶段有许多不同的理论，主要包括弗勒（Feller）的生涯关注理论，费斯勒（Fessler）的教师生涯循环论，柏林纳（Berliner）的五阶段发展观和连榕的三阶段理论。本研究在几位学者的基础上将教师的专业发展阶段分为三个阶段，分别为新手型教师、熟手型教师和专家型教师。

1. 国外对教师专业发展阶段的研究 [①]

美国的学者弗勒根据教师关注的内容把教师职业生涯分为四个阶段，也成为教师关注的四阶段模式。

第一阶段是任教前关注，这一阶段是职前培养时期，对教学仍处于观察、评判和想象阶段，只关注自己，还未能关注到学生。第二阶段是早期生存关注，这个阶段时教师还处于实习期，教师关注自己在新环境中的生存问题，关注对课堂的经营管理，对教学内容的精通熟练，以及上级的评价和同事的肯定、接纳。第三阶段是教学情境关注，这个阶段教师较多关注教学所需的知识、能力和技巧，以尽其所能地将其所学运用于教学情境之中，而不是学生的学习。第四阶段是关注学生阶段，到了这个阶段教师开始适应教学的角色压力和负荷，开始真正地关怀学生。

可见教师在不同的发展阶段，其关注的重心也会随之变化。但弗勒的教师关注理论，将重点放在职前教育时期，而忽略了教师发展的整体，这也与其研究方向有关。

费斯勒在前人研究的基础上，提出了一套动态的教师生涯循环论，把教师的

---

① 陈琦，刘儒德主编 . 当代教育心理学第 2 版［M］. 北京：北京师范大学出版社，2007.08.

职业周期放在个人环境和组织环境中来考查，通过对教师日常教学的观查、了解与访谈，将教师职业发展分为八个阶段。

第一阶段是职前教育阶段，也就是师资培养阶段。第二阶段是入职阶段，也就是教师任教头几年，在不断寻求接纳和肯定。第三阶段是能力形成阶段，这个阶段教师想建立一套自己的教学体系，因而经常参加业务学习和进修。第四阶段是热心和成长阶段，这个阶段的教师已具备较高水平的教育能力，但更想上一个台阶，因此热心于不断成长并且有较高的工作满足感。第五阶段是职业受挫阶段，这时教师处于生涯中期，教师可能产生教学上的挫折感，或是工作满足感下降，开始怀疑自己选择教师这份工作是否正确，出现了职业倦怠。第六阶段是稳定和停滞阶段，到了这个阶段教师容易缺乏进取心，经常敷衍塞责，产生了"做一天和尚撞一天钟"的心态，只做自己分内的工作，不求有功但求无过。第七阶段是职业低落阶段，这个阶段的教师准备离开教师岗位，产生了功成身退抑或壮志未酬的心理状态。第八阶段是职业退出阶段，此时教师已经离开教职。

可以看出费斯勒的研究弥补了弗勒缺少对成熟教师探讨的缺憾。费斯勒的职业生涯循环论的重点是将教师看作发展的个体，从而阐释了教师发展的动态过程。

20世纪90年代初以来，在教师研究领域较有代表的是美国亚利桑那州立大学的心理学教授柏林纳的五阶段发展观。柏林纳认为教师的职业发展是从没有经验的新手成长为经验丰富的专家型教师的过程，他从教师教学及学习技能发展的角度，将教师发展过程分为五个阶段。

第一阶段是新手型教师，任教1到2年，是教师获取教学所需知识和技能的阶段，教学行为比较刻板，不够灵活，往往要遵从课本或者专家型教师所传授的经验。第二阶段是熟练型教师，大约任教2到3年，教师的教学经验不断丰富，并能将自己的经验与所学的知识逐渐联系起来，但是仍然不懂得哪些教学环节是重要的。第三阶段是胜任型教师，任教3到4年，能够按个人的想法来灵活地处理事件，依据计划对所选择的信息做出反应，但是教学还不够流畅和灵活。第四阶段是业务精炼型教师，任教4到5年，教师这时已经积累了大量丰富的经验，但决策时候仍带有分析性和随意性。第五阶段是专家型教师，从教5年以上，此时教师教学行为达到了迅速、流畅和灵活的程度。

柏林纳从专家——新手教师的区别出发，指出教师的发展之路。柏林纳的研究对不同的阶段教师的能力特质有较深入的描述。然而柏林纳的研究只专注到从教五年以上的专家型教师，并未论述已经从教十年以上的老教师是否与专家型教师有所不同。

从以上几个学者的理论可以看出，教师随着教龄的增加，工作经验的积累，其教学能力从最初任教时候只关心表现是否称职，对教学环境和因素的认识有限，依附权威、规章和原则，到教学方法渐渐娴熟，能够熟练地控制教学情境；并且教学也从以教师为中心转向以学生为中心，认识到学生的独特性，认识问题并解决问题。

2. 国内学者对教师专业发展阶段的研究

国内学者连榕将教师职称分为特级和高级，教龄在15年以上的教师称为专家型教师；把职称为三级及在校毕业生，教龄在0—5年之间的教师称为新手型教师；而处于二者之间的即为熟手型教师，如图6-1。

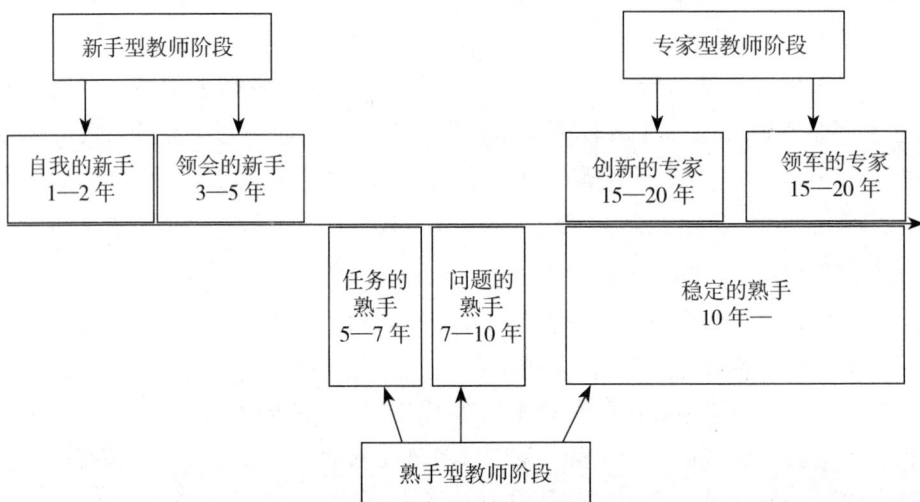

图6-1 教师专业发展阶段

连榕较全面地总结了新手、熟手和专家型教师的心理特征，详见表6-1，发现在教学策略、工作动机、人格特征上，专家型教师均优于熟手型教师，而熟手型教师又优于新手型教师；在职业承诺和职业倦怠上，专家型教师均优于熟手型教师和新手型教师，而熟手型教师和新手型教师不存在差异。

表6-1 三个阶段教师特征比较

	新手型教师	熟手型教师	专家型教师
教学策略	以课前准备为中心	课中教学操作熟练	以课前的计划、课中的灵活、课后的反思为核心
人格特征	活泼、热情、外向	随和、能关心他人、乐群、宽容	情绪稳定、善于自我调节、理智、重实际、自信和批判性强
工作动机	以绩效目标为主	开始以任务目标为主	内部动机强且稳定
职业承诺职业倦怠	承诺低而倦怠较高	承诺低而倦怠较高	职业的情感投入程度高，师生互动好，职业的义务感、责任感、成就感强
情境心理	能感受到支持，有满意感，心理契约和主观幸福感较高	支持感和满意感不高，心理契约和主观幸福感不高	支持感和满意感强，心理契约和主观幸福感高

新手——熟手——专家能够清楚地看到教师职业发展的三个不同阶段，因而本研究将借鉴连榕的研究三阶段分类，将教师发展阶段分为新手型教师（0—5年）、熟手型教师（5—15年）、专家型教师（15年以上）。然而查阅文献发现不同教龄的教师对学生学习的影响的研究很少，对教师教龄的研究仍停留在教师本身专业发展上，因此本研究将探讨教师的教龄与学生的能力的关系。

二、师生关系的研究及其对学生的影响

教育是教师与学生之间的交往活动，教师通过师生间的相互作用促进学生的发展，因此充分认识师生关系对学生学业水平的影响对教育理论与实践都有着重要的意义。

1. 师生关系的定义

要理清师生关系对学生学业水平的影响，首先要对师生关系有一个清晰的认识。

有些学者认为师生关系是教师与学生在教与学的过程中形成的某种关系。袁振国认为师生关系是指教师和学生在教育教学过程中结成的相互关系，包括彼此所处的地位、作用和相互对待的态度等[①]。李瑾瑜对师生关系的认识与袁振国相似，她认为师生关系是教师与学生在教育教学的过程中，通过相互影响和作用而形成

---

① 袁振国.当代教育学（修订版）[M].北京：北京教育科学出版社，1999.8.

和建立起来的一种特殊的人际关系①。

也有学者认为师生关系有广义与狭义之分，广义的师生关系是指社会上和个体之间的师学关系，狭义的师生关系特指只有在学校机构中存在的教师与学生通过教育活动而形成的关系②。也有学者从心理学的角度来定义师生关系，认为师生关系是学校中教师与学生之间以情感、认知和行为交往为主要表现形式的心理关系③。还有学者从社会学的角度来定义师生关系，认为师生关系是小学生的一种重要的社会交往形式，它是学校中教师与学生之间基本的人际关系④。

综上，可看出关系是影响作用的状态，而师生关系就是指教师和学生在教育教学中相互影响的状态。

2. 师生关系对学生学业水平的影响研究

对师生之间相互作用的研究是近年来教育心理学研究的一个重要课题。

弗兰斯特（N. A. Flanders）从 1970 年开始曾用系统观察的方法研究课堂教学过程中师生的交互作用，提出了相互作用分析的模式。他的研究发现间接的教学行为通常是与好的成绩、动机和对部分学生的态度配合在一起的。虽然其并没有被证实有因果关系，也就是说间接的教学必然会提高学习，但是这种方法可以让教师们反思是否过多的从事于直接影响而某种程度上忽略了间接影响。

表 6-2　相互作用分析的模式⑤

教师的谈话	间接的影响	1. 接受感情：用没有威胁的方式接受（理解）并弄清学生们的情感。 2. 称赞或鼓励：称赞或鼓励学生的动作或行为。 3. 接受或采用学生的观点：对学生提出的看法加以阐明或者发展。 4. 提问：希望学生能回答所提的有关内容和程序的问题。

① 李瑾瑜. 论师生关系及其对教学活动的影响 [J]. 西北师范大学报（社科版），1996：57—61.

② 范寅虎. 学校教育中的师生关系之我见——兼与孙喜亭教授商榷 [J]. 教育理论与实践，2001（6）：59—61.

③ 王耘，王晓华. 小学生的师生关系特点与学生因素的关系的研究 [J]. 心理发展与教育，2002（3）：18—23.

④ Wimmer H. Characteritics of development dyslexia in a regular writing system [J]. Applied psycoliguistics，1993，14：1—34.

⑤ 陈琦，刘儒德. 当代教育心理学 [M]. 北京：北京师范大学出版社，2007：3.

续表

直接的影响	5. 讲解：叙述事实或讲述与教学的内容相关的简介，只谈自己的看法，不考虑学生的意见。 6. 指示：向学生提出一些要求他们服从的指示和命令等等。 7. 批评和证实权威：把学生从不听从改变为听从，责备学生，极力证明自己的正确。
学生的谈话	8. 学生对教师进行反应和应答。 9. 学生主动开始谈话。
	10. 沉默或混乱

　　国外还有很多研究表明在学生学前、小学和初中阶段，师生关系对学生的学术、社交和情感的发展起着主导性作用[①]。豪斯 C（Howes. C）和马西森 C. C（Matheson. C. C）认为有的师生关系是亲近和有感情的，有的是冷漠的和正式的，甚至有的是冲突的[②]。豪斯 C 与他的同事做了许多亲子关系与师生关系对低年级学生学业水平的影响，结果显示师生关系对学生在学校与其他同学相比的竞争力的影响要大于亲子关系的影响。[③] 伯奇 S（Birch. S）和莱德（Ladd. G）的研究进一步证实了豪斯 C（Howes. C）以及另一位研究者皮安塔 R. C（Pianta，R. C）所做的对师生关系的研究，师生关系在某种程度上预示了学生的成功与失败。[④] 因此师生关系的测评可以让教师来反思他与学生之间的关系，反过来也会帮助学生提高学业水平。

　　总之，国外的许多研究都表明良好的师生关系有利于学生形成积极的情感态度，与同学之间形成良好积极的伙伴关系，并且发展良好的个性与人格品质，进而能够更好的适应社会；但是不良的师生关系可能会导致学生产生孤独的情感，进

　　① Birch, S., &Ladd, G.. The teacher-child relationship and children's early school adjustment. Journal of School Psychology [J], 1997: 35, 61—79

　　② Howes, C., &Matheson, C. C. Contextual con-straints on the concordance of mother-child and teacher-child relationships. In R. C. Pianta（Ed. ）, Relationships between children and non-parental adults: New directions in child development, Col. 57 [J]. 1992.（pp. 25—40）. San Francisco: Jossey-Bass.

　　③ Howes, C., Matheson, C. C, &Hamilton, C. E. Maternal, teacher, and child-care history correlates of children's relationships with peers. Child Development [J]. 1994. 65, 264—273.

　　④ Birch, S. H., &Ladd, G. W. Children's interpersonal behaviors and the teacher-child relationship. Developmental Psychology [J]. 1998. 34, 934—946.

而导致学生的消极心态，对学校的情感消极，与同学们疏远、退缩等，因而影响了其学业行为和成就^{①②③}。但是国外的诸多研究大多关注的是师生关系对学生情感、与同伴相处和行为方式等的影响，较少研究师生关系与学生学业水平的直接关系。

国内有一些研究发现师生关系对学生的学业水平有显著性的影响。比如李春苗和刘祖平的研究发现中学生对与科任老师关系的主观知觉与该门课的成绩有着显著性的相关[④]。董奇也在研究中发现中学生师生关系知觉与他们的学业成就是显著相关的[⑤]。贺斌、刘之谦认为师生关系会影响到教师教与学的积极性，并且影响学生的学业水平和他们个性社会化的发展[⑥]。另外，邹泓、刘万伦等人的研究表明师生关系影响学生对学校和学校生活的适应[⑦]。因而可以看到师生关系是学生学校生活中不可忽视的重要一环，对学生有着很大的影响，应给予更多的研究和重视。

三、教师效能感的研究及其对学生的影响

1. 教师效能感的来源及定义

教师效能感一般是指教师认为自己能在多大程度上影响学生学业任务完成的信念。教师效能感这一概念在理论上来源于自我效能的概念，自我效能感是指人们对自己是否能够成功地进行某一行为的主观判断[⑧]。

班杜拉（Bandura. A）认为"自我效能感指个人对自己在特定背景中是否

① 238Birch S H, Ladd G W. Children's interpersonal behaviors and the teacher-child relationship [J]. Developmental psychology, 1998, 34: 934—946.

② Fisher D, Kent H, Fraser B. Relationships between teacher-student interpersonal behavior and teacher personality [J]. School Psychology International, 1998, 19 (2): 154—166.

③ Adelman H S, Taylor L. School counselors and school reform: New directions [J]. Professional School Counseling, 2002, 5 (4): 235—248.

④ 李春苗, 刘祖平. 关于师生关系对中学生学习影响的研究 [J]. 教育探索, 1998 (1): 15-17.

⑤ Dong Qi, Chen Chuan-sheng. The role of relationship with teachers in adolescent development among national sample of Chinese urban adolescents [J]. 应用心理学, 2001 (2): 3—10.

⑥ 贺斌, 刘之谦. 初中学生心理与教育 [M]. 太原: 山西高校联合出版, 1993.

⑦ 邹泓. 同伴接纳、友谊与学校适应的研究 [J]. 心理发展与教育, 1997, 13 (3): 59.

⑧ 陈琦, 刘儒德. 当代教育心理学 [M]. 北京: 北京师范大学出版社, 2007: 3.

有能力去操作行为的期望。"① 也就是指个体在执行某一行为操作之前对自己能够在什么水平上完成该行为活动所具有的判断或感受②。自我效能感能够决定人们对活动的选择以及对该活动的坚持性，能够影响人们在面对困难时的态度，并且影响新行为的获得，影响人在活动时的情绪。班杜拉等人的研究指出，自我效能感的形成因素有四个：包括直接经验、替代经验、言语说服和情绪的唤起。第一，直接经验即亲身经验对于人的自我效能感影响是最大的。成功的经验会提高人的自我效能感，多次失败的经验会降低人的自我效能感，而不断的成功会让人建立起一种稳定的成就感。而非能力因素也会影响自我效能感的建立，比如活动任务本身的难度，个人努力的程度和外力援助的多少。第二，替代经验。通过观察示范者的行为而获得的间接经验对自我效能感的形成也具有重要影响。如果一个人看到与自己水平差不多的示范者取得了成功，就会增强自我效能感，反之会降低自我效能感。第三，言语说服。凭借一些说服性的建议、劝告、解释和自我引导，可以改变人的自我效能感。但是依靠这种方式形成的自我效能感不容易持久，一旦面临困难的情境时就会迅速消失。第四，情绪的唤起。班杜拉认为情绪和心理状态也会影响自我效能感的形成。在高度紧张的情况下，情绪易于唤起，而高度的情绪唤起和紧张的生理状态会妨碍行为操作，降低对成功的预期水平。

根据班杜拉的理论，艾什顿（Ashton）等人在1982年提出教师的效能感包括一般教育效能感和个人教学效能感两个成分。一般教育效能感是指教师是否相信教育能够克服社会、家庭对学生产生的不利影响，有效地促进学生的正向发展。个人教学效能感是指教师认为自己能够有效地指导学生，相信自己具有教好学生的能力。有研究表明教师的教学效能感对学生的学习成绩有很大的预测能力。

对于教师效能感的定义，也有其他的研究者有不同的界定。李海华在其硕士论文中将教师教学效能感的定义归纳为：包含情感意志成分的信念论、偏重能力知觉的认知论和将两种观点结合在一起的信念认知论③。信念论的主要观点如艾什顿（Ashton）认为教师效能感是教师自己可以对学生的学习能够产生积极影响的信念。哈弗（Hover）、巴斯勒（Bassle）和布里斯（Brissie）认为教师教学效能感是教师

---

① Bandura, Albert. (1982). Self-efficacy mechanism in human agency. American psychologist[J]. 37（2），122—147.

② 肖志玲. 大学生学业自我效能感与成就动机关系研究［D］. 华中师范大学：2002：6.

③ 李海华. 教师的教学效能感、学生的学习动机与学业成绩的关系［D］. 山东师范大学：2013：5.

的一种信念，也就是自己所拥有的教学能力和专业的知识能够帮助学生的自信程度。伍尔福克（Woolfolk）和霍伊（Hoy）也有类似的观点，将教学效能感界定为教师对学校的教育力量、学习的功用以及教师对学生的影响程度等的信念[1][2]。认知论的观点如纽曼（Newman）、鲁特（Rutter）和史密斯（Smith）认为，教师教学效能感是指教师对于自己的教学是否能够引起学生成功学习和个人满足的一种知觉。信念认知论的观点就是认为教学效能感是教师相信自己有能力对学生产生积极影响的一种知觉和信念。

洪秀敏和庞丽娟在研究中将教师自我效能感定义为教师对教育价值、对自己做好教育工作与积极影响儿童发展能力的自我信念、判断与感受[3]。并将教师自我效能感归纳为四个方面：第一个方面是教师自我认知与情感体验的综合体。教师自我效能感是教师对自己所从事教育工作价值以及自己是否具备教育好儿童的能力的判断。第二个方面是教师对自身教育工作与能力的信念。自我效能感较强的教师深信他们能帮助儿童排除各种学习困难，使儿童有效地学习。第三个方面反映了教师在教育活动中的主体性、积极性和创造性。具有较高自我效能感的教师，会激发自己的内在动机，愿意尝试新的教育策略，在教育过程中努力排除遇到的各种问题和困难，帮助儿童更加有效地学习，因而充分地反映和体现了教师的主体性、积极性和创造性。第四个方面包括教师在教育领域多方面的自我效能感，如对自己与儿童应该如何更好地互动，如何处理同伴间冲突，如何与家长沟通等多个方面能力的判断和信念。

可见，不管是认知、信念、判断还是信心、感受与情感，教学效能感就是教师对自己教学效果的一种心理的预期，是多种心理成分的整合。教师效能感对有意识教师而言是一个极为关键的因素，有意识教师通过各种方式来获得效能感。

2. 教师效能感对学生学业水平的影响

美耿·钱茨·莫兰（Megan Tschannen Moran）等人在分析教师效能感时提出了教师效能感的形成及作用模式。如图 6-2。

---

① Hoy, Wayne K, & Woolfolk, Anita E. Socialization of student teachers. American Educational Research Journal [J]. 1990; 27 (2), 279—300.

② Woolfolk, Anita E, & Hoy, Wayne K. Prospective teachers' sense of efficacy and beliefs about control. Journal of educational Psychology [J]. 1990; 82 (1), 81—91.

③ 洪秀敏，庞丽娟.教师自我效能感对儿童发展的作用及其机制 [J].教师发展与教师教育，2006: 6.

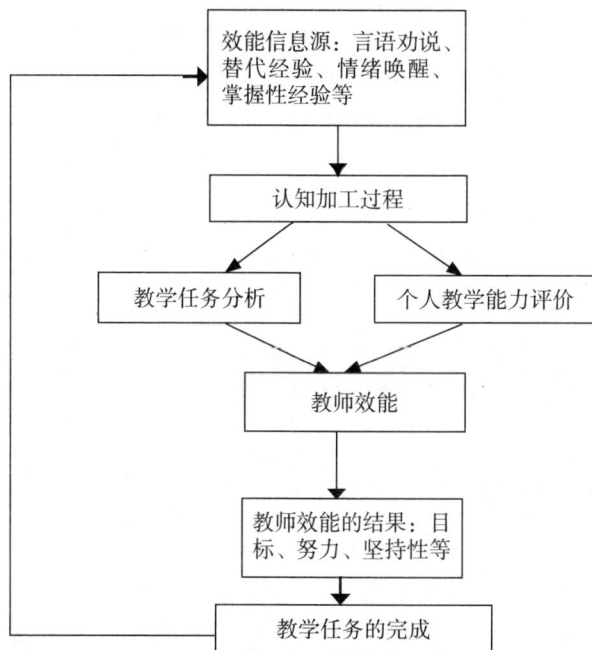

图 6-2　教师教学效能感的形成及作用模式

美耿·钱茨·莫兰（Megan Tschannen Moran）和安蒂亚·伍尔福克（Antia Woolfolk，）1998

Tschannen-Moran 模式认为教师通过观察和发现来接受外部的信息，进而进行认知加工，并试图努力工作完成教学任务，通过好的结果反馈来获得一种成就感、效能感，这种效能感进一步促进了教师更加努力工作，并获得更高的效能感，因此形成了一个教师教学效能感的循环发展模式。

辛涛等还提出了教师教学效能感的一般作用机制模式[①]，如图 6-3。

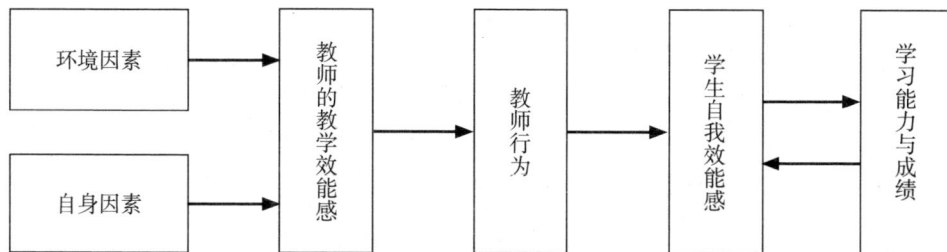

图 6-3　教师教学效能感的一般作用机制模式

---

① 辛涛.论教师的教学效能感［J］.应用心理学，1996：2（2）：42—48.

这种模式认为对教师教学效能感有两大影响因素，即环境和自身。它们对教师的行为产生影响，进而这种影响进一步作用于学生，并刺激到学生的学习，产生相应的教学效果，因此影响到学生的自我效能感，学生的自我效能感与成绩又互为影响。

国外从 20 世纪 70 年代开始了对教师效能感的研究，爱莫（Armor）和博曼（Berman）的研究表明教师教学效能感与学生学业水平存在相关关系[①]。因为教师的教学效能感会影响教师的教学态度和策略，因此很自然会影响到学生的学习积极性、学习态度等各种情感态度，进而间接影响学生的学业水平。

国内对教师效能感的研究中对理论内涵的研究与阐述占较大的比例，但缺少实证研究。并且研究侧重影响教师教学效能感的因素，探讨教师的心理结构，但较少关注教师效能感与学生学业水平的关系。李海华在其硕士论文中研究了学生的学习动机在教师教学效能感与学生学业水平之间的中介作用[②]。他通过测量发现，教师的教学效能感与学生的学业水平显著相关。但是不同的科目却有着不同的表现，英语教师个人教学效能感与英语成绩呈显著正相关，数学教师的一般教育效能感与学生数学成绩呈显著正相关。但是在语文科目中，却呈现出了与以往研究不一致的结论，语文教师的个人教学效能感与学生语文学业水平呈显著负相关，语文教师的一般教育效能感与学生的语文学业水平没有显著的相关。至于其原因，作者没有进行相关分析，可能需要进一步的研究去发现和证实。因此，有必要对教师的自我效能感与学生语文学业素养之间的关系进行更加深入的探究。

第三节　教师是学生认知和情感的重要影响者

一、研究设计和思路

本章主要是为了探究有哪些教师变量对流动儿童的语文学业水平产生影响，哪些教师变量会对学生的学习动机、策略和其他的心理感受有影响。在本章中，

---

① Brennan, Michael D, Robison, Cheri K, & Shaughnessy, Michael F. Gender comparison of teachers' sense of efficacy. Psychological reports [J]. 1996: 78（1）, 122—122.

② 李海华. 教师的教学效能感、学生的学习动机与学业成绩的关系 [D]. 山东师范大学, 2013: 5.

主要会使用到如下几个变量：

表 6-3　流动儿童语文学习情况调查指标和工具

调查指标	调查工具	二级调查指标	本章使用
语文素养	语文学业水平试卷	语文基础知识、阅读、写作	√
	学习动机、方法问卷	学习动机、学习策略	√
相关因素	学校层面问卷	学校性质、流动儿童所占比例、家庭经济背景	
	教师层面问卷	教龄、教师效能感、师生关系感知	√
	学生层面问卷	家庭方面：父母教育水平、父母职业声望、父母职业收入、父母期望、补习班、兴趣班	
		个体方面：性别、年级、流动普通、学校支持程度、自尊	√

　　为了比较不同类型的教师在学生的学业素养方面是否具有差异，本章主要采取单因素方差分析等均值检验方法，针对不同类型学校的学生学业素养进行对比。为了进一步深究其作用的机制，本章也会采用相关分析、回归分析、单因素方差分析来探讨教师和学生因素之间的关系。

二、流动儿童学校的教师现状

1. 流动学校的教师的专业发展情况

　　对教师的专业发展阶段做描述分析，按教龄的长短将教师专业发展阶段分为三个类别，分别是：新手型教师（1—5 年），熟练型教师（5—15 年），专家型教师（15 年以上），结果如下：

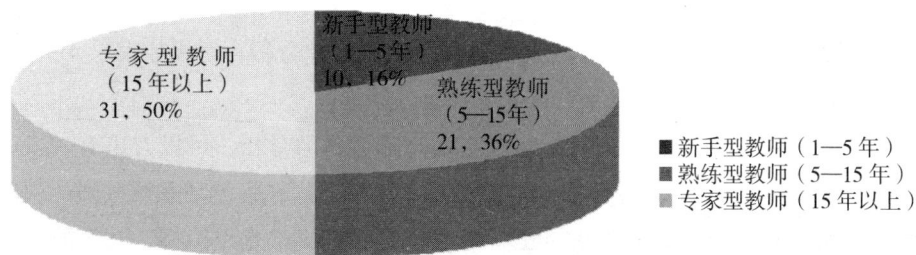

专家型教师（15 年以上）31，50%

新手型教师（1—5 年）10，16%

熟练型教师（5—15 年）21，36%

■ 新手型教师（1—5 年）
■ 熟练型教师（5—15 年）
■ 专家型教师（15 年以上）

图 6-4　教师专业发展阶段比例分布

通过对教师教龄的分析，可以看出在北京、广州、温州的流动儿童学校中，排除部分信息缺失的教师，专家型教师占50%，所占比例最大，其次是熟手型教师占34%，新手型教师占比例最小，为16%。可见流动儿童学校的教师队伍情况是比较好的。

为了进一步比较不同年级的教师教龄的情况，对不同年级进行了比较，结果如下：

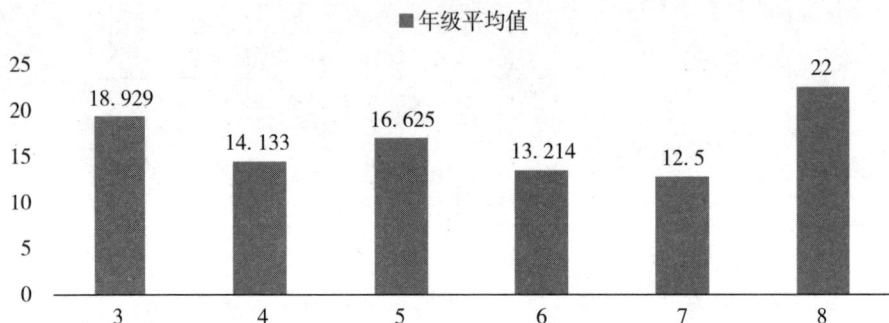

图6-5　各年级教师的专业发展阶段

从图6-5可知，各年级教师的专业发展阶段基本都在平均水平上下浮动，且与平均值较为接近。

表6-4　各年级教师专业发展阶段单因素方差分析

	平方和	df	均方	F	显著性
组间	343.070	5	68.614	0.715	0.615
组内	5371.269	56	95.916		
总数	5714.339	61			

进一步对各年级教师的专业发展阶段做单因素方差分析，结果如表6-4所示，可以认为各年级教师的专业发展阶段并无显著性差异。

通过对北京、广州、温州三个地区流动儿童教师的分析，可以看出有一半的教师教龄在15年以上，大部分教师的教龄在5年以上，并且流动儿童教师的教龄在各个年级分布也是比较均匀的。也就是说教师有一半都是专家型，其余的基本都是熟练型教师。因而从教龄角度来看，流动儿童教师群体基本都是有多年教学经验的教师。

2. 教师所感知的师生关系现状

首先，分别对教师对师生关系的认知各维度做描述性分析，结果见表6-5。

表6-5　师生关系各维度描述分析

师生关系	总数	平均值	标准差
亲密度	76	4.487	0.664
冲突性	76	2.204	0.411
总　计	76	4.641	0.418

由表6-5可知，亲密性维度平均得分4.487分，可见教师与学生间的喜爱、温暖与开放交流的程度都是较高的。这也就意味着本研究所选取的流动儿童教师基本是支持型的，并且学生们能够较有效地利用教师这个资源。冲突性维度平均得分2.204，得分较低，因此可以看出教师并没有与学生在内心进行斗争，教师可以很好地与学生相处。师生关系总分维度平均得分4.641，得分较高，也就意味着教师认为自己与学生的关系总体上是积极的和有效的，总体来说这些教师都认为自己与学生之间是一个积极的师生关系。

我们比较不同专业发展阶段教师的师生关系差异，结果如下图所示：

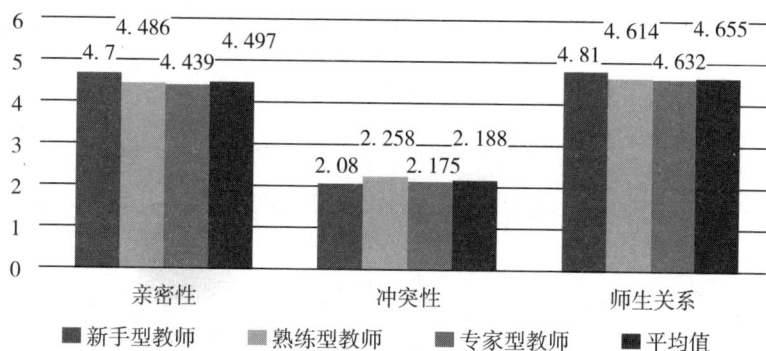

图6-6　不同专业发展阶段教师师生关系比较

从图6-6可以看出不同专业发展阶段的教师的亲密性、冲突性和师生关系总分都比较接近，因而对其进行单因素方差分析，来进一步检验不同专业发展阶段的教师师生关系是否有显著性差异，结果如下表：

表6-6   不同专业发展阶段教师师生关系单因素方差分析

		平方和	df	均方	F	显著性
亲密性	组间	0.518	2	0.259	0.521	0.597
	组内	29.329	59	0.497		
	总数	29.847	61			
冲突性	组间	0.225	2	0.112	0.543	0.584
	组内	12.192	59	0.207		
	总数	12.416	61			
师生关系总分	组间	0.291	2	0.146	0.686	0.508
	组内	12.520	59	0.212		
	总数	12.811	61			

从表6-6可以看出，可认为不同专业发展阶段教师的师生关系的亲密性、冲突性和师生关系总分均无显著性差异。

为进一步比较不同年级的教师师生关系的情况，对不同年级教师的师生关系各维度进行对比，结果如下：

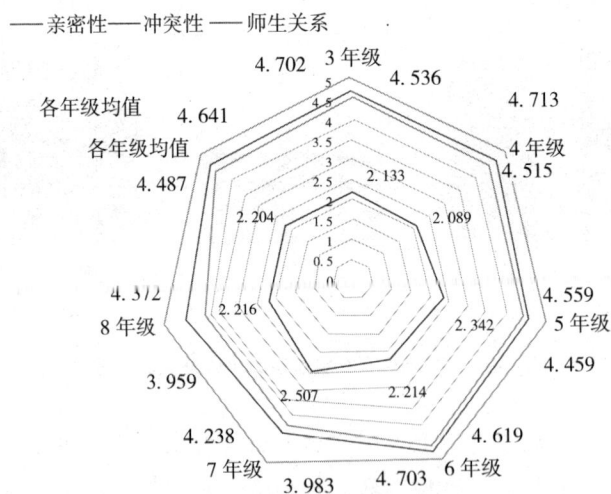

图6-7   各年级教师师生关系各维度比较

由图 6-7 可知，师生关系的亲密性、冲突性和师生关系总分在各年级的平均值都较为接近，基本都在与各年级总均值的同一水平波动。为进一步比较不同年级教师的师生关系是否有显著性差异，对其做方差分析，结果如下：

表 6-7　各年级教师师生关系方差分析

		平方和	df	均方	F	显著性
亲密性	组间	1.948	5	0.390	0.960	0.448
	组内	28.396	70	0.406		
	总数	30.344	75			
冲突性	组间	0.934	5	0.187	1.114	0.361
	组内	11.738	70	0.168		
	总数	12.672	75			
师生关系	组间	1.044	5	0.209	1.211	0.313
	组内	12.065	70	0.172		
	总数	13.108	75			

对各年级师生关系做单因素方差分析后，由表 6-7 可知，各年级教师的师生关系在亲密性、冲突性和师生关系上均无显著差异。

综上，流动儿童的教师所认知的师生关系总体得分都比较高。可见教师与流动儿童之间的喜爱、温暖以及开放交流的程度都是比较高的，并且教师对于学生来说是属于支持型的教师，学生可以较好地利用教师这个资源，并且很少会与教师发生冲突。总的来说，本研究中所调查的教师与学生的关系是积极的。而不同年级、不同专业发展阶段的教师在师生关系上都是基本相同的，也就是说师生关系并不随着年级的不同、教师专业发展阶段的差别而发生改变。

3. 教师自我效能感的现状

对教师自我效能感进行描述性分析，结果如下表 6-8：

表 6-8   教师自我效能感描述分析表

	样本数	均值	标准差
教师个人效能感	76	3.8	0.613

由表 6-8 可知，教师自我效能感平均值为 3.8，处于中等水平。

为比较不同教龄类型的教师自我效能感是否有差别，对不同类型教师的自我效能感进行对比，结果如下：

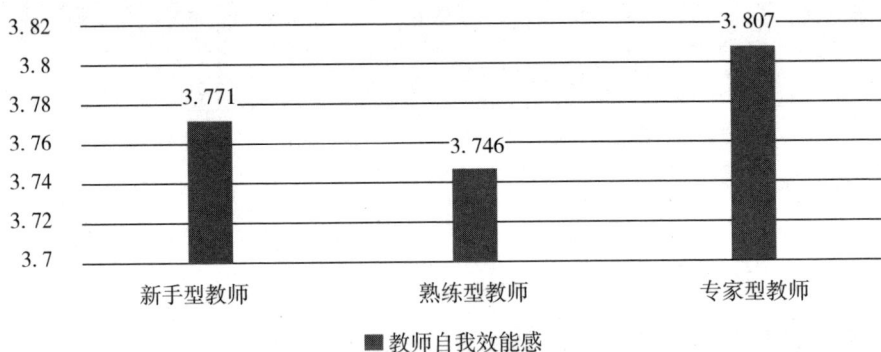

图 6-8   不同专业发展阶段教师自我效能感比较

由图 6-8 可以看出，不同专业发展阶段的教师的自我效能感均在 3.7 到 3.8 之间，差别很小，为进一步比较其差别是否有显著性差异，对其进行单因素方差分析，结果如下：

表 6-9   不同专业发展阶段教师自我效能感单因素方差分析表

	平方和	df	均方	F	显著性
组间	0.047	2	0.023	0.049	0.952
组内	27.846	59	0.472		
总数	27.892	61			

根据表 6-9 可以看出，可认为不同专业发展阶段教师的自我效能感没有显著性差异。

为比较不同年级教师自我效能感是否有差别，将各年级教师的自我效能感进行对比，结果如下：

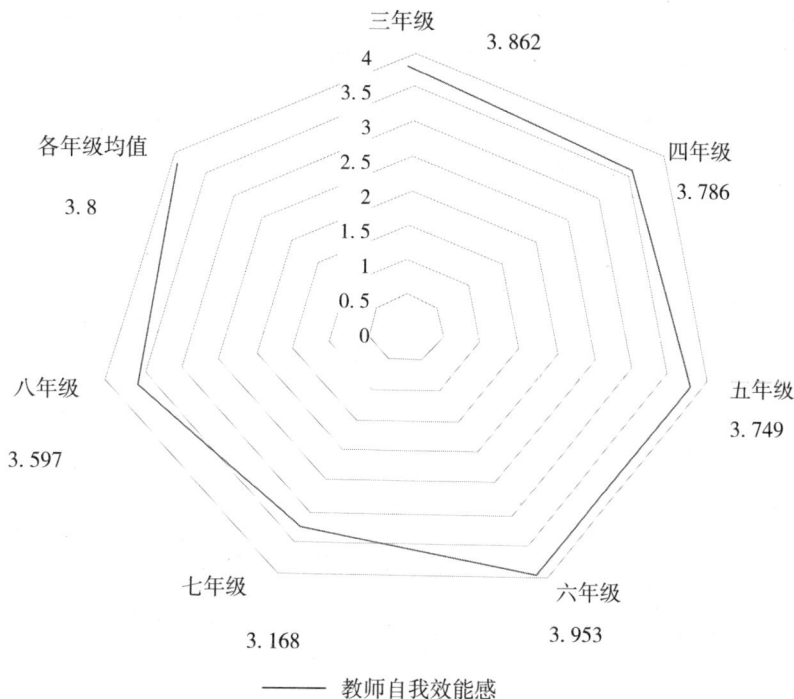

图 6-9 各年级教师自我效能感比较

由图 6-9 可知，各年级教师自我效能感均在总体平均值水平上下波动，六年级最高，七年级最低，为比较不同年级的教师自我效能感是否具有显著性差异，对其进行方差分析，结果如下：

表 6-10 各年级教师自我效能感方差分析

	平方和	df	均方	F	显著性
组间	1.816	5	0.363	0.962	0.447
组内	26.437	70	0.378		
总数	28.254	75			

由表 6-10 可以看出，各年级教师的自我效能感没有显著性差异。

总体来说，在教师自我效能感方面，本研究中所调查的教师的自我效能感处于中等偏上水平。也就是说这些流动儿童教师普遍上都认为自己能在较大程度上影响学生学业任务完成，并且基本相信自己可以对学生的学习产生积极影响，教师们比较相信自己所拥有的教学能力和专业的知识能够帮助学生。而不同专业发展阶段、各年级的教师在自我效能感方面并没有显著差异，也就意味着教师的自我效能感并没有随着教龄的增加、年级的不同而有所变化，教师专业发展阶段和年级都不会影响教师的自我效能感。

4. 小学与初中阶段教师情况的比较

为比较小学与初中教师情况是否有差别，对小学与初中教师的师生关系、自我效能感与教龄进行比较，结果如图6-10所示：

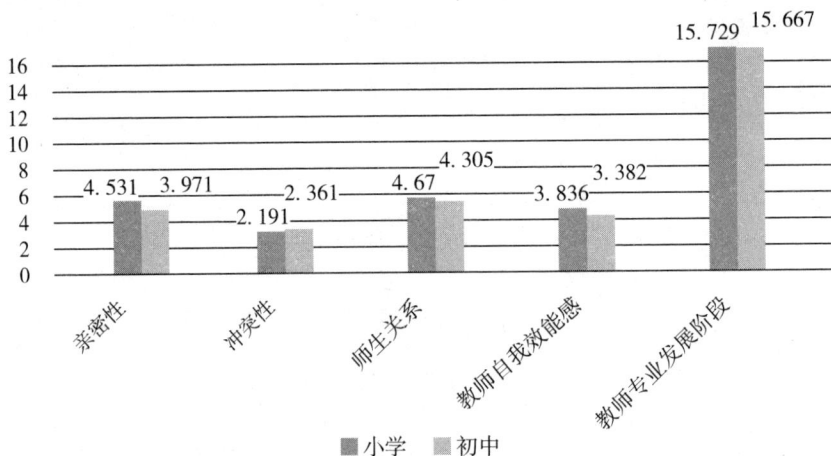

图6-10　小学与初中教师情况比较

由图6-10可以看出，小学阶段师生关系的亲密性、师生关系总分、教师效能感和发展阶段均高于初中阶段，即小学阶段教师情况均好于初中阶段。为进一步比较小学和初中阶段教师的亲密性、冲突性、师生关系总分、教师自我效能感和专业发展阶段是否有显著差异，分别对其进行 T 检验，结果如下表所示：

表6-10　小学与初中教师情况比较

教师情况	学段	N	均值	标准差	显著性
亲密性	小学	70	4.531	0.632	0.038*
	初中	6	3.971	0.45	
冲突性	小学	70	2.191	0.415	0.332
	初中	6	2.361	0.355	

续表

教师情况	学段	N	均值	标准差	显著性
师生关系	小学	70	4.67	0.416	0.039*
	初中	6	4.305	0.289	
教师自我效能感	小学	70	3.836	0.597	0.082
	初中	6	3.382	0.715	
教师专业发展阶段	小学	59	15.729	9.821	0.991
	初中	3	15.667	7.767	

由表 6-10 所示，小学阶段师生关系亲密性平均 4.531 分，初中阶段师生关系亲密性平均 3.971 分，小学阶段师生关系总分为 4.67，初中阶段师生关系总分为 4.305，并且教师的师生关系亲密性平均分与师生关系总分在小学与初中存在着显著性差异，也就意味着小学阶段亲密性和师生关系总分都显著高于初中阶段。但教师的师生关系冲突性、教师自我效能感和教师的专业发展阶段在小学与初中并无显著性差异。

因此根据本研究的结果可以发现，小学阶段的教师所认知的师生关系要明显好于初中阶段。个体在年幼时，出于对教师的权威的遵从，会对教师产生尊敬和崇拜感，到了初中阶段，学生进入青春期，"个体由于生理发育的成熟、成人感的产生而带来青春期学生谋求独立的需要"[1]，因而就会对教师有叛逆的心理。加之学生个人思想、能力的逐渐成熟，对教师不再感到崇拜，甚至也可能会发现教师也有着很多缺点，因此师生关系比起小学阶段就有所下降了。

5. 教师的专业发展阶段、师生关系与自我效能感的关系

为探究教师专业发展阶段、师生关系与教师自我效能感之间是否有相关关系，对教师的教龄、师生关系各维度与教师自我效能感做相关分析，结果如下表：

表 6-11 师生关系与教师自我效能感相关分析表

	教龄	亲密性	冲突性	师生关系	教师自我效能感
教龄	1				
亲密性	-0.022	1			

---

① 张璟，王可. 从青春期学生心理发展特点看表扬教育的无效性［J］. 教育科学研究, 2007:8.

续表

	教龄	亲密性	冲突性	师生关系	教师自我效能感
冲突性	0.042	−0.24*	1		
师生关系	−0.037	0.879**	−0.674**	1	
教师自我效能感	0.048	0.448**	0.089	0.298**	1

注：**. 在 0.01 水平（双侧）上显著相关。
　　*. 在 0.05 水平（双侧）上显著相关。

从表6-11可以看出，师生关系的亲密性与冲突性的相关系数 r=−0.24，p=0.000<0.01，可认为师生关系的亲密性与冲突性有着显著负相关。但是教龄与师生关系的亲密性、冲突性、师生关系总分以及教师自我效能感之间均无显著相关关系。

而师生关系的亲密性和教师自我效能感的相关系数 r=0.448，p=0.000<0.01，可认为师生关系的亲密性与教师的自我效能感有非常显著的相关关系。师生关系的总分和教师自我效能感的相关系数 r=0.298，p=0.000<0.01，可认为师生关系的总分也与教师的自我效能感有非常显著的相关关系。

总的来说，师生关系与教师的自我效能感存在着高度的相关关系。也就是说教师越是能与学生建立良好的关系，就越能够产生较高的自我效能感。因此教师试图提升自己在教师这个工作岗位上的自我效能感的时候，不仅仅是要追求提高学生们的成绩、排名，还要关注到一个重要的方面，也就是教师与学生之间的关系。如果教师能与学生建立起温暖、友善并且开放的师生关系，那教师也会拥有一个较高的自我效能感。而教师在拥有一个较高的自我效能感之后，也会进一步作用于学生，并刺激到学生的学习，产生相应的教学效果，因此影响到学生的自我效能感，学生的自我效能感与成绩又互为影响。因此也就会提高了学生的学业水平，也使学生有一个积极的学习态度、温暖的学习环境。

三、教师特征与学生个性特征的关系

这里所指的教师特征变量包括教师的教师专业发展阶段、教师所认知的师生关系的亲密性、冲突性和总分以及教师的自我效能感；学生特征变量包括学生的心理特征变量（自尊水平），学生的学习认知特征（学习动机和学习策略）以及学生与外界关系的特征变量（学校环境、师生关系和同伴关系）。

1. 教师特征与学生对学校环境认知的关系

为探讨教师层面的因素（包括教师专业发展阶段、师生关系和教师自我效能感等）与学生对学校环境的认知的关系，以教师层面的各个因素与学生对学校环境的认知的各个维度为变量，对其进行相关分析，结果如表 6-12：

表 6-12　教师因素与学生学校环境量表的相关分析

	学校结构性的支持	学生的选择权	教师的教学	教师的情感支持	同伴的情感支持
亲密性	−0.025	−0.004	−0.006	0.049*	−0.001
冲突性	0.027	−0.011	0.003	−0.019	0.035
师生关系	−0.032	0.003	−0.005	0.047*	−0.019
教师自我效能感	−0.085**	−0.008	−0.021	0.053**	0.005

注：*. 在 0.05 水平（双侧）上显著相关。

　　**. 在 0.01 水平上（双侧）显著相关。

第一，学校结构性的支持指为学生提供他们所能够理解的并且可以成功实现的学校教育，也就是说，当老师对学生的情况很了解时，就可以根据学生的水平调整教学策略来适应学生的发展水平。但由数据结果可以看出来，学生所认知到的学校结构性的支持与教师的自我效能感之间的相关系数 $r=-0.085$，$p=0.000<0.01$，可认为二者之间有非常显著的负相关。也就意味着教师能给学生提供的这种符合学生水平的支持越多，教师自身的自我效能感却越低。

第二，学生选择权指教师为学生提供和他们密切相关的学业任务和学校管理等方面的参与决定的机会。而教师层面的因素与学生的选择权之间的相关系数的显著性，皆是 $p>0.05$，可认为教师层面的因素与学生的选择权之间不存在相关关系。

第三，教师的教学是指当学生相信学校课程的内容和教学的设计可以为他们提供自我探索的机会，学校安排的活动是有意义的并与他们的个人兴趣和目标相关的时候，他们就会产生一种自主感。由上表可以看出，学生所认知的教师的教学与教师层面的因素之间的相关系数的显著性，皆是 $p>0.05$，可认为教师层面的因素与学生所认知的教师的教学之间不存在相关关系。也就是说，教师层面的诸多因素都与学生对教师教学的认知无关。

第四，教师的情感支持指在一个有情感支持的学校环境中，学生更愿意参与讨论、对待学习的态度也更为积极，学生遇到问题更愿意去找老师帮忙解决。而学生从教师那里获得的情感支持与教师所认知的师生关系的亲密性之间的相关系数 $r=0.049$，$p=0.015<0.05$，可认为二者之间存在着相关关系。而学生从教师那里获得的情感支持与教师所认知的师生关系之间的相关系数 $r=0.047$，$p=0.02<0.05$，可认为其存在着相关关系。另外，学生从教师那里获得的情感支持与教师的自我效能感之间的相关系数 $r=0.053$，$P=0.008<0.01$，可认为它们之间存在着高度相关关系。除此之外，学生从教师那里获得的情感支持与教师的教师专业发展阶段之间的相关系数 $r=0.077$，$p=0.001<0.01$，可认为二者之间存在着高度相关关系。总之，学生从教师那里获得的情感支持与师生关系的亲密性、师生关系总分和教师自我效能感之间都存在相关关系。

第五，从同伴那里获得的情感支持指学生感知到的同伴的接纳水平和程度，以及和同伴间积极的关系。学生从同伴那里获得的情感支持与教师的教师专业发展阶段之间的相关系数 $r=0.06$，$p=0.007<0.01$，可认为学生从同伴那里获得的情感支持与教师的教师专业发展阶段之间存在着高度相关关系。

综上，首先，教师的自我效能感与学生所认知到的学校的结构性支持存在着显著的负相关关系，也就是教师能够认知到学生的水平，并根据学生的期望水平来调整自己的教学的能力越高，教师的自我效能感越低。其次，学生所认知到的教师的情感支持与教师的教师专业发展阶段、师生关系以及自我效能感都存在着相关关系。也就是说教师的教师专业发展阶段越高，教师与学生的师生关系越好，教师的自我效能感越高，学生越能够生活在一个有情感支持的学校环境中，也就更愿意参与讨论、对待学习的态度也更为积极，学生遇到问题越愿意去找老师帮忙解决。另外，学生从同伴处获得的情感支持与教师的教师专业发展阶段之间存在着高度相关关系。也就是说教师的教师专业发展阶段越高，学生越能够获得同伴的情感支持，即学生感知到的同伴的接纳水平以及和同伴间积极的关系越高。

2. 教师特征与学生学习认知特征的关系

为探讨教师层面的因素（包括教师专业发展阶段、师生关系和教师自我效能感等）与学生学习认知特征的关系，以教师层面的各个因素与学生学习过程的各个维度为变量，对其进行相关分析，结果如表6-13：

表 6-13　教师特征与学生学习认知特征的相关分析

	表层学习动机	深层学习动机	成就学习动机	表层学习策略	深层学习策略	成就学习策略
亲密性	0.019	−0.022	−0.013	0.054**	0.005	0.026
冲突性	−0.004	−0.018	0.005	−0.005	0.010	−0.009
师生关系	0.017	−0.007	−0.012	0.044*	−0.001	0.024
教师自我效能感	0.033	0.049*	−0.008	0.032	0.047*	0.000

注：*. 在 0.05 水平（双侧）上显著相关。

　　**. 在 0.01 水平上（双侧）显著相关。

第一，学生的表层学习动机是指满足最低程度的要求，即对不必要的工作和失败之间的平衡。学生表层学习动机与教师的教师专业发展阶段之间的相关系数 $r=0.064$，$p=0.005<0.01$，二者之间存在着高度相关关系。因而教师专业发展阶段越高，学生就越倾向拥有这种表层学习动机。

第二，学生的深层学习动机是指能够对正在学习的知识产生内在的兴趣，在专门的学业领域内发展自身的能力。本研究结果显示学生的深层学习动机与教师的自我效能感之间的相关系数 $r=0.49$，$p=0.016<0.05$，可认为二者之间存在着相关关系。

第三，学生的成就学习动机指通过竞争的方式来实现自我，获得自尊感；无论学习材料是否有趣，都想要获得最高的分数。学生的成就学习动机与教师各因素之间的相关系数的显著性，皆是 $p>0.05$，可认为教师层面的各因素与学生的成就学习动机之间不存在相关关系。

第四，学生的表层学习策略指通过机械式学习的方法达到重现的目的。学生表层学习策略与教师所认知的师生关系的亲密性、师生关系总分之间的相关系数分别是 $r_1=0.054$，$p=0.008<0.01$，$r_2=0.044$，$p=0.033<0.05$，可认为学生的表层学习策略与教师所认知的师生关系亲密性及师生关系之间存在着相关关系。另外，学生表层学习策略与教师的教师专业发展阶段之间的相关系数 $r=0.069$，$p=0.002<0.01$，可认为它们之间存在着高度相关关系。

第五，学生的深层学习策略指通过广泛的阅读发现意义，能够联系之前掌握的相关知识。学生深层学习策略与教师的自我效能感之间的相关系数 $r=0.047$，$p=0.022<0.05$，可认为它们之间有着高度相关关系。而学生深层学习策略与教师的教师专业发展阶段之间的相关系数 $r=0.073$，$p=0.001<0.01$，可认为二者之间有

着高度相关关系。

第六，成就学习策略是指组织和安排自己的时间和工作空间；坚持完成所有推荐的读物材料，表现得像一个"模范学生"。学生成就学习策略与教师的教师专业发展阶段之间的相关系数 r=0.053，p=0.018<0.05，可它们之间有着高度相关关系。

综上，首先，师生关系与学生的表层学习策略存在着相关关系。也就是师生关系越好，学生越是倾向于通过机械式学习的方法达到重现的目的。其次，教师的自我效能感与学生的深层学习动机和深层学习策略有关。也就是说学生越是能够对正在学习的知识产生内在的兴趣，并通过广泛的阅读发现意义，联系之前掌握的相关知识，教师的自我效能感越高。最后，教师的专业发展阶段与学生的学生表层学习动机、深层学习动机、表层学习策略、深层学习策略和成就学习策略之间都存在着相关关系。也就是说教师的专业发展阶段越高，学生越容易产生多种学习动机和策略。

3. 教师特征与学生心理特征的关系

为探讨教师层面的因素（包括教师专业发展阶段、师生关系和教师自我效能感等）与学生心理特征——自尊的关系，以教师层面的各个因素与学生自尊水平为变量，对其进行相关分析，结果如表：

表 6-14　教师因素与学生自尊的相关分析

	亲密性	冲突性	师生关系	教师自我效能感	教师专业发展阶段
自尊	−0.030	0.014	−0.030	0.011−0.038	

注：*.在 0.05 水平（双侧）上显著相关。
　　**.在 0.01 水平上（双侧）显著相关。

由表 6-14 可以看出，学生自尊水平与教师所认知的师生关系、教师自我效能感和教师专业发展阶段之间的相关系数的 p 均大于 0.05，可认为学生的自尊水平与教师所认知的师生关系、教师自我效能感以及教师的教师专业发展阶段之间不存在相关关系。

四、教师对学生语文学业素养的影响

为比较教师的各因素对学生语文学业素养的影响，将教师的教龄按照教师专业发展阶段分为三类：新手型教师（1—5 年），熟练型教师（5—15 年），专家型教师（15 年以上）；将教师所认知的师生关系分为三类：亲密型（前 25%）、一般亲密性（中间 50%）、冲突型（得分为后 25%）；将教师的自我效能感也分为三类：高自我效能感（得分为前 25%）、中等自我效能感（中间 50%）、高自我效能感（得分为后 25%）。

下面分别以教师的各变量（教师专业发展阶段、师生关系类型、教师自我效能感类型）为固定因子，对学生语文学业素养进行了多因素方差分析，结果如下：

表 6-15　教师因素与学生语文学业素养的多因素方差分析

源	III 型平方和	df	均方	F	Sig.
校正模型	80.463	22	3.657	14.179	0.000
截距	0.572	1	0.572	2.217	0.137
教师专业发展阶段	0.317	2	0.159	0.615	0.541
教师自我效能感	3.218	2	1.609	6.238	0.002
师生关系	9.621	2	4.811	18.649	0.000
误差	536.282	2079	0.258		
总计	617.836	2102			
校正的总计	616.745	2101			

由上表 6-15 可以看出，教师自我效能感和师生关系的 p 值均小于 0.05 可认为教师的自我效能感和师生关系对学生的语文学业素养都有影响。而教师的专业发展阶段对学生语文学业素养影响显著性 $p=0.541$，大于 0.05，因而可以认为对学生语文学业素养没有影响。

1. 师生关系对学生语文学业素养的影响

由上表 6-15 可以看出师生关系对学生语文学业素养的影响 p 值为 0.000，小于 0.05，因此可以认为不同师生关系的教师的学生学业素养具有显著性差异。为进一步探究师生关系对学生语文学业素养的影响，对其进行事后检验结果如下：

表 6-16　不同师生关系水平间差异性检验（LSD）

（I）师生关系	（J）师生关系	均值差值（I-J）	标准误差	Sig.	95% 置信区间	
					下限	上限
高水平	中间水平	0.12	0.025	0.000	0.071	0.169
	低水平	0.109	0.031	0.000	0.048	0.17
中间水平	高水平	−0.12	0.025	0.000	−0.169	−0.071
	低水平	−0.011	0.029	0.716	−0.069	0.047
低水平	高水平	−0.109	0.031	0.000	−0.17	−0.048
	中间水平	0.011	0.029	0.716	−0.047	0.069

由表 6-16 可知，高水平与中等水平，高水平与低水平师生关系的教师学生语文学业素养之间都有显著性差异，而中等水平和低水平之间没有显著性差异。

对三个水平的师生关系绘制轮廓图如下：

学生语文学业素养的估算边际均值

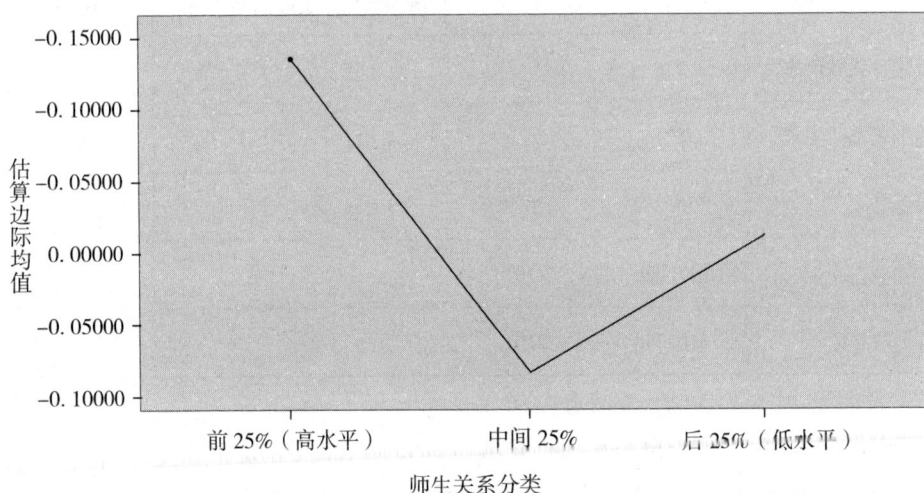

图 6-11　师生关系对学生语文学业素养的影响

由图 6-11 可以看出，高水平的师生关系的学生语文学业素养要好于低水平，好于中间水平。但是因为高水平与中等水平，高水平与低水平师生关系的教师学生语文学业素养之间都有显著性差异，而低水平和中间水平之间没有显著性差异，所以可以说明高水平的师生关系的学生语文学业素养要好于中等水平和低水平的学生。

2. 教师自我效能感对学生语文学业素养的影响

由上表 6-16 可以看出师生关系对学生语文学业素养的影响 p 值为 0.000，小于 0.05，因此可以认为不同自我效能感的教师的学生学业素养具有显著性差异。为进一步探究教师自我效能感对学生语文学业素养的影响，对其进行事后检验，结果如下：

表 6-17　不同教师自我效能感水平间差异性检验（LSD）

教师自我效能感	教师自我效能感	均值差值	标准误差	Sig.	95% 置信区间	
					下限	上限
高水平	中等水平	−0.126	0.028	0.000	−0.181	−0.071
	低水平	−0.164	0.027	0.000	−0.217	−0.112
中等水平	高水平	0.126	0.028	0.000	0.071	0.181
	低水平	−0.038	0.027	0.156	−0.092	0.015
低水平	高水平	0.164	0.027	0.000	0.112	0.217
	中等水平	0.038	0.027	0.156	−0.015	0.092

由表 6-17 可知，高水平与中等水平，高水平与低水平自我效能感的教师学生语文学业素养之间都有显著性差异，而低水平和中间水平之间没有显著性差异。

对其进行绘制轮廓图如下：

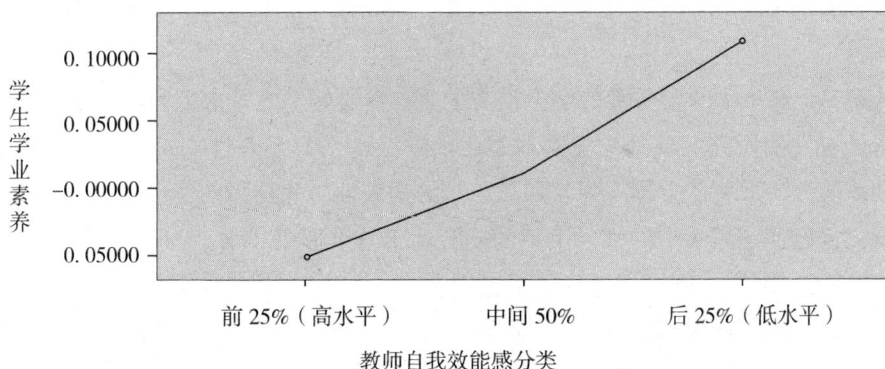

图 6-12　教师自我效能感对学生语文学业素养的影响

由图 6-12 可以看出，自我效能感水平低的教师的学生语文学业素养要好于中等水平好于高水平的（低自我效能感 > 中等自我效能感 > 高自我效能感）。但是因为高水平与中等水平，高水平与低水平自我效能感的教师学生语文学业素养之间都有显著性差异，而低水平和中间水平之间没有显著性差异。因此也就是较高水平的教师效能感的学生语文学业素养要明显低于中等水平和低水平的学生。

第四节 反思和讨论：教师对学生有怎样的影响？

一、师生关系对于学生语文学业水平和表层学习策略有重要的影响

第一，小学与初中阶段的师生关系有显著的不同，并且小学要好于初中。小学阶段学生还处于儿童期，教师在学生心中是绝对的权威，因而学生对教师有着诸多信任和崇拜，而到了初中，学生进入青春期，这时候他们有着强烈的逆反心理，他们开始去发现教师的不足，并且对很多事情都希望按照他们自己的想法去处理，但周围的成年人包括父母、老师，一般会因为他们的能力不足对他们有诸多限制，于是很容易引起他们的反感，并且有研究表明，初中阶段的学生试图摆脱教师的权威而采取对抗态度的倾向有明显的增加[1]。而教师只有承认学生的独立性，了解他们的心理发展特点，走进他们，多交流、多倾听，对学生抱有宽容的态度，才能更好地处理与学生的关系，提供给学生更融洽的学习环境、成长氛围。

第二，高水平师生关系的学生语文学业素养要好于中等水平和低水平的学生。国内已有一些研究发现师生关系对学生的学业水平有显著性的影响。比如贺斌、刘之谦认为师生关系会影响到教师教与学的积极性，并且影响学生的学业水平[2]。本研究也确证了高水平的师生关系的确有利于学生形成高水平的语文素养，因此教师和研究者应给予师生关系更多的重视。

---

① 刘海云.新课程实施中初中师生关系的研究［D］.南京：南京师范大学，2008.5.
② 贺斌，刘之谦.初中学生心理与教育［M］.太原：山西高校联合出版，1993.

第三，教师所认知的师生关系与学生的表层学习策略相关。以往很多研究发现师生关系与学生的学习存在显著的相关[1]，还有人认为师生关系的质量在激发学生语文学习动机的过程中扮演着重要的作用[2]。也有研究证明语文教师的个人教学效能感与学习动机呈显著负相关，学生的知识学习动机在语文教师个人教学效能感与学生语文学业水平之间起完全中介效应[3]。但是这些研究没有对学习动机进行分类，并不能深入地说明师生关系与哪种学习动机存在相关关系。而本研究采用比格斯（Biggs）的学习过程量表（SPQ），将学习动机和策略分为"表层式"的学习动机和学习策略、"深层式"的学习动机和学习策略、"成就式"的学习动机和学习策略，因而对学习动机和策略的不同种类有了深入的分析。

表层学习策略如："我认为最好的学习方法是把所学的东西反复熟记""我宁愿多知道一些事实和细节，而不愿多费神去思考和理解"[4]，是指学生更加愿意通过机械式学习的方法达到重现的目的。从本研究结果可以看出，教师所认知的师生关系与学生的表层学习策略相关，也就是说教师认知到的师生关系越好，学生越容易形成表层学习策略，即进行机械式的学习。可能是因为学生欲维持与教师间良好的师生关系而想好好学习，因此只停留在表层学习策略上，而没有真正为自己的能力发展而学习；从另外一个角度来说，有着表面学习策略的学生也更倾向于想与教师形成较好的关系，他们会将较多的时间精力放在如何与教师相处上，因而师生关系也比较好。

二、教师效能感与学生语文学业素养和深层动机策略相关

第一，较高水平的教师效能感的学生语文学业素养要明显低于中等水平和低水平的学生。

李海华在其硕士论文中研究了学生的学习动机在教师教学效能感与学生学业

---

① 张佃珍，王世凤，邱振良.初中生师生关系与学习动机的相关研究［J］.中小学心理健康教育，2011：15.

② 赵丽琴.师生关系对学生语文学习动机的影响［J］.语文建设，2012：11.

③ 李海华.教师的教学效能感、学生学习动机与学业成绩的关系［D］.济南：山东师范大学，2013：5.

④ 高凌飚修订.比格斯的学习过程调查问卷（SPQ）量表（Learning process questionnaire, LPQ）（2000）.

水平之间的中介作用[①]。研究结果显示语文教师的个人教学效能感与学生语文学业水平呈显著负相关，语文教师的一般教育效能感与学生的语文学业水平没有显著的相关。至于其原因，作者没有进行相关分析，可能需要进一步的研究去发现和证实。而本研究的结果与李海华一致，显示有较高水平教师效能感的教师所带学生的语文学业素养要明显低于中等水平和低水平的学生。这与很多人所认知的情况相反，可能是因为学生语文素养较高时，教师觉得自己在进一步提高学生语文素养上就会更难，也就很难产生较高的自我效能感。

第二，教师的自我效能感与深层学习动机、策略相关。

深层学习动机如："上学读书给我内心带来一种好的感觉""在学习时，我常常发觉许多学科都是很有趣的"[②]，就是指能够对正在学习的知识产生内在的兴趣，在专门的学业领域内发展自身的能力。深层学习策略如："学习时我会想想所学的东西在现实生活中到底有什么用处，当我阅读新的材料时，会联想到已学过的内容，并从新的角度重新认识这些事物"[③]，指通过广泛的阅读发现意义，能够联系之前了解和掌握的相关知识。

本研究发现教师的自我效能感与深层学习动机、策略相关，即学生越是能够形成这样的深层学习动机，拥有深层学习策略，教师越是能够产生较高的自我效能感。也就意味着真正能使教师产生自我效能感的是学生的深层学习动机和策略，教师们更希望自己的学生能够认识到学习的作用，能够真正地为自己能力的发展而进行学习，并能够养成好的学习策略，而教师们也在这个方向的教学教育上努力着。

三、教师特征与学生的心理感受有重要关联

学生量表的学校环境量表对教师的情感支持进行了测试，包括了3个项目："当你在学校遇到问题的时候，你会请老师帮助吗？""你时常和老师聊到你的生活吗？""你的老师真的理解你的感受吗？"具体来说，教师的情感支持就是指学生处在一个有情感支持的学校环境中，这样的环境会让学生更愿意参与讨论、对待

---

① 李海华. 教师的教学效能感、学生的学习动机与学业成绩的关系［D］. 山东师范大学，2013：5.

② 高凌飚修订. 比格斯的学习过程调查问卷（SPQ）量表（Learning process questionnaire，LPQ）（2000）.

③ 高凌飚修订. 比格斯的学习过程调查问卷（SPQ）量表（Learning process questionnaire，LPQ）（2000）.

学习的态度也更为积极。当学生能够自由地表达自己的想法并且遇到问题愿意去寻求老师的帮助时，学生会感到一种愉悦感，这种愉悦感在一定程度上能促进他们的行为、情感和认知的发展。

本研究发现，学生从教师那里获得的情感支持与教师所认知的师生关系、教师的自我效能感以及专业发展阶段相关。也就是说学生从教师那里获得的情感支持越多，师生关系越好，教师自我效能感越高，并且教师的专业发展阶段较高。也就意味着，教师要与学生形成良好的、积极的师生关系，与学生友好地交往和真诚地沟通，这样有助于形成和谐的师生关系，营造出尊师爱生的良好氛围，既能激发教师的热情，又能激发学生的学习积极性，达到亲师而信道的效果[①]。而这时学生就更加能够感受到自己处于一个有情感支持的环境中，因而也会有更加积极的学习态度，而这时教师的自我效能感也就提高了。而越是处于较高教龄的专业发展阶段的教师，越是容易使学生获得较高的情感支持。

教师的情感支持、良好的师生关系的构建、自我效能感的形成，不仅对教育教学有着重要的意义，对于教师的职业发展、学生的心理健康、个体社会化和人格个性等方面都有着重要的作用。

四、值得进一步探究的问题

本研究虽然得到了一些研究结果，但也存在着诸多不足，发现了一些问题，值得接下来进一步深入研究。

第一，在数据的地区分布和学段分布上都存在着不均的现象，导致后面的研究不能进行地区和学段的对比分析。接下来的研究可以在地区和学段上扩大范围，并注意不同地区、不同类型学校、不同年级间的均衡性，然后进行更大规模、样本更均衡的研究。另外，本研究在回收教师问卷时候发现，有部分教师的数据缺失，出现了有的班级没有对应的教师数据和有的教师数据没有对应的学生数据的情况，需要在今后的研究中更加注意数据采集的有效性。

第二，在教师层面的变量选取上，本研究只选取了教师的教师专业发展阶段、教师的自我效能感和师生关系，还有很多教师背景因素、工作因素等等没有考虑进来，这可能也是造成解释率较低的原因。因此需要进一步的研究来探究教师层

---

① 胡晓.新课程背景下初中师生关系现状分析及和谐师生关系的构建［D］.杭州：杭州师范大学，2012：4.

面的其他变量对学生的语文学业素养的影响，进而能够更充分、深入地挖掘大规模测验数据信息，为教育政策的制定提供更为客观的实证研究依据。

第三，本研究中的师生关系是教师所认知的，而不是学生所认知的，但有研究显示二者之间存在着差异。因此接下来的研究需要将二者综合起来进行考虑，比较其异同，探究其原因，才能更具有合理性。

第四，本研究发现教师的效能感与学生语文学业素养、深层动机和策略相关，但是不清楚具体是怎样产生影响的。因此接下来的研究可以深入探讨教师在怎样的情况下会产生比较高的自我效能感，教师的效能感和学生的语文学业水平之间有着怎样的影响机制、因果关系。

第七章　不同家庭教育环境下流动儿童语文素养的差异

本章主要探究了不同儿童家庭经济环境对于儿童语文学业水平的差异，研究比较普通儿童和流动儿童的家庭经济环境对于语文学业水平的影响差异。对于流动儿童而言，除了父母期望之外，父母亲的职业水平、家庭对兴趣班的投入对于语文学业水平也有重要影响。除了情感的因素之外，父母的实际教育投入行动也在影响着流动儿童的发展。而且，在同等的条件下，父母的期望比起其他的家庭经济条件而言，更加有力地促进了流动儿童的发展。

第一节　流动儿童的家庭教育环境的作用到底多大？

国际学者开展了很多关于儿童学业素养的家庭环境的影响因素的研究，国内学者用理论和实证两种方法针对学业素养的主要影响因素进行了一系列的探究。学术研究表明，儿童的学习成绩受到多种因素的共同影响，不仅受个体的影响，诸如学生的智力水平、个体特征（如性别、个性特征等），也受家庭因素的影响，如父母亲的职业与受教育水平、家庭收入、父母的教育方式等。在早期国外的研究中就已经发现，儿童的学业素养与家庭存在密切联系，出身于富裕家庭的学生会比那些出身贫寒的学生更容易获得好的学业素养，但是目前的研究已经发现不同国家的影响是不同的。在中国，学生家庭经济背景和学习成绩的关系呈现为来自贫困家庭和富裕家庭的学生都比来自中等家庭的学生获得更高的成绩。而这样的研究结论是针对一般儿童而言的，那么，对于流动儿童这一特殊群体来说，家庭经济是不是同样地影响着流动儿童的学业素养呢？流动儿童家庭是否表现出不同于普通儿童家庭的特点，还有待进一步深入研究。

从国家整体来说，教育是要追求公平，但是目前的教育发展水平是不平衡的，这种儿童学业素养的差异性在各类学校中都是普遍存在的。就家庭层面来说，不同的国家，家庭层面对儿童学业素养的影响是不一致的，因此进一步研究不同状态的儿童学业素养受家庭因素的影响十分必要。大量家庭的流动破坏了正常的儿童家庭教育机制，给儿童的教育和成长带来影响。那么，迁徙和家庭因素对流动儿童的学业水平会产生怎样的影响呢？

随着城镇化进程的加快，我国大量农民进城务工就业，举家迁移的比例不断上升，农民工随迁子女这个特殊群体日益庞大。据统计 2012 年，我国义务教育阶段的农民工随迁子女将近 1800 万，约占义务教育阶段人口的 10%[1]。高速增长的随迁子女群体已经成为公共服务面临的严峻考验，受到了社会各界的广泛关注。当前对流动儿童发展的探讨已经成为研究的热点，研究焦点主要集中在学校教育对流动儿童学业的影响上，如学校类型、教师因素等与流动儿童学校适应的关系，流动儿童在流入地学校就学难问题[2]，打工子弟学校办学资格和条件落后问题[3] 等，而较少关注流动家庭的环境因素对其学业素养的影响。此外，现有针对流动儿童家庭的研究多以现状调查为主，缺乏对家庭因素如何影响其子女学业发展的机制探讨，而在义务教育阶段，语文是一门非常基础的课程，这门课程的基础地位同时也决定了它的重要性。现如今，语文引发了社会的广泛关注，学生的语文素养成了各界讨论的话题，学生语文学习成绩的提高和语文学业素养的提升是学校、教师、家庭和学生等多方面因素共同起作用的结果，国内外的许多相关研究也都表明这些因素会对学生的语文学业素养产生一定的影响。

综合以上问题，本研究试图从流动儿童的角度出发，探寻家庭层面的因素对流动儿童学业素养的影响，并且本章节想要从家庭因素这个层面来整体考查影响

① 胡成玉，孙绪华，陈杉.城镇化背景下农民工随迁子女的义务教育问题及对策研究［J］.预算管理与会计，2013.10.
② 李钰.我国流动儿童少年入学难成因探究——由公办学校"借读费"引发的思考［J］.基础教育研究，2003.
③ 曾俊霞.打工子弟学校教师流动意愿及影响因素分析［J］.贵州社会科学，2012.

普通儿童和流动儿童语文学业素养的因素，希望从家庭层面对流动儿童语文学业素养的提升提供一些建议。

第二节　家庭教育环境对流动儿童的重要影响

　　家庭教育不仅直接影响儿童青少年的发展，也在学校和社会对儿童产生影响的过程中起中间调节作用。我们应该把家庭教育放在和学校教育同等重要的位置[①]。家庭是儿童生活的主要场所之一，对生活在其中的孩子及其学习活动有着重要影响。国内外有很多家庭因素对学业素养影响的研究。在20世纪70年代，科尔曼（Coleman）从美国不同地区和不同种族学生所在的教育条件及学习成就进行对比，将父母家庭的受教育程度、职业和收入综合形成社会经济地位（socio economic status，简称SES），用这一指标解释儿童学业水平的差（汉纳谢克Hanushek，1986）。研究发现，影响学生学业水平差异的最重要因素是学生家庭的社会经济背景[②]，家庭背景可以通过父母的信念（比如教育理念、教育态度）和行为（比如教育方式、亲子沟通）激励儿童学习、帮助儿童树立正确学习态度等方面，与儿童的学业水平间接相连（戴维斯·基恩Davis-Kean，2005）。也有研究仅针对父母受教育程度这一因素（帕克Park和汉纳姆Hannum，2002；沃斯曼Woessmann，2003），或仅针对家庭收入这一因素（达尔Dahl和洛克纳Lochner，2005）。除此之外，还有部分学者曾研究了家长的就业状况、家长对儿童学习辅导时间、家庭规模、家庭结构等家庭的其他特征对儿童学业水平的作用（莱博维茨Leibowitz，1977；马克斯Marks，2006等）。因此，家庭对儿童学业水平的影响一直备受国内外研究者的关注。然而在20世纪80年代，世界银行（World Bank）的贺伊曼Heynman和洛士利Loxley学者基于来自不同经济发展的国家数据发表了著名的研究报告，发现在经济发达程度不同的国家里，家庭经济背景和学业水平的关系会有不一样的趋势。在经济发达国家，学校并未有助于消除学生个人家庭背

　　[①] 董奇.家庭教育和学校教育同等重要［N］.中华读书报，2014-05-07.
　　[②] 易进，郑丹."科尔曼报告"对我国教育公平监测的启示［J］.教育科学研究，2009，07：11—14.

景对学生学习的影响；但是，在发展中国家，学校教育对于提升处境不利的孩子学业的发展具有积极作用。因此基于具体国家或地区的研究变得更加有意义。儿童的学习活动与家庭存在密切联系，在激励儿童学习、帮助儿童树立正确学习态度等方面，学校还有赖于家庭的配合。

国内研究也较早地关注了家庭环境与儿童学业水平之间的关系。多数研究都认为，父母对子女学历的期望、父母的职业以及家庭关系（父母关系融洽的程度）等都会影响到儿童的学业水平（翁小萍等，2000；何宏灵等，2006）。同时，许多研究同样关注了家庭教养方式的作用（朱金富等，1998；李燕芬等，2005）。但是周皓、巫锡炜等学者的研究认为，国内目前的研究分析方法相对比较简单，也缺乏必要的统计控制[①]。

随着我国教育公平政策的推进，越来越多的流动儿童可以与城市儿童享有同样的学校教育，而对于流动儿童来说，作为校外影响最主要来源的家庭因素直接关乎其能否真正享有公平优质的教育。然而在中国知网上以"流动儿童学业素养 / 成绩与家庭环境"为主题词搜索 CSSCI 文献，共搜出 98 篇文献。最早的讲述关于儿童的学业素养和家庭环境的论文甚至可追溯到 1987 年，以流动儿童为研究对象的论文只有 15 篇，只占总数的 15%，其中 2013 年 19 篇，2014 年 13 篇，而且研究的实证数据较少，流动儿童的实证研究更少。可见，流动儿童的学业水平与家庭环境之间的关系是近两年才得到人们的关注，因此，对流动儿童学业水平与家庭环境关系的研究很有必要。

下面把家庭环境分为家庭经济状况、父母受教育水平、父母职业类型、父母期望、家庭教育投入五个方面分别介绍其对流动儿童学业成绩的影响。

一、家庭经济条件对流动儿童学业水平的作用

国外学者的传统做法是将父母家庭的受教育程度、职业和收入综合形成社会经济地位，这一指标纳入模型，以解释儿童学业水平的差异（汉纳谢克 1986）。为了探讨具体哪一个因素会对流动儿童学业水平产生影响，以下将分别对其进行研究。

学者孙越的研究结果显示：学业水平与父母的文化程度、婚姻状况、家庭成员

---

① 周皓，巫锡炜 . 流动儿童的教育绩效及其影响因素：多层线性模型分析 [J] . 人口研究，2008，04：22—32.

之间的关系及家庭月平均收入都为正相关[①]。在学者李志锋的实证研究[②]中，高收入家庭子女语文科目的平均成绩最高，中等收入家庭子女的语文平均成绩居中，低收入家庭子女语文平均分最低，可以看出家庭的收入与语文学业水平是正相关的关系。涂咏梅、徐彦坤将家庭经济状况分别表示为贫穷、温饱、小康和富裕四个程度，相对而言，家庭经济状况越好，学生成绩越好，良好的家庭经济条件不仅能够保证学生学习所需要的学习资源，而且父母有能力将时间、精力投入到孩子的学习当中[③]。

综上，家庭经济状况和儿童的学业水平呈现出正相关的关系。但是家庭经济状况的影响并不是相同的，它可能受到多个中介变量的影响，特别是对流动儿童学业的影响。

张绘学者的分性别模型的估计结果显示，家庭经济状况只对男童有积极影响，并认为这可能在于流动家庭更倾向于增加男童的教育投入[④]。周皓与巫锡炜采用多层线性模型对流动儿童的研究也发现，家庭社会经济地位等儿童自身的各种特征及其家庭背景的信息是影响流动儿童学业水平的主要原因[⑤]。然而学校层次的影响因素对于公立学校和流动儿童学校的作用不尽相同，且作用途径也不同。学校的平均 SES 特征在不同的学校类型中是通过不同的途径来影响儿童的学业水平的[⑥]。

冯金兰的流动儿童学业水平及其影响因素的研究中，以南京市流动人口为被试，结果表明流动人口家庭经济状况收入能反映流动人口的生活水平，并且直接关系到其子女是否能入学及入学后的学习条件如何。生存的压力使他们不得不将自己孩子的教育放在次要的位置上，他们从事的职业大多是体力劳动，这决定了流动家庭经济收入偏低，无法为孩子的学习提供有利的条件，比如良好的居住环境、相对独立的学习空间。家庭收入较低不但直接影响着流动儿童的生活水平，

---

① 孙越，孙茌野．家庭环境与儿童学业成绩的关系分析［J］．教育探索，2001，05：67—68.

② 李志峰．家庭背景对学业成绩的影响研究［D］．山东师范大学，2013.

③ 涂咏梅，徐彦坤．家庭因素对学生成绩影响的实证分析［J］．统计与决策，2013，02：116—119.

④ 张绘，龚欣，尧浩根．流动儿童义务教育学业表现的影响因素及其解释——来自北京的调研数据［A］．中国教育学会教育经济学分会．2010 年中国教育经济学学术年会论文集［C］．中国教育学会教育经济学分会．2010：12.

⑤ 周皓，巫锡炜．流动儿童的教育绩效及其影响因素：多层线性模型分析［J］．人口研究，2008，04：22—32.

⑥ 周皓，巫锡炜．流动儿童的教育绩效及其影响因素：多层线性模型分析［J］．人口研究，2008，04：22—32.

更是间接地限制着父母对子女教育的投资，像南京这种大城市，消费水平本来就比较高，再加上流动人口家庭收入低，即使是节衣缩食，也很难维持一家人的日常生活开支，根本就没有多余的钱投资在子女的教育上[1]。因此家庭经济状况对普通儿童和流动儿童都会产生影响，一般来说，家庭经济状况越好，学生成绩越好。

二、父母的教育水平对流动儿童的影响

国外许多研究关注于家庭层面对儿童学业水平的影响，认为父母的教育水平和儿童的教育有正相关关系[2]。

国内学者涂咏梅、徐彦坤的研究表明父母教育水平被认为是影响子女成绩的重要因素。不同学历的父母其子女的学业水平差异明显，父母的学历越高，孩子的学业水平会越好[3]。李勇等学者的调查中将家长文化程度分为小学、初中、高中、中专、大学（含大学以上）五个类别，结果表明家长受教育的程度，与其子女的学业水平有显而易见的对应关系。文化程度较高父母的子女的成绩普遍高于较低文化水平父母的子女[4]，并且从学习指导能力可以解释为：家长的文化程度是影响子女学业水平最有力的因素之一。单从学习指导能力来看，家长具备高等文化水平，相对其子女就形成优势状态；中等文化水平的家长对其学习的子女来说是平势；而初等文化水平相对而言则成为一种劣势。中小学生在家庭中进行的学习活动是否得到家长的指导，在多大程度上得到家长的指导，很大程度上取决于其家长的文化程度。

在对《南京市流动儿童家庭环境与学习状况研究》[5]中表明，父母文化水平越高对流动儿童的学习帮助也越大。而且在张绘、龚欣、尧浩根的流动儿童义务教

---

① 冯金兰.流动儿童学业成绩及其影响因素分析［D］.南京师范大学，2011.

② Bauor, John, Feng Wang, Nancy E. Riley& Zhao Xiaohua.（1992）. Gender Inequality in urban China: Education and Employment. Modern China18（3）: 333—370; Hannum Emily（1999）. Poverty and Basic-Level Schooling in China: Equity Issues in the 1990s. Prospects Vol. XXIX, No. 4: 561—577.

③ 涂咏梅，徐彦坤.家庭因素对学生成绩影响的实证分析［J］.统计与决策，2013，02：116—119.

④ 李勇，王亚锋，张艳红.家长的职业、文化程度和家庭经济状况对学生学习成绩的影响［J］.现代中小学教育，1998，01：56—58.

⑤ 汪朵，宗占红，毛京沐，雷敏，尹勤.南京市流动儿童家庭环境与学习状况研究［J］.南京人口管理干部学院学报，2012，04：22—26.

育学业表现的影响因素及其解释研究中，样本中母亲的教育水平对流动儿童的学业水平有显著的正影响[①]，这是对北京的流动儿童调研数据的结果，这与大多数研究的结论一致。

一般而言，父母的文化水平对孩子的学业水平也有一定的影响。调查中得出流动儿童的父母文化水平比普通儿童的父母文化水平低，并且已有研究认为，流动儿童监护人的学历水平较低，在学习上不能给予孩子较多的辅导，这是导致流动儿童学业素养较低的一个重要因素。

另外已有研究认为：父母的教育水平影响着父母的期望。熊少严在流动人口家庭化子女教育影响因素与支持策略中[②]指出，流动家庭中的家长大多来自经济、文化相对落后的地区，文化程度不高，在流入地的职业通常为个体经营者、工人、郊区租地农民，从事一些被城市人视为"脏、乱、苦"的体力劳动工作，经济收入较低。家长受自身文化素质和见识的局限，对子女的期望值较低，甚至认为孩子只要能认几个字、算个账就行了，较低的期望导致家长放松甚至放弃对子女的家庭教育。

三、父母职业与流动儿童学业水平的关系

美国社会学家布劳（Blough）与邓肯（Duncan）于 1967 年出版了《美国职业结构》，根据布劳与邓肯的研究，父母职业对子辈的教育有影响，父母职业与子女教育获得成正相关。父亲职业地位越高，其子女越有可能获得较好的教育，也越有机会获得向上流动的机会。然而流动人口从事的工作，只是作为一种谋生的手段，除了在经济上给下一代提供一定的条件，在其他方面对孩子的帮助微乎其微[③]。

涂咏梅、徐彦坤学者在《家庭因素对学生成绩影响的实证分析》中得出：从父母的职业背景与学生成绩的关系来看，在所有的职业当中，直接从事农业生产的父母，其孩子的学业水平是最低的；在外务工的父母，其子女的成绩较为显著的高

---

① 张绘，龚欣，尧浩根.流动儿童义务教育学业表现的影响因素及其解释——来自北京的调研数据［A］.中国教育学会教育经济学分会.2010 年中国教育经济学学术年会论文集［C］.中国教育学会教育经济学分会，2010：12.

② 熊少严.流动人口家庭化子女教育影响因素与支持策略［J］.青年探索，2010（4）：85—88.

③ 赵娟.南京市流动人口子女家庭教育的现状调查［J］.上海教育科研，2003，08：38—40.

于在家务农的父母的子女，这与胡枫、李善同[①]的研究结论基本一致。尽管远离父母的监管会对成绩产生较大的影响，但是外出务工新增的收入能够有效地缓解家庭的资金压力，从而对留守儿童产生正面影响。这里提出了在外务工（流动人口）的父母对留守儿童的正面影响，然而这样的结论是否适用于跟随在外务工的流动人口的流动儿童呢？

杨卉的研究提到，流动人口为了获得更多的收入来到城市，但由于城市用工的工种，教育和年龄等多方面的限制，往往只能从事城市人所不愿或者不屑于去从事的体力劳动。流动儿童父亲和母亲从事的工作大多是技术含量较低的体力劳动或是知识成分较低的商业活动，这些工作经济收入不高，即使和普通市民从事相同工作的流动人口也无法获得合理报酬，面临经济的压力，他们更难以为孩子实施很好的家庭教育[②]。一般情况下，职业状况与教育程度是与家庭经济紧密联系在一起的，因此我们只对父母职业对儿童学业水平的影响进行综述。

另外在研究方法上值得一提的是，大多数研究，父母职业一般采取分类别形式，如：李勇等学者的研究中将550名学生的家长职业分为干部、工人、个体户、无业四个类别。结果表明在家长职业（不论父方或母方）不同类别的条件下，其子女的学业水平存有较为显著的差异。干部知识分子类职业的父母，其子女的成绩普遍高于工人类职业父母的子女；工人类职业父母的子女，其成绩又高于个体户和无业父母的子女。一般而言，在社会学的研究中，对于社会地位的评价有三方面标准。第一，经济地位的高低；第二，政治权力的大小；第三，社会声望的高低。经济地位的衡量标准可以是经济收入的多少或财富的多寡。职业声望作为社会学的一个经典研究主题，是以解释社会地位与社会分层关系为其主线的。马克斯·韦伯（Max Weber）是最早提出用声望作为社会分层标准之一的学者，所谓的职业声望是指"人们对某种职业社会地位高低的看法"，是"社会舆论对一种职业的评价"。职业声望测量一般采用排序法的方式要求被调查者对研究者给出的一些职业依据自己的评价排出其在社会地位等级体系中的位置，然后根据被调查者的排序汇总统计得到各种职业在社会地位上的相对位置[③]。目前对父母职业对学业素养的影响研究中，多采取已有的职业排名进行分类或排名编码。

① 胡枫，李善同.父母外出务工对农村留守儿童教育的影响——基于5城市农民工调查的实证分析［J］.管理世界，2009，02：67—74.
② 杨卉.流动儿童家庭教育研究［D］.中央民族大学，2007.
③ 刘艾玉.劳动社会学教程［M］.北京：北京大学出版社，1999.84—113.

四、父母期望在流动儿童学业水平中的重要作用

父母期望是指父母对子女前途的希望和期待。由于研究者分析的角度略有不同，定义也存在差异，到目前为止，还没有形成对父母期望的统一界定。已有研究将其分为家庭的教育目标、对儿童的职业期望以及对儿童的学业期望三个维度[①]。在本研究中我们采用对儿童的学业水平的期望。

以往研究已经得出，父母的社会经济地位愈高，对子女的教育期望也就越高；中下阶层、偏远地区及弱势群体的父母对子女的教育期望与较高阶层、都市地区父母的教育期望相比较低。在朱金富等学者的综述中说明了父母期望会影响孩子的成就动机及焦虑程度，父母期望过高会使孩子的焦虑升高，对子女学习产生负面的影响[②]。下面对父母期望与流动儿童的关系研究进行梳理。

中国人都有着把自己下一代看成是自己生命的延续的传统，接受调查的大多数流动儿童家长也都对子女的学业和职业寄予了深切的期望。流动人口家庭对子女的教育期望尽管很高，但他们自我判断孩子实际能够达到的教育水平则比他们希望孩子达到的教育水平期望低了很多：流动人口对子女存有很高的期望，期望孩子能通过学习来改变命运，将来有一个好的出路。但是由于政策、经济条件、子女基础不牢固等原因使他们对子女的未来期望降低[③]。一般来讲，父母的期望越高，父母越有动力将家庭资源投入到孩子的学业当中。蔺秀云、王硕、张曼云、周冀（2009）研究发现，父母的教育期望越高，对子女教育投入的越多，子女的学习投入水平就会越高，学业水平也会越好[④]。其中，参加补习班和培优班是父母期望的一个重要表现。调查显示，有35.3%的学生表示"参加过补习班和培优班"，而其余的表示没有参加过，那些参加过补习班或培优班的学生，其平均成绩要比"没有上过培优班"的学生高2—3分[⑤]。

一方面，很多父母出于对自身教育水平、经济收入和社会地位的不满意，而

① 龚继红，钟涨宝.流动儿童与城市本地儿童的家庭教育差异及影响因素——基于武汉市853份样本的分析［J］.学习与实践，2015，03：106—114.

② 朱金富，祁富生，贾福军.父母教育方式对小学生学习成绩的影响［J］.健康心理学杂志，1998，04：420—422.

③ 杨卉.流动儿童家庭教育研究［D］.中央民族大学，2007.

④ 蔺秀云，王硕，张曼云，周冀.流动儿童学业表现的影响因素——从教育期望、教育投入和学习投入角度分析［J］.北京师范大学学报（社会科学版），2009，05：41—47.

⑤ 涂咏梅，徐彦坤.家庭因素对学生成绩影响的实证分析［J］.统计与决策，2013，02：116—119.

对子女的教育期望较高，如雷万鹏等对流动儿童父母的调查显示[①]，流动儿童家长最担心的问题是孩子成绩，有的父母对子女的教育期望甚至超出子女承受能力和社会实际。而另一方面，流动儿童的家长对孩子的教育投入来说相对较少，有研究表明，有 11.9% 的流动儿童家长担心没有时间管孩子，为了在城市生存和生活，他们把更多的时间花在了工作上，很难在孩子学习上投入时间。

张绘、龚欣、尧浩根的研究表明：流动儿童教育期望、学习时间越长、是学生干部、健康状况越好、上学适应、家庭生活越富裕、母亲的受教育水平越高、父母对学习的要求越高、对教师的满意度越高以及同学关系好与其相对学业水平（在班级中的排名）正相关，父母对学业水平的要求越高，学业水平越好，同时父母的辅导也能在一定程度上帮助流动儿童提高学业水平[②]。

家庭收入和父母受教育水平都与父母期望相关，受教育水平高的父母，对子女有更高的期望，并能预测儿童更高的学业成就。父母期望也能预测父母为子女提供支持性环境的投资行为，以及父母及时调整家庭环境来适应子女需求的能力[③]。

五、家庭教育对流动儿童的启迪

家庭教育指的是受教育者在家庭中所受到的由其家庭成员（不论长幼，但主要是指父母）施予的自觉或非自觉的、经验性的或有意识的、有形的或无形的等多种水平上的影响和家庭诸环境因素对受教育者产生的隐性影响。以往的研究指出影响儿童学业水平的家庭教育因素，包括家庭教养方式、教育方法、藏书等文化学习氛围等方面，如涂咏梅、徐彦坤的实证分析认为父母的教育方式和教育态度也会影响到学生成绩。"是否给孩子买辅导教材"和"对待孩子考试成绩的态度"是父母教育方式和教育态度的重要表现[④]。

---

① 雷万鹏，杨帆．流动儿童教育面临结构转型——武汉市流动儿童家长调查［J］．教育与经济，2007，01：59—63

② 张绘，龚欣，尧浩根．流动儿童义务教育学业表现的影响因素及其解释——来自北京的调研数据［A］．中国教育学会教育经济学分会．2010年中国教育经济学学术年会论文集［C］．中国教育学会教育经济学分会：，2010：12.

③ 张云运，骆方，陶沙，罗良，董奇．家庭社会经济地位与父母教育投资对流动儿童学业成就的影响［J］．心理科学，2015，01：19—26.

④ 涂咏梅，徐彦坤．家庭因素对学生成绩影响的实证分析［J］．统计与决策，2013，02：116—119.

以家庭教育为切入点来分析流动儿童教育问题的研究文献数量同样较多，因此对专门针对流动儿童家庭教育进行的研究进行综述。

关颖对天津市青年流动人口子女家庭教育状况的调查显示[①]，青年流动人口家庭为孩子提供的物质和文化生活条件与他们生活的大城市家庭相比存在明显的差距，从总体上看，电子设备和图书、报刊杂志拥有量极低，相当多的孩子在家庭中根本没有属于自己的活动空间和必要的文化氛围，教育环境相对较差。

赵娟的南京市流动人口子女家庭教育的现状问卷调查总结了儿童家庭教育的基本特征：教育投入实用性较强；流动人口家庭子女教养方式缺乏民主[②]。

张翠娥的武汉市流动儿童家庭教育调查报告，从家庭教育行为、观念和家庭教育效果三方面进行了阐释。调查表明 88.1% 的流动儿童父母认为家庭教育非常重要或比较重要，说明流动儿童父母主观上都能认识到家庭教育的重要性，但是调查显示在教育投入和教育方法上却不太理想[③]。李勇等学者的研究关注的是影响流动儿童学习投入的因素，发现家庭社会经济地位对流动儿童投入水平存在显著的低等程度的相关，家庭社会经济地位水平决定了流动儿童对家庭教育资源的利用及父母的教育投入水平[④]。一般来说，家庭社会经济地位高的家庭，流动儿童可利用的资源相对也较高，父母的教育投入也会较高，而家庭社会经济地位较低的学生所能利用到的资源相对较少，这在一定程度上影响了流动儿童的学习投入水平，学习投入水平也是影响学业素养的一个重要因素。

李伟梁的研究主要是探讨流动儿童家庭教育问题的成因，认为流动人口家庭的客观物质条件的变化是家庭教育问题的内在原因。从家庭教育本身来看，流动家长在教育方法、手段的选择上容易出现迷航现象，直接影响家庭教育的顺利进行。流动人口在进入城市后，他们的家庭教育方法、态度和观念上既受原来农村传统文化的影响，还受城市家长的影响以及周围其他流动家长的影响，由于流动人口文化水平普遍较低，面临多样化的选择，势必陷入一种不知如何是好的迷茫状态之中[⑤]。

---

① 关颖.青年流动人口如何对下一代负责——天津市青年流动人口子女家庭教育状况调查[J].青年研究，2002，05：8—14.

② 赵娟.南京市流动人口子女家庭教育的现状调查[J].上海教育科研，2003，08：38—40.

③ 张翠娥.武汉市流动儿童家庭教育调查报告[J].当代青年研究，2004，05：52—56.

④ 李勇，王亚锋，张艳红.家长的职业、文化程度和家庭经济状况对学生学习成绩的影响[J].现代中小学教育，1998，01：56—58.

⑤ 李伟梁.试论流动人口子女家庭教育问题的成因及特点[J].中南民族大学学报（人文社会科学版），2005，02：136—139.

另外已有研究中有很多关于教育投入的研究，教育投入一般包括家庭的书籍、学习书桌、补习班等，对儿童的学业水平产生着影响。图书的数量和种类是衡量一个家庭文化资本拥有量的重要标志，对子女的成长与教育是非常有益的。我国著名学者陈鹤琴早已指出，对小学生而言，家庭的阅读环境是必不可少的，当一个家庭拥有丰富的图书，就会无形中为子女创造一种良好的读书气氛，孩子会逐步培养起对知识的兴趣，养成良好的学习习惯。通过书籍，孩子可以开阔眼界，发展想象力和创造力[1]。

然而现有的一些研究已经证实，流动儿童的教育投入会受家庭经济条件的约束，如兄弟姐妹个数的增加会减少家庭对该儿童教育资源的投入，特别是女童受到的负面影响更加显著[2]。在调查中得出：他们投资课外读物的占 25.9%，投资补习班的占 15.1%，特长班的占 10.2%，请家教的仅有 3.0%[3]。研究表明，流动儿童所面临的一系列教育问题与他们可利用的教育资源存在一定的联系。比如，有些父母不能为他们的子女提供必要的学习用品和课外读物，甚至不能提供一张书桌和独立的学习空间，也负担不起上各种辅导班的费用。这些都给流动儿童的学习投入带来一些负面影响，使他们在学习过程中存在其他思想重担，不能全身心地投入到学习中。

流动人口家庭生活状况对子女的学业水平会产生影响，家庭生活状况越好的流动人口家庭可以为其子女购买大量的书籍资料，并且子女参与到家务劳动和务工的时间会大大减少，从而有助于提高其学业水平，因此家庭生活状况越好，对流动儿童的学业水平的促进作用越大[4]。从上述对流动儿童的家庭教育研究中可以看出，目前的家庭教育还存在很多制约因素。

综上所述，流动儿童的家庭教育相对于普通儿童还存在很多问题，家庭教育对流动儿童的学业素养的影响一方面是教育投入，但更多的是在心理上容易受到一些影响，如自卑、孤僻等，间接地也影响了流动儿童的学业素养。而良好的家庭教育能更好更有效地解决流动儿童的心理问题，进而优化孩子的教育问题。提高父母的家庭教育理念，使其重视家庭教育，更有助于流动儿童积极融入当地教

---

① 陈鹤琴.家庭教育—怎样教小孩.北京：教育科学出版社，1981.

② 胡枫，李善同.父母外出务工对农村留守儿童教育的影响——基于5城市农民工调查的实证分析［J］.管理世界，2009，02：67—74.

③ 杨丹.流动儿童家庭教育研究［D］.中央民族大学，2007.

④ 张绘，龚欣，尧浩根.流动儿童义务教育学业表现的影响因素及其解释——来自北京的调研数据［A］.中国教育学会教育经济学分会.2010年中国教育经济学学术年会论文集［C］.中国教育学会教育经济会，2010：12.

育，促进我国的教育公平。

　　家庭是一个多方面的复杂因素，会对儿童的心理发展、学业水平、个人成长等方面造成深刻的影响。目前的研究还有从其他方面进行阐述的，比如家庭和学校的交互作用，家庭的因素不是单纯地影响儿童的学业水平，是通过一些中介因素来间接影响。广州市的调查表明，不少流动人口家庭未成年子女超过两个，最多者达9个，经济收入低而城市抚养成本高，使这些家庭在教育上能付出的精力和财力非常有限。而部分流动人口在事业上非常成功，成为雇主、包工头甚至中高层管理人员，家庭收入比较高，这类家庭在孩子教育问题上普遍存在物质投入有余而精神关怀不足的倾向。部分家长在"暴富"之后所显露的重玩乐享受的心态，更妨碍了孩子正确人生观和价值观的形成[①]。

　　以上只是对家庭层面的几个因素分类进行了综述，当然还有不同的分类来研究家庭层面对流动儿童学业素养的影响。在郭启华与冯艳慧学者的研究中[②]将家庭教育放在文化资本视域下进行了实证研究，研究得出流动儿童家庭文化资本的欠缺容易导致其家庭教育存在理念陈旧、方法简单、环境不佳、信息闭塞等问题，状况堪忧，需要通过创造公平的人文和制度环境，创建多元化教育服务体系等途径提升流动儿童家庭文化资本，改进其家庭教育的面貌。其研究分为具体形态的家庭文化资本包括我们上面提到的父母期望、辅导情况、是否买书等。客观形态的家庭文化资本包括书籍、学习用具、电脑等物质性资本。制度形态的文化资本如父母学历证书、职业资格。其研究的分类方式较为新颖，但并没有直接说明家庭教育对流动儿童学业素养的具体影响。

　　众所周知，环境不能创造人，但可以影响人，家庭是社会的细胞，也是儿童生活的主要场所之一，它的结构以及成员之间的关系对生活在其中的孩子及其学习活动存在重要影响，尤其对成长中的孩子来说家庭环境的影响尤为重要。要使家长认识到家庭教育因素对学业水平的重要作用，为家长采取有利于子女学习的措施提供借鉴；要使学校认识到学生的学业水平是学校与家庭共同生产的结果，为了提高学生的学业水平，学校应该更积极关注处境不利学生的学习状况，通过学校的努力缩小因家庭背景导致的学业差异；要使政府对学生学业水平的不平等状况

---

　　① 熊少严. 流动人口家庭化子女教育影响因素与支持策略［J］. 青年探索，2010（4）：85—88.

　　② 郭启华，冯艳慧. 文化资本视域下流动儿童家庭教育实证研究［J］. 安庆师范学院学报（社会科学版），2015，02：133—136.

有更加清醒的认识，并通过教育改革、教育立法等形式努力缩小因家庭背景导致的学业差异。

通过文献综述，发现有以下的不足：首先，先前的研究中基本采用学生的期末、期中考试成绩作为学业素养的指标，由于各个地区或学校出题标准不同，不同地区评定的学生数学成就无法直接比较。而考试成绩的不稳定性，基本上较难准确地反映学生运用数学知识的能力，这将直接影响研究结果的可靠性。其次，关于家庭层面的几个因素，各个研究中并不全面。有的只是对现状的描述，并未发现家庭层面各因素对学生学业素养的影响。有的家庭层面上的调查问卷是从家长角度进行的，比如父母期望可能在孩子感受到的比父母心中的更为真实可靠。最后，所查文献中只有家庭层面的因素对普通儿童语文学业素养的影响，还未有家庭层面的因素对流动儿童的语文学业素养影响的研究。因此本文以下的研究继承上述研究中的优点，补足已有研究中的一些不足之处进行设计。

第三节　流动儿童和普通儿童的家庭影响差异

一、研究设计和思路

本章主要是为了探究学生的家庭环境条件对流动儿童的语文学业水平是否会有影响，不同学业水平的学生其家庭情况是否具有差距，本章中，主要会使用到如下几个变量。

表 7-1　流动儿童语文学习情况调查指标和工具

调查指标	调查工具	二级调查指标	本章使用
语文素养	语文学业水平试卷	语文基础知识、阅读、写作	√
	学习动机、方法问卷	学习动机、学习策略	
相关因素	学校层面问卷	学校性质、流动儿童所占比例、家庭经济背景	
	教师层面问卷	教龄、教师效能感、师生关系感知	
	学生层面问卷	家庭方面：父母教育水平、父母职业声望、父母职业收入、父母期望、补习班、兴趣班	√
		个体方面：性别、流动普通、学校支持程度、自尊	

　　在实际生活中，经常会遇到某一现象的发展和变化取决于若干影响因素的情况，需要采用多元回归分析预测法，本文的家庭层面的因素主要有 7 个，要查看每个变量与语文学业素养的影响差异，需要采取多元回归的分析方式，并且在回归之前进行描述分析及分类的单因素分析和相关分析。

二、家庭因素与流动儿童语文学业素养整体情况描述

1. 家庭层面各变量的整体描述分析

　　首先，对家庭层面的因变量进行整体性描述性分析，我们的整体数据是包含普通和流动儿童的，因此分析的变量有 7 个，分别是父亲职业排名、母亲职业排名、父亲教育水平、母亲教育水平、父母期望、课外补习时间、兴趣班。结果如下表所示：

表 7-2　全体学生家庭层面变量描述分析

	父亲职业排名	母亲职业排名	父亲教育水平	母亲教育水平	课外补习	兴趣班	父母期望	学业素养
N（人）	1789	1726	2088	2074	2367	2364	2272	2568
均值	8.32	6.78	2.57	2.42	86.44	74.27	4.25	-0.021
标准差	4.427	4.782	1.179	1.195	137.029	125.495	0.946	0.531

　　从上表可以看出，父亲职业排名的均值为 8.32，母亲的职业排名的均值为 6.78。按照李春玲的职业声望排名，1—25 的编码，25 最大。我们调查的学生大部分父母职业水平都处于比较低水平的职业排名，这也是由于我们的调查以流动儿童为主，其家庭条件相对不太优越。相对于父亲职业排名，母亲职业排名更低一些。在教育水平中，父亲教育水平的均值为 2.57，母亲的教育水平均值为 2.42。按照问卷编码 2.5 约为初高中水平，由此可以得出整体的父母的教育水平普遍较低，几乎处于初高中阶段的水平。相对于父亲教育水平，母亲教育水平更低，原因可能是母亲受教育阶段时期重男轻女现象严重，义务教育刚开始实行，女子就学率普遍较低。每周课外补习均值为 86.44，每周参加兴趣班的均值为 74.27，我们的编码是按分钟录入，由此可见，课外补习时间和兴趣班的时间并不多，调查儿童的每周的补习兴趣时间仅约 80 分钟。另外从流动儿童的父母期望来看，有效统计的 217 个样本中，父母希望其读本科的有 96 人，有效百分比为 44.2%，

希望其读研究生的有效百分比甚至达到了 47.5%。父母期望均值为 4.25，即大学专科至本科，期望值一般在大学以上。可以看出父母对孩子的期望还是很大的。由于调查数据主要是流动儿童，流动儿童数据较多可能会导致家庭层面水平整体偏低。

2. 普通、流动儿童的分类别描述分析

上面进行了整体的描述分析，为了探究流动儿童家庭层面的现状和普通儿童的家庭层面的现状之间的差异，我们进行了分类别的描述分析。如下图表所示：

表 7-3　流动儿童和普通儿童家庭层面变量的描述性分析

因素	普通儿童		流动儿童	
	均值	标准差	均值	标准差
语文学业素养	0.211	0.511	0.068	0.515
父亲职业排名	11.09	5.620	7.89	4.149
母亲职业排名	9.52	6.097	6.40	4.457
父亲教育水平	3.30	1.094	2.52	1.122
母亲教育水平	3.19	1.171	2.33	1.133
父母期望	4.45	0.700	4.28	0.865
兴趣班	108.75	135.854	66.37	123.666
补习班	122.40	162.026	82.01	132.625

由表 7-3 可以看出，整体来看，普通儿童家庭层面变量的均值均高于流动儿童。具体来看，普通儿童的父亲职业排名均值为 10.71，流动儿童的父亲职业排名均值为 7.9，普通儿童母亲职业排名均值也是高于流动儿童的母亲职业排名的。由此可以看出普通儿童的家庭经济条件普遍好于流动儿童。另外普通儿童的父母教育水平、父母期望、课外补习和兴趣班的均值也都高于流动儿童。普通儿童整体的家庭环境都是要好于流动儿童的。那么他们各自的能力是否普通儿童也要高于流动儿童呢？从分类描述得出的均值来看，普通儿童的语文学业素养均值为 0.211，而流动儿童的语文学业素养均值为 0.068。由此可以看出，普通儿童的语文学业素养也高于流动儿童。本研究的流动家庭父母教育水平均值分别是 2.52 和 2.33，即流动家庭父母受教育水平大多数为初中。流动父母虽然自己受教育水平低下，但对于子女受教育期望还是很高的。流动儿童父母对子女成为"城里人"的热切期盼，成为流动儿童学习的重要推动力。

从流动儿童的家庭层面变量看，其一，流动儿童父母从事的工作大多是技术含量较低的体力劳动或是知识成分较低的商业活动，具有劳动强度大、收入低、职业声望低等特点。因为对于他们来说，尽管工作辛苦，生存的压力使他们对自己孩子的教育不得不有心无力。父母职业排名较低，也意味着流动儿童没有良好的学习环境与家里居住生活环境，在学习上不能与父母进行有效的沟通与交流。他们从事的职业大多是体力劳动，这决定了流动家庭经济收入偏低，无法为孩子的学习提供有利的条件，比如良好的居住环境、相对独立的学习空间。其二，无论是父亲的教育水平还是母亲的教育水平，大多在高中及以下这一层次。父母作为孩子的第一任老师，所能给孩子的教育很有限，无法辅导孩子的作业，这也是导致流动儿童语文学业素养较低的一个因素。

3. 不同年级的家庭因素状况

由于本项目的调查对象是义务教育阶段 3 到 8 年级的学生，为了看出家庭层面的现状在不同年级或者说不同年龄的变化趋势，因此下面进行分年级的描述分析。结果如下表所示：

表 7-4　全体学生分年级描述分析

年级		父亲职业排名	母亲职业排名	父亲教育水平	母亲教育水平	课外补习	兴趣班	父母期望
3	均值	8.46	6.53	2.69	2.54	85.34	81.45	4.27
	标准差	3.74	4.496	1.188	1.206	120.309	117.206	1.076
4	均值	8.74	7.63	2.74	2.61	70.40	77.04	4.37
	标准差	0.851	4.396	1.128	1.139	116.165	124.107	0.851
5	均值	7.37	6.12	2.38	2.24	83.68	78.20	4.22
	标准差	4.169	4.657	1.225	1.229	141.095	141.178	0.918
6	均值	8.07	6.29	2.53	2.32	111.66	63.17	4.24
	标准差	4.946	5.189	1.102	1.129	167.356	123.970	0.700
7	均值	10.29	8.64	2.04	1.92	62.86	52.86	3.57
	标准差	5.015	5.751	1.347	1.345	124.490	107.575	1.540
8	均值	11.64	9.74	2.95	2.69	90.00	61.33	4.07
	标准差	4.808	4.938	0.987	1.115	148.997	99.490	1.009

从上表分年级进行的家庭层面各因素的描述来看，父亲职业水平在 3 到 8 年级每阶段都比母亲职业水平高，这与整体是一致的。父母职业水平和父母教育水

平从 3 年级到 8 年级的分布没有提高或减弱的趋势，整体偏低。究其原因，可能是我们所调查的数据来源大多为外出打工的流动家庭。从每周参加课外补习班的均值分布来看，六年级的均值最高，为 111.66，这与我们熟悉的小升初是相连的，六年级面临升学的压力，家长更为重视学生的学习，课外补习时间比其他年级都要高些。值得提出的是父母期望在 7 年级阶段的均值为 3.57，其他年级均为 4 以上，7 年级的父母期望与其他各年级相比要低很多。

这是什么原因造成的呢？那么这是否影响着学生的语文学业素养的变化趋势呢？我们又进行了以年级为因子的学生学业素养的单因素分析，不同年级的儿童语文学业素养均值呈现下列变化趋势。

语文学业素养

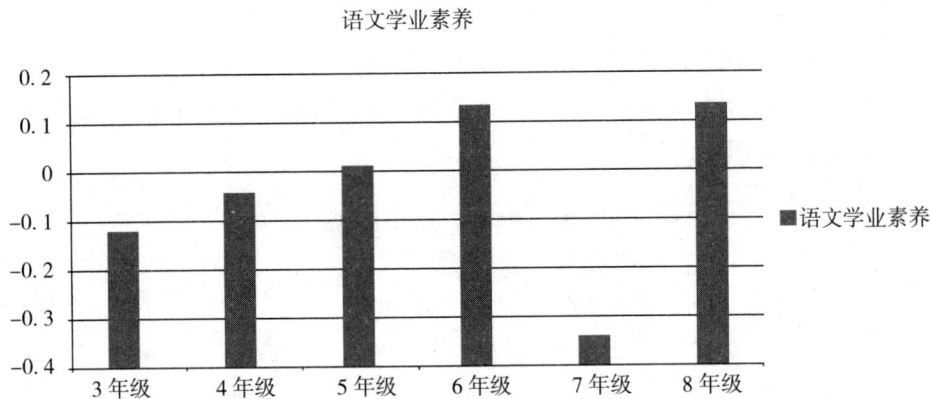

图 7-1 全体学生语文学业素养分年级均值图

这是全体学生语文学业素养在各年级的变化。小学 3 到 6 年级呈逐步上升趋势，到 7 年级显著下降，8 年级又显著升高。趋势的变化一方面可能是和升学压力有关，6 年级学生面临小升初，家庭学校都比较重视学习，所以呈现较高水平。7 年级为小学初中衔接阶段，学生需要适应新的中学学习生活，到 8 年级已经适应初中学习，又面临升学压力，趋势又呈上升状。由于七年级是从小学阶段刚升入中学，面对新奇的环境，且暂时没有了升学的压力，学生在此阶段的学习可能会有所放松。此外，从相关的研究中可以看出小学和初中两个阶段的学习有很大差别，也可能导致学生的语文学业素养的下降。比如苏久霞在《初一新生数学成绩下降的原因分析与对策》[1]一文中对小学和初中阶段知识

① 苏久霞.初一新生数学成绩下降的原因分析与对策［J］.教育教学论坛，2012，24：156—157.

内容、学习方法、学习评价等方面的差别进行了对比，虽然此文主要是针对学生数学成绩的变化，但是学生在从小学阶段进入初中阶段时，语文学科在这几个方面也同样可能会遇到问题。另外《初一学生心理和学习方法调查及启示》[①]一文也曾对如何切实做好小升初的衔接工作，缩短学生心理、行为和学习方法上的不适应期，使他们尽快实现从小学生到初中生的角色转换等问题进行了探究。除了与我们所了解的升学压力相关，我们也发现学生的语文学业素养和父母期望的均值呈现趋于一致的趋势。

基于此，我们进行了家庭层面各因素的单因素方差分析，为了更清楚地看出在年级上父母期望的变化趋势，进行了以年级为因子的父母期望单因素分析，下面是父母期望在 3 到 8 年级的均值图。

父母期望与学生语文学业素养

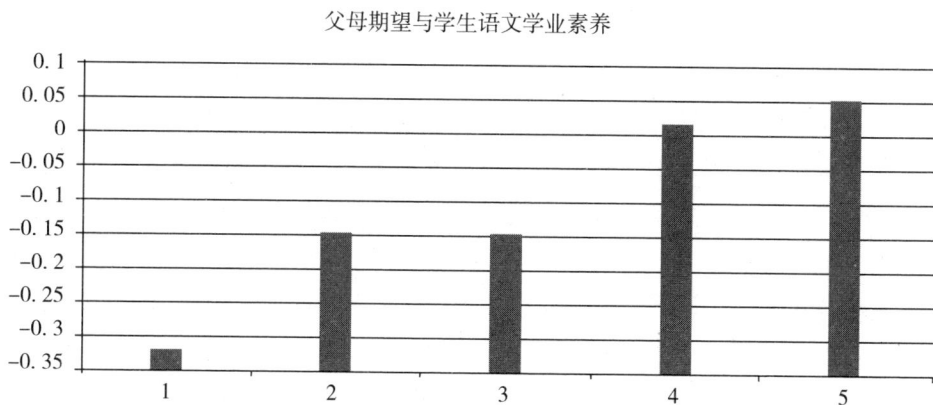

图 7-2 父母期望与语文学业素养

注：父母期望包括，1= 小学；2= 初中；3= 高中毕业或高职毕业；4= 专科学校或大学毕业；5= 研究生和以上。

从上图可以看出，整体趋势来看，父母期望越高，儿童语文学业素养越高。差别较为明显的两个阶段是当父母期望为小学的时候学生语文学业素养表现为 -0.322，期望变为初中或者高中时，语文学业素养有较大幅度的上升。父母期望为 4 和 5 时，语文学业素养又有较大幅度的上升，我们的父母期望问卷回答者为学生自己，考虑到学生自己感受到的父母对自己的期望更为真实直接。

① 沈浩宁，李悦民，蒋国林．初一学生心理和学习方法调查及启示［J］．现代中小学教育，1997，03：52—54.

三、家庭因素与语文学业素养的相关关系

1. 语文学业素养与家庭层面各变量的关系分析

根据上面提出的问题，为了考察家庭层面的变量与学生语文学业素养之间的相关关系，以家庭层面的变量和学生的语文学业素养为相关变量，做皮尔逊（Pearson）相关分析；同时，对普通儿童和流动儿童分别进行了皮尔逊相关分析。结果如下表所示：

表 7-5   语文学业素养与家庭层面各变量的相关系数

	父亲职业排名	母亲职业排名	父亲教育水平	母亲教育水平	课外补习	兴趣班	父母期望
语文学业素养	0.130**	0.113**	0.16**	0.081**	0.075**	0.071**	0.146**

**. 在 0.01 水平（双侧）上显著相关。
*. 在 0.05 水平（双侧）上显著相关。

从上表可以看出，学生的语文学业素养与父亲、母亲职业呈高度相关关系（p<0.01），与父亲教育水平高度相关（p<0.01），与母亲的教育水平呈高度相关（p<0.01）。父母期望与语文学业素养呈现高度相关（p<0.01），课外补习班和兴趣班也呈现出显著相关（p<0.01）。可以看出家庭层面的各因素与学生的语文学业素养都是显著相关的。

2. 流动、普通儿童的语文学业素养与家庭层面各变量的关系

本研究收集了北京、温州、广州三个地区流动儿童和普通儿童的数据。为了看出流动儿童家庭层面的现状和普通儿童之间的差异，我们进行了分类别的相关性分析。结果如下表所示：

表 7-6   流动、普通儿童的语文学业素养与家庭层面各变量的相关系数

儿童类别	父亲职业排名	母亲职业排名	父亲教育水平	母亲教育水平	课外补习	兴趣班	父母期望
普通儿童	0.142*	0.058	0.187**	0.123*	0.051	0.129*	0.172**
流动儿童	0.110**	0.103**	0.087**	0.057*	0.066**	0.051	0.139**

**. 在 0.01 水平（双侧）上显著相关。
*. 在 0.05 水平（双侧）上显著相关。

从表中可以看出，整体情况与分普通儿童和流动儿童的情况基本一致。但也

有不同的地方，普通儿童和流动儿童的语文学业素养与父亲职业呈高度相关关系，但普通儿童的语文学业素养与母亲职业无显著相关，流动儿童的语文学业素养与母亲职业显著相关（p<0.01）。普通儿童与流动儿童的语文学业素养均与父亲教育水平高度相关（p<0.01），与母亲的教育水平呈高度相关（p<0.05）。父母期望与语文学业素养呈现高度相关（p<0.01），和整体情况一致，普通儿童语文学业素养与课外补习班没有显著相关，而流动儿童语文学业素养与课外补习班显著相关（p<0.01）。

为了清晰地看出流动儿童和普通儿童两者在家庭层面的各因素相关系数的大小是否呈现出显著性差异，由于任何统计量是对样本的描述，而不是对研究整体相应特征的推测。要想得出这种差别是否也在研究整体中存在，就必须做显著性检验。因此下面进行相关性系数比较的分析。

运用费舍尔（Fisher）r-to-z变换相关系数差异的显著性检验公式得出：父亲教育水平的p值为0.0475（小于0.05），两类儿童的父亲教育水平对学生语文学业素养的影响是有显著差异的，也就是说普通儿童与流动儿童的父亲教育水平对学生语文学业素养的影响是存在较大差异的。

为了探究家庭层面的各因素之间是否相关？流动儿童和普通儿童家庭层面各因素的相关关系分别如下表所示：

表 7-7　普通儿童和流动儿童家庭层面各因素相关

普通流动	父亲职业排名	母亲职业排名	父亲教育水平	母亲教育水平	父母期望	兴趣班	课外补习	语文学业素养
父亲职业排名	1	0.505**	0.351**	0.306**	0.166**	0.168**	0.131*	0.142*
母亲职业排名	0.475**	1	0.299**	0.430**	0.116	0.096	0.082	0.058
父亲教育水平	0.340**	0.243**	1	0.732**	0.333**	0.266**	0.081	0.187**
母亲教育水平	0.306**	0.292**	0.670**	1	0.283**	0.295**	0.117*	0.123*
父母期望	0.091**	0.076**	0.161**	0.172**	1	0.135*	0.07	0.172**
兴趣班	0.224**	0.129**	0.178**	0.188**	0.037	1	0.117*	0.051
补习班	0.107**	0.038	0.166**	0.190**	0.034	0.357**	1	0.129*
语文学业素养	0.110**	0.103**	0.087**	0.057*	0.139**	0.066**	0.051*	1

注：表的对角线上是普通儿童，以下是流动儿童。
　　**.在0.01水平（双侧）上显著相关。
　　*.在0.05水平（双侧）上显著相关。

根据上表中皮尔逊相关性所示，普通儿童和流动儿童父亲职业排名与其他变

量及学生能力都显著相关；普通儿童母亲职业排名只与父母亲教育水平相关，流动
儿童母亲职业排名除了课外补习与其他变量都有显著相关；普通儿童父亲教育水平
除了课外补习与其他变量都有显著相关，流动儿童父亲教育水平与其他变量及学
生能力都显著相关；普通儿童和流动儿童母亲教育水平其他变量及学生能力都显著
相关；普通儿童父母期望与母亲职业排名课外补习都没有显著相关，流动儿童的父
母期望与兴趣班和课外补习相关系数不显著。

四、影响流动儿童语文学业素养的家庭因素

上述研究显示，家庭层面各因素对流动儿童的语文学业素养的相关性各异，
那么这些因素分别对语文学业素养的影响效果如何？哪些因素的作用更大？

为进一步探讨前面研究中对流动儿童学业素养存在影响的各因素的整合作用，
本研究将分别引入不同的因素，进行回归分析，以探讨其作用效果。以家庭层面
的 7 个变量为自变量，学生的语文学业素养为因变量，对其进行逐步回归分析，
试分析其变化趋势和主要的影响因素。为了考察对不同类型的儿童的语文学业素
养之间的关系，分全体学生、普通儿童和流动儿童三类进行回归分析，通过这样
的分析来考查普通儿童和流动儿童在语文学业素养上受家庭因素影响的差异。下
面将分别显示在引入和剔除变量过程当中全体学生、普通儿童和流动儿童的情况。

1. 影响全体学生的语文学业素养的家庭因素

首先，针对整体的儿童，以语文学业素养为因变量，根据相关分析有显著相
关的家庭层面的变量：父亲职业排名、母亲职业排名、父亲教育水平、母亲教育水
平、父母期望、课外补习、兴趣班为自变量进行多元回归分析，其中自变量均以逐
步的方式引入方程。下表是在引入和剔除变量过程当中全体学生的模型汇总情况。

表 7-8　全体学生的模型汇总

模型	R	R方	调整R方	标准误差	R方更改	F更改	df1	df2	Sig.
1	0.148ª	0.022	0.021	0.511	0.261	30.108	1	1352	0.000
2	0.185ᵇ	0.034	0.033	0.508	0.258	23.987	1	1351	0.000
3	0.194ᶜ	0.038	0.036	0.507	0.257	17.615	1	1350	0.000

a. 预测变量：（常量），父母期望。
b. 预测变量：（常量），父母期望，母亲职业排名。
c. 预测变量：（常量），父母期望，母亲职业排名，父亲职业排名

从表中可以看出，一共三个预测变量进入模型。在引入和剔除变量的过程当中，第一步引入了母亲职业排名，此时贡献率是 $R^2=0.022$；第二步引入父亲职业排名的支持后，这时贡献率 R^2 增加量为 0.012，这时所有自变量贡献率是 $R^2=0.034$；第三步引入父亲职业排名后，R^2 增加量为 0.004，这时贡献率是 $R^2=0.038$。同时，剔除掉了父亲教育水平、母亲教育水平、兴趣班、补习班变量。

下面将显示在引入和剔除变量过程当中全体学生的回归系数显著性检验表。

表 7-9　全体学生的回归系数显著性检验表

模型	非标准化系数		标准系数	t	Sig.
	B	标准误差	Beta		
（常量）	−0.298	0.072		−4.146	0.000
父母期望	0.09	0.016	0.148	5.487	0.000
（常量）	−0.346	0.072		−4.786	0.000
父母期望	0.082	0.016	0.135	5.006	0.000
母亲职业排名	0.012	0.003	0.113	4.183	0.000
（常量）	−0.374	0.073		−5.1	0.000
父母期望	0.079	0.016	0.13	4.831	0.000
母亲职业排名	0.008	0.003	0.079	2.552	0.011
父亲职业排名	0.008	0.004	0.068	2.177	0.03

a.因变量：语文学业素养

从上表可以看出，全体学生的父母期望、母亲职业排名、父亲职业排名有显著的线性关系，而且学生语文学业素养与父母期望、母亲职业排名、父亲职业排名呈正向关系。本研究所调查的北京、广州、温州三地的全体学生中，显著影响其语文学业素养的是父母期望、母亲职业排名、父亲职业排名。这表明，儿童的父母期望越高，母亲职业排名和父亲职业排名越高，学生的语文学业素养越好。

2.影响普通儿童的语文学业素养的家庭因素

同样的方式，针对普通儿童，以语文学业素养为因变量，根据相关分析有显著相关的家庭层面的变量为自变量进行多元回归分析，其中自变量均以逐步的方式引入方程。下表是在引入和剔除变量过程当中普通儿童的模型汇总情况。

表 7-10 普通儿童的模型汇总

模型	R	R 方	调整 R 方	标准误差	更改统计量				
					模型	F 更改	df1	df2	Sig.
1	0.147a	0.022	0.017	0.507	0.257	4.355	1	198	0.038

注：

   a.预测变量：（常量），父母期望。

   b.流动儿童二分 = 普通

   c.因变量：学生能力

从表中可以看出，只有一个预测变量进入模型。在引入和剔除变量的过程当中，引入了父母期望，此时贡献率是 $R^2=0.022$；同时，排除变量为父亲职业排名、母亲职业排名、父亲教育水平、母亲教育水平、兴趣班、课外补习。

下面将显示在引入和剔除变量过程当中普通儿童的回归系数显著性检验表。

表 7-11 普通儿童回归系数显著性检验表

模型	非标准化系数		T	Sig.
	B	标准误差		
常量	−0.265	0.231	−1.148	0.252
父母期望	0.107	0.051	2.087	0.038

b.因变量：学生能力

从该模型可以看出，普通儿童的语文学业素养与父母期望有显著正向相关的关系。在本研究所调查的北京、广州、温州三地的普通儿童中，显著影响其语文学业素养的只进入一个变量即父母期望。原因可能是普通儿童数据偏少。所以，父母在日常与孩子的交流当中，要展示出对儿童的期望，给孩子以鼓励与相信。

3. 影响流动儿童的语文学业素养的家庭因素

同样的方式，针对流动儿童，以语文学业素养为因变量，根据相关分析有显著相关的家庭层面的变量为自变量进行多元回归分析，其中自变量均以逐步的方式引入方程。下表是在引入和剔除变量过程当中流动儿童的模型汇总情况。

表 7-12　流动儿童的模型汇总

模型	R	R 方	调整 R 方	标准误差	更改统计量				
					R 方更改	F 更改	df1	df2	Sig.
1	0.143a	0.020	0.020	0.510	0.260	23.923	1	1150	0.000
2	0.181b	0.033	0.031	0.508	0.257	19.498	1	1149	0.000
3	0.194c	0.038	0.035	0.506	0.256	15.024	1	1148	0.000

a. 预测变量：（常量），父母期望。
b. 预测变量：（常量），父母期望，母亲职业排名。
c. 预测变量：（常量），父母期望，母亲职业排名，兴趣班－分钟。
d. 流动儿童二分＝流动

从表中可以看出，一共三个预测变量进入模型。在引入和剔除变量的过程当中，第一步引入了父母期望，此时贡献率是 $R^2=0.020$；第二步引入母亲职业排名的支持后，这时贡献率 R^2 增加量为 0.013，这时所有自变量贡献率是 $R^2=0.033$；第三步引入兴趣班后，R^2 增加量为 0.005，这时贡献率是 $R^2=0.038$。同时，剔除掉了父亲教育水平、母亲教育水平、兴趣班、补习班变量。下面将显示在引入和剔除变量过程当中流动儿童的回归系数显著性检验表。

表 7-13　流动儿童回归系数显著性检验表

模型	非标准化系数		标准系数	T	Sig.
	B	标准误差	试用版		
（常量）	−0.296	0.076		−3.899	0.000
父母期望	0.085	0.017	0.143	4.891	0.000
（常量）	−0.351	0.077		−4.570	0.000
父母期望	0.078	0.017	0.132	4.522	0.000
母亲职业排名	0.013	0.003	0.112	3.845	0.000
（常量）	−0.355	0.077		−4.631	0.000
父母期望	0.077	0.017	0.129	4.426	0.000
母亲职业排名	0.012	0.003	0.101	3.434	0.001
兴趣班	0.000	0.000	0.071	2.431	0.015

a. 流动儿童二分＝流动
b. 因变量：学生能力

从该模型可以看出，流动儿童的语文学业素养与父母期望、母亲职业排名、兴趣班有显著的线性关系，而且这三个变量与语文学业素养呈正相关关系。这表明，流动儿童的父母期望、母亲职业排名和是否参加兴趣班是显著影响流动儿童语文学业素养的三个家庭因素变量。从以上分别对全体学生、普通儿童和流动儿童三类进行回归分析得出的保留变量我们可以看出，父母期望对普通儿童和流动儿童的语文学业素养的提升都非常重要。而相比于普通儿童，流动儿童除了父母期望的变量外，母亲职业排名和父亲职业排名对流动儿童的语文学业素养的发展也非常重要。究其原因可能为流动儿童属于一个弱势群体，大多由于父母的工作原因才形成的流动。根据以往的研究，流动儿童的出现，前期父亲自己流动为主，而后来母亲跟随着父亲进行的职业流动，带动着儿童流动，即整个家庭的流动。流动儿童母亲的职业排名对儿童学业素养的影响比对普通儿童明显。兴趣班的多少则更为直接地表现为父母是否愿意为孩子的学业素养发展投入更多的资金和精力，也因此影响了流动儿童的语文学业素养。从普通儿童和流动儿童的这两个回归系数检验表可以看出，家庭层面的这几个变量都与儿童的语文学业素养呈正向关系。父母期望对普通儿童和流动儿童的都具有正向影响。这一方面说明了父母的期望对于普通儿童和流动儿童语文学业素养的重要性；另一方面也说明，对于儿童而言，父母要对儿童表现出较高的期望，这种期望能给儿童带来心理和行动上的鼓励，使其更注重自己的学业。虽然流动儿童所处的环境比较特殊，往往是随父母进入城市打工而在当地学校上学，父母的教育水平和职业工资是较难一时改变的，但是父母的期望和对孩子的鼓励对于他们的学习和生活是十分重要的。

第四节　反思和讨论：流动儿童家庭教育环境更为重要

一、普通和流动儿童的家庭环境影响的差异

以普通儿童为对照组进行比较发现，流动家庭和普通家庭在家庭因素层面影响儿童学业素养上存在差异，流动儿童的父母职业对儿童语文学业素养的影响效应显著小于普通家庭，流动儿童的父母期望对语文学业素养的影响效应显著大于

普通家庭，这证实了家庭因素在不同状态群体上影响的差异性。

普通儿童的家庭层面各因素条件都比流动儿童的家庭层面各因素条件要好，而且普通儿童的语文学业素养均值高于流动儿童的语文学业素养。流动儿童和普通儿童语文学业素养在家庭层面的差异：受内在和外在各种因素影响，流动儿童的语文学业素养相对于普通儿童总体不太理想，可能是父母教育子女的方法或者投入的时间与精力并不能够使学生的学业素养有更好的提升，而且由于父母文化程度较低，在学习上无法帮助孩子，并且不能给予良好的教育。这意味着我们要提高流动儿童的学业素养还需要更多的努力。

为了进一步了解普通儿童和流动儿童在语文学业素养方面的差异，哪些变量对普通儿童和流动儿童的语文学业素养更为重要？哪些变量并非如此重要？对普通儿童和流动儿童保留下来的变量做了一个表格梳理，以此方便对其进行分析和比较。其中表格中的对号表示在回归分析中保留下来的变量。

表 7-14　普通儿童和流动儿童保留变量汇总

变量	普通儿童	流动儿童
父亲职业排名		
母亲职业排名		√
父亲教育水平		
母亲教育水平		
父母期望	√	√
兴趣班		√
补习班		

二、父母期望比经济条件更具有重要促进作用

学生的语文学业素养在 3 到 8 年级的表现为：从 3 年级到 6 年级处于上升趋势，7 年级达到最低值，8 年级又处于上升趋势。之前预测的原因是由于小升初，六年级学习在各方面比较受重视，到了七年级，是一个新的环境，学习比较放松或者还未完全适应初中学习情况。在单因素分析的均值图中发现，父母期望和学

生语文学业素养都在 7 年级处于较低值。父母期望的均值图趋势和学生的语文学业素养趋势大概一致，我们的回归分析也证实了这一点，父母期望对学生的语文学业素养具有预测率，父母期望越高，学生的学业水平相对越好。

与全体学生语文学业素养显著相关的是父母期望、母亲职业排名、父亲职业排名三个因素。与普通儿童语文学业素养显著相关的是父母期望，与流动儿童语文学业素养显著相关的家庭层面的因素为：父母期望、母亲职业排名、兴趣班，并且父母期望与学生的语文学业素养是最相关的家庭层面的因素。母亲职业，父母期望和参加兴趣班能直接预测流动儿童的语文学业素养，证实了家庭投资理论对我国流动儿童群体的适用性。

以往的研究认为父母职业和家庭经济是影响儿童学业素养的一个基础，然而我们的研究发现，虽然父母职业和工资排名即家庭经济状况会影响儿童的语文学业素养，但是父母期望对儿童语文学业素养的影响更为显著。而且值得欣慰的是，我们的数据显示，流动儿童的父母期望值在 4.23，还是较高的。流动家庭对子女接受好教育的意愿非常强烈，而流动儿童可能对父母的期望更加敏感。儿童的语文学业素养不仅影响流动儿童个人的未来发展，而且也影响着整个流动家庭甚至社会教育的发展。流动儿童的学习情况需引起更多人的关注和重视。我们都认识到家庭是儿童成长中最重要的部分，并且家庭是人的社会化的最初场所，是人生的第一所学校，父母是子女的第一任老师，要提高流动儿童学业水平首先就得从这些流动儿童的家庭入手。

从调查中也能看到，父母的流动经历大都是很艰辛的，他们不想让自己的子女再像他们一样生活，他们希望孩子们努力学习，今后能考上大学，摆脱打工者的命运，因此他们对孩子的期望还是很高的。我们的研究得出，母亲的职业排名更能影响流动儿童的语文学业素养。这与流动儿童的家庭流动特点是有很大关系的，母亲的职业流动更能带动一个家庭的流动。这与前面综述中提到的张绘学者的研究是一致的，母亲的教育水平与父亲相比，更能对流动儿童的学业素养产生影响。

三、值得进一步深思的问题

本研究从家庭环境的角度对流动儿童的语文学业水平进行了探究，关注了普通儿童和流动儿童的家庭环境的影响差异，而且拆分了不同的家庭环境因素对于学生语文学业水平的影响，发现父母的期望比其家庭的经济地位和水平更加具有重要促进作用。但是，本研究还有很多不足的地方，比如：

第一，变量和数据的获取。我们采取了李春玲版本的职业排名，虽然在国际上职业也常被作为一个重要的家庭社会经济地位指标，但是我国职业分类存在争议，具有同样职业的人群在收入和教育水平上差距较大。同时，流动人口往往从事各类临时性和兼职工作，职业调查很难准确（李春玲，2005）。而且，对于低收入人口来说，职业作为社会经济地位指标不够可靠。另一不足之处为，由于调查的主要为流动儿童，在分流动儿童和普通儿童的回归分析时，由于普通儿童的数据较少，不能较好地反映出对普通儿童的语文学业素养的各个影响因素。

第二，没有同时考虑地区和学校的情况。本研究在考察家庭因素对流动儿童学业成就影响时，没有对地区差异、学校因素予以控制。北京、广州、温州三个地区的城市发展和流动儿童就学政策有很大不同，尤其是流动儿童进入当地好学校的可能性很低，能够接收流动儿童的公立学校质量一般或较差。在后续研究中，将进一步把家庭和学校因素放在一起综合考察，分解家庭和学校各自的独立影响和彼此的交互作用，从而获得更准确的研究结论。

总的说来，由于流动儿童家庭受制于经济状况，家庭学习资源相对不足，这导致流动儿童获得的教育条件支持较弱。一方面，流动家庭的职业和经济方面的提升是一个长久的发展过程，不是一下子就可以解决的，还需要政府和社会的扶持与帮助。因此，流动儿童所在的社区和学校应为儿童提供更多便于他们无偿使用的书籍、学习用具等，这有益于流动儿童的学业发展。另一方面，可以从这些流动儿童的父母教育意识培养入手。流动儿童的父母大多文化不高，很多都是初中或高中毕业，因此他们中的绝大多数不懂得如何去教育培养自己的子女，他们需要了解家庭教育的作用，了解到父母的期望对儿童学业素养发展的重要性。尽管流动儿童在家庭社会经济地位、家庭教育投资和学业成就上处于劣势地位，但父母教育期望对于流动儿童学业成就的促进效应相对更大，提高父母教育期望对于改善流动儿童学业素养有重要作用。

因此，政府和全社会应当创设更加公平的教育环境，特别是打破限制流动儿童在流入地就学和升学考试的制度障碍，鼓励和支持流动父母对子女给予更大的期望，为流动儿童学业发展提供充足动力。这些都是有利于流动儿童学业发展、缩小流动儿童和城市儿童教育差异、促进教育公平的重要手段。父母对孩子的期望和鼓励是影响儿童语文学业素养甚至各方面能力的重要因素，应该让子女感受到父母对自己的教育期望并鼓励子女努力学习。流动群体是社会经济发展的重要力量和人力资源，政府应当在流动人口再教育方面给予政策和经费支持，支持流动人口参加业余学习，而且应当监督和推动企业给予流动人口更多的接受培训和教育的机会。家庭层面的各个因素转化为学生的动力，提升流动儿童的语文学业素养还需要流动儿童和父母的共同努力。

第八章　学生个体因素对流动儿童语文学业素养的影响

本章主要探究了学生的个体因素对于语文学业素养的影响。研究发现，自尊、学习动机、策略和教师的支持对于语文学业水平都具有影响。而普通儿童和流动儿童的个体影响因素具有差距，教师给予的积极情感支持都会对儿童的语文学业水平产生影响，流动儿童所处的民办学校中，教师给予了更多的支持，但是其学业水平却没有能够增加。流动儿童的学习动机和策略对于其学业水平的影响对于我们反思目前流动儿童的教学现场具有深刻的意义。

第一节　学生个体的什么因素会提升学业水平？

在义务教育阶段，语文是一门非常基础的课程，这门课程的基础地位同时也决定了它的重要性。现如今，语文教学引发了社会的广泛关注，学生的语文学业水平和语文素养也都成了各界关心和讨论的话题。学生语文学习成绩的提高和语文学业素养的提升是学校、教师、学生和家庭等多方面因素共同起作用的结果。国内外的许多相关研究也都表明这些因素会对学生的语文学业素养产生一定的影响。

流动儿童作为城市中的一个特殊群体，他们跟随父母从熟悉的家乡来到一个相对陌生的城市生活，他们所面临的生活环境和学习环境都发生了巨大的变化。

而且，近年来，跟随父母流入城市的适龄儿童呈现出快速增长的趋势，这些流动儿童的义务教育问题也引起了社会的广泛关注和重视。2001年《国务院关于基础教育改革与发展的决定》，2003年《关于进一步做好进城务工就业农民子女义务教育工作的意见》中提出的"以流入地政府为主，以全日制公办中小学为主"的"两为主"政策，2010年颁布的《国家中长期教育改革和发展规划纲要（2010-2020）》中第一次明确提出的"要探索进城务工人员随迁子女接受义务后在当地的升学办法"，2012年由教育部、发展改革委、公安部、人力资源社会保障部联合颁布的《关于做好进程务工人员随迁子女义务教育后在当地参加升学考试工作的意见》，以及2014年由国务院下发的《关于进一步推进户籍制度改革的意见》，里面明确提出要"同时结合随迁子女在当地连续就学年限等情况，逐步享有随迁子女在当地参加中考和高考的资格"。这些系列政策在一定程度上保障了流动儿童受教育的权利，使得他们"有学可上"。但是，这些流动儿童在进入当地城市的公办学校或是民办学校之后，他们的学习适应情况如何？与当地的学生相比，他们的语文学业水平又有什么样的不同？二者之间的共性和差异如何？哪些因素可能会影响流动儿童的语文学业水平？影响的程度如何？而这些方面的问题相关研究比较少。

通过阅读文献，既有的研究在分析影响学生或是流动儿童学业水平的因素的时候，或是综合考查，比如从学生个人层面、学校环境、家庭环境、社会环境等多方面分析影响流动儿童学业水平的因素，如冯金兰的《流动儿童学业成绩及其影响因素分析》[1]；或是只从其中的一个角度进行研究，如李小青、邹红等人的《北京市流动儿童自尊的发展特点及其与学业行为、师生关系的相关研究》[2]。而学习是主体学生与教师教学、师生关系、家庭关系等各个因素共同发生作用的一个动态的学习活动。作为语文学习主体的学生或是流动儿童，他们的哪些行为表现或是哪些因素会影响其语文学业水平和语文学业素养呢？基于此方面的考虑，本章节想要从学生群体这个层面来整体考查影响普通儿童和流动儿童语文学业水平和语文学业素养的因素。

为此，本研究将北京、广州和温州三个地区共15所小学和中学的2568个被试作为研究对象，通过描述性分析、相关分析、多元线性回归分析和多元方差分

---

[1] 冯金兰.流动儿童学业成绩及其影响因素分析［D］.南京师范大学，2011.

[2] 李小青，邹泓，王瑞敏，窦东徽.北京市流动儿童自尊的发展特点及其与学业行为、师生关系的相关研究.心理科学［J］.2008，31（4）.

析来探究：三个学生量表——学校环境量表、比格斯（Biggs）的学习过程调查问卷（Study Process Questionnaire，SPQ）量表和罗森伯格（Rosenberg）的自尊量表（Self-esteem Scale，SES）的 12 个变量，即学校结构性的支持、学生选择权、教师的教学支持、教师的情感支持、同伴的情感支持、表层学习动机和策略、深层学习动机和策略、成就学习动机和策略、自尊与学生的语文学业素养之间的相关关系。其中的哪些因素可能会影响流动儿童的语文学业素养？如果有影响，又是如何起作用的？这些影响因素在普通儿童和流动儿童那里有无区别？如果有区别，具体又是如何呢？所以，本章节想要通过具体研究这些影响流动儿童语文学业水平和学业素养的因素，为学校和教师提供一些诊断信息，来帮助他们史好地指导流动儿童的语文的教与学。

第二节　学生个性特征的已有研究

作为一个独立的学习主体，学生个人的人口学特征，比如年龄、性别、母语、种族等是影响学习成绩的重要因素，此外，还有很多个体特征变量会影响学生的学业水平。已有研究表明，一些有关动机和动机的变量，比如学习动机、归因、自我督导能力和自我概念[①]会影响学习成绩；学生的自我效能感[②]、自信和焦虑[③]也会对学习成绩产生影响；学生参与[④]和元认知[⑤]也和学习成绩是相关的。学校满意

---

① Elliott, DiPerna, Mroch, & Lang. Prevalence and Patterns of Academic Enabling Behaviors: An Analysis of Teachers' and Students' Ratings for a National Sample of Students [J]. School Psychology Review, 2004.

② Stevens, Olivarez, Lan, & Tallent-Runnels. Role of Mathematics Self-Efficacy and Motivation in Mathematics Performance Across Ethnicity [J]. The Journal of Educational Research, 2004.

③ Vermeer, Boekaerts, & Seegers. Motivational and gender differences: Sixth-grade students' mathematical problem-solving behavior [J]. Journal of Educational Psychology, 2000.

④ DiPerna, Volpe, Elliott. A model fo academic enablers and elementary reading/language arts achievement [J]. School Psychology Review, 2002.

⑤ Desoete, Roeyers, & Buysse. Metacognition and mathematical problem solving in grade3 [J]. Journal of Learning Disabilities, 2001.

度、师生关系[①]、自尊、社会适应度[②]、社会身份认同[③]、个人的教育期望等[④]等变量也会影响学生的学业行为和学业水平。

通过对文献的阅读，我们发现有很多变量都和学生的学业行为和学习成绩相关。在分析这些相关因素以及学生个体的基础之上，将影响学生学业素养的因素分成两个维度。这两个维度分别是学生自身的特征变量、学生与外界关系的特征变量。

一、学生自身的特征变量和学业水平

学生作为一个独立鲜活有思想的个体，不仅在心理方面有自己的特征，在生活和学习方面也有自己特殊的认知结构。所以，下面将从学生心理特征和学生学习认知两个方面来进行说明。

（一）学生的自尊和学业水平

自尊是生活中的一个常用概念，但是，它作为心理学的一个术语，由美国心理学家威廉·詹姆斯（William James）首次提出。他认为自尊是个人对自己抱负的实现程度，自尊 = 成功 / 抱负水平，即个人对于自我价值的感受，取决于其实际成就与潜在能力的比值。

受自尊心理特性的局限，无论是国外研究还是国内研究，评定自尊主要借助于自我报告，采用问卷测验法[⑤]。

自尊是个体对自我价值的判断，表达了个体对自己所持的态度[⑥]。自尊作为个

---

① 曲可佳、邹泓、李晓巍.北京市流动儿童的学校满意度及其与师生关系、学业行为的关系[J].中国特殊教育，2008.

② 徐凤娇.长沙市流动儿童生活事件、学校适应性、与自尊相关性的研究[D].中南大学硕士学位论文，2010.

③ 刘杨、方晓义，戴哲茹，王玉梅.流动儿童歧视、社会身份冲突与城市适应的关系[J].人口与发展，2012.

④ 张绘、龚欣、尧浩根.流动儿童义务教育学业表现的影响因素及其解释——来自北京的调研数据[C].2010年中国教育经济学学术年会论文集.

⑤ 许新赞.自尊量表（SES）对湖南中学生的适用性研究.湖南师范大学硕士学位论文，2005.

⑥ 玛戈·B.南婷著，丁祖荫译.儿童心理社会发展—从出生到青年早期.北京：人民教育出版社，1993.

人系统的核心组成部分，对于青少年的心理健康有着积极的影响。同时，它作为一个中介变量，对于青少年的情感、社会适应能力、认知和学习都有一定的作用。自尊的形成和发展受到很多因素的影响，比如他人的看法和评价、学业水平、父母的鼓励和支持等。费根（Feagans）认为学校的成功体验是影响学龄期青少年自尊的一个重要因素。

通过对文献的阅读发现，关于学生的自尊和学业水平的关系方面有两种不同的观点。一种认为自尊影响学业水平，另一种则认为学业水平可以提高学生的自尊感。综合来看，我们可以得出学生的自尊和学业水平之间有着密切的关系的结论。

国外有很多关于自尊和学生学业水平关系的研究。布罗克霍夫（Brookover），托马斯（Thomas）和帕特森（Patterson）的研究发现，学生的自我概念与学业成就之间存在着明显的相关关系[1]。卡温顿（Covington）的研究发现，自尊水平的增加或是降低会引起学业水平高低的相应变化。于是，他认为，自尊能通过直接的指导而得到改变；自尊的改变又会引起学业水平的起伏[2]。冬青（Holly）认为，自尊是学业成就的结果，而不是学业成就的原因。同时他又承认对于一个想在学业上取得成功的学生来说，某种水平的自尊是必需的，自尊和学业成就两者是相互影响、相互制约的关系[3]。国内也有不少关于自尊和学业水平关系的研究，如江耀强的调查研究表明，学生自尊水平与学业水平呈显著正相关[4]。

流动儿童作为城市的第二代移民，其群体的特殊性也决定了其自尊与学业水平的特殊性。适应新环境、新学校；建立新的师生关系和同伴关系；适应新的学习方式；频繁转学、复读、学业中断无法衔接等因素在一定程度上会影响学生的学业水平，使学习成绩下降，自尊水平受到影响。

张文新在比较城乡学生差异时发现，城市被试学生的自尊水平在总体上高于农村被试学生[5]。李小青、邹泓、王瑞敏、窦东徽以北京市 1018 名流动儿童和 319

① Brookover W B. Self-Concept of Ability and School Achievement. EastLansing［M］. Michigan Office of Research and Public Information，Michigan State University，1965.

② Covington M. Self-Esteem and Falilure in School［M］. Berkeley. CA：The Social Importance of Self-Esteem. U. C. Press，1989.

③ Holly W. Self-Esteem：Does It Contribute to Students' Academic Success？［Z］. Eugene，OR：Oregon School Sdudy Council，Univ. Of Oregon. 1987.

④ 江耀强，中学生自尊感水平与学业成就的相关研究［J］. 教育导刊. 1997，（2—3）：65—66.

⑤ 张文新. 初中学生自尊特点的初步研究. 心理科学［J］. 1997，20（6）：504—508.

名城市儿童为被试来考察北京市流动儿童自尊的发展特点的研究也表明，流动儿童的自尊发展水平显著低于城市儿童；流动儿童的自尊发展水平存在显著校际差异，混合校流动儿童的自尊发展水平显著高于打工子弟学校[①]。

这种情况的出现不难解释。流动儿童和他们的父母常被贴上"城市边缘人"的标签，他们的社会经济地位较低，经常得到外界的消极评价，如脏、讲话很土等。因为各种因素，流动儿童还无法享受与城市儿童同样的入学待遇。同时，这个年龄阶段的儿童思维比较片面，这些多方面的因素让流动儿童意识到自己与城市儿童的不同，从而降低自尊水平。

（二）学生的学习认知特征和学业水平

学生作为学习的主体，因自己已有学习经验和方式的差异，在进入新的学习环境或是进行新的学习内容时，学生的认知方式、学习动机、学习风格和学习策略都会有所差异。这种差异和学生的学业水平也有着密切的关系。

1. 学生的学习动机和学业水平

动机一词最初来源于拉丁文"movere"，该词正式出现在书名中是在 20 世纪 30 年代。关于动机研究，有较多繁杂的概念术语，如本能、驱力、自我效能感、成就动机、自我目标等。本文不在此论述。

近年来，研究者将动机的概念引入到教育领域，用学习动机来解释个体行为的发生与转变。国内外的学者对于学习动机的定义也是众说纷纭，这里仅列举国内外各一种。德尔涅伊（Dornyei）将学习动机定义为一个动态的过程，从刺激个体产生学习欲望、维持学习行为、达到预期目标或受到其他因素影响而导致学习欲望减弱、最终终止学习行为等一系列环节。刘明娟等认为学习动机是在自我调节的作用下，个体使自身的内在要求（如本能需要、驱力等）与学习行为的外在诱因（目标、奖励等）相协调，从而形成激发、维持学习行为的动力因素。

目前，研究者对于学习动机的研究主要在以下几个方面：关于动机的总体性研究；关于某一个阶段学生（如中学生、高中生、大学生）的学习动机的研究；关于某一学科（如英语学习）学习动机的研究。国内外的众多研究表明，在影响学生学习成绩的因素中，学生的学习动机是个非常重要的变量。

国外学者尤古罗格卢（Rogge Lou）和华尔伯格（Holzberg）考查了大量的关于

---

① 李小青，邹泓，王瑞敏，窦东徽. 北京市流动儿童自尊的发展特点及其与学业行为、师生关系的相关研究. 心理科学［J］. 2008，31（4）.

动机与成就关系的报告，该调查的样本量为 1–12 年级的学生共 637000 人，样本具有一定代表性。他分析了其中 232 项动机测量与学业成就之间的相关系数，结果发现 98% 呈现正相关。这一相关关系表明，高动机水平的学生，其学业成就也高，同时，高学业成就水平也意味着学生拥有较高的动机水平。

国内学者关于学习动机的研究多从学习动机的内部及外部因素进行，如家庭资源对学习动机的影响；元认知及学习策略和学习动机的关系的相关研究。俞国良等认为，家庭环境、父母对于子女的期望及相关的指导、评价与孩子的学习动机有关。良好的家庭环境、较高的父母期望和经常的指导、正面鼓励性的评价会使孩子有比较高的学习动机；反之，孩子的学习动机水平会比较低，进而会影响学业成就水平。刘加霞等人对北京市一所普通中学 7、8、10、11 四个年级的 398 名学生进行了问卷调查，考察中学生的学习动机、学习策略的关系以及二者对学习成绩的影响。调查结果表明：中学生的学习动机与学习成绩之间呈显著正相关；学习动机除对学习成绩有直接影响外，还通过影响学习策略间接影响学习成绩[①]。孙彩娟（2009）指出，学生的学习自主性与外在动机呈现负相关，但是与内在动机呈现正相关。内在动机对学业成就的影响大于学习自主性对学业成就的影响[②]。李炳煌在对《农村初中生学习动机、学习态度与学业水平的相关研究》中发现内部动机和学习态度对学生学业水平有直接作用，可以预测学生的学业水平[③]。

2. 学生的学习策略与学业水平

学习策略是指学习者为了提高学习的效果和效率、有意识制定的有关学习过程的复杂的方案。它包括认知策略、元认知策略和资源管理策略三个方面[④]。

近年来大量研究表明，学习策略与学生的学业水平关系密切，对其有显著的影响。有些研究表明学习策略直接影响学生的学业水平；有些研究则表明学习策略通过其他中介变量的作用进而影响学生的学业水平，或是其他变量通过影响学习策略进而影响学业水平。

刘志华、郭占基对非重点中学的 357 名初中学生的研究表明，成就动机和学

---

① 刘加霞，辛涛，黄高庆，申继亮 . 中学生学习动机、学习策略与学习成绩关系研究［J］. 教育理论与实践，2000.

② 朱巨荣 . 中学生学习压力、学习动机、学习自信心与学业成就的关系研究 . 华中师范大学硕士学位论文，2014.

③ 李炳煌 . 农村初中生学习动机、学习态度与学业成绩的相关研究［J］湖南科技大学学报，2012.

④ 卢强 . 教育心理学［M］. 北京出版社，2011.

习策略对学业水平影响显著，而且两者间不存在交互作用。即无论成就动机怎样变化，学习策略都会对学习成绩产生显著性影响。而且，成绩优秀生和差等生在成就动机和学习策略上存在显著差异，两者的水平差异是导致学业水平分化的主要因素之一①。余欣欣、李山等的研究发现高中生的学习策略和学习成绩呈显著的正相关，对学习成绩有显著的回归效应和直接影响②。甘诺，陈辉以833名初中学生为被试，采用相关分析，多元回归分析及路径分析等方式研究了学习策略、内部动机对学业成就的影响，结果表明，学习策略直接影响学业成就③。

刘加霞、辛涛、黄高庆、申继亮通过对北京市一所普通中学的398名学生（来自四个年级：初一、初二、高一、高二）进行调查，来考察中学生的学习动机、学习策略的关系及两者对学业水平的影响。该研究发现：学习策略与表面型学习动机呈显著负相关，与深层型学习动机、成就型学习动机呈显著正相关。中学生的学习动机（除表面型动机外）、学习策略、学业水平两两之间呈显著正相关，其中学习策略中的动机策略与学业水平的相关系数最高。学习动机、学习策略对学业水平都有影响，但影响程度不同，学习动机除对学业水平有一定直接影响外，还通过影响学习策略从而间接影响学业水平④。

二、学生与外界关系的特征变量和学业水平

学生不仅是一个独立的个体，同时，他也是生活在社会中的具有社会属性的社会成员。所以，学生不仅需要与自己和家人相处，也需要和学校中的老师、同学以及社会中的人和事相处。学生和学校的关系，师生关系和同伴关系都会直接或间接地影响其学业水平。

1. 学校环境与学业水平

自我决定论的专家认为，个体通过与环境的相互作用来寻求那些可以满足他们基本需求的经验。这种观点认为，学生在学校的参与度会受到学生所感知到的

---

① 刘志华，郭占基．初中生的学业成绩动机、学习策略学业成绩关系研究［J］．心理科学，1993.
② 余欣欣，李山等．影响高中生学习成绩的多因素分析——学习策略、学业自我概念、自我监控学习行为对学习成绩的影响［J］．广西师范大学学报，2003.
③ 甘诺，陈辉．中学生学习策略、学习动机与学业成就的相关研究［J］．心理探索，2006.
④ 刘加霞，辛涛，黄高庆，申继亮．中学生学习动机、学习策略与学习成绩关系研究［J］．教育理论与实践，2000.

学校环境满足他们心理需求程度的影响。Stage environment fit and expectancy-value theorists 进一步认为，学校如果不能满足青少年的心理需求，容易导致学生学习动机和兴趣减弱；同时，当学生进入中学的时候，这也会影响学生的参与度和学生的学业水平[①]。

学校环境中还有一个很重要的表现是学校满意度。学校满意度是指一个人根据自己选择的标准对学校生活质量所做的总体评价[②]，是主观幸福感的一种。研究者指出，学校满意度低是学业不良、退学等学习和行为问题的原因之一[③]。在控制了性别、年级、父母文化程度等基本人口学变量之后，学校满意度是抑郁、焦虑症状、打架、吸烟饮酒、上网时间过长等健康危害行为的危险性因素。这些情况也同样适用于流动儿童群体，不同于普通儿童，流动儿童群体面临着"双重适应"，他们从熟悉的家乡到陌生的城市，不仅需要适应新的城市生活，也需要适应新的学校、新的学习环境和培养新的人际关系[④]。

邹红等对北京市 10 所不同类型的流动儿童学校的学校满意度调查发现，44% 的流动儿童学校的满意度水平低于总体平均分，而且打工子弟学校学生的学校满意度水平显著低于公立校和混合校[⑤]。

杨小青、许燕采用学校满意度问卷和学习倦怠问卷，对整群分层抽取的广西 5 所高职院校 250 名有留守经历高职生进行测试，并与无留守经历高职生 683 名进行比较，结果发现：留守经历对高职生学校满意度有较大影响，学生的学校满意度与学习倦怠呈显著负相关，这说明学校满意度与学习倦怠关系密切，学校满意度会影响学习倦怠[⑥]。

————————

① Ming-Te Wang, Jacquelynne S. Eccles. School context, achievement motivation, and academic engagement: A longitudinal study of school engagement using a multidimensional perspective [J]. Learning and Instruction, 2013.

② Gilman R. Review of life satisfaction measures for adolescents. Behavior Change, 2000, 17(3).

③ 孙莹，陶芳标.中学生学校生活满意度与自尊、应对方式的相关性.中国心理卫生杂志，2005，19(11).

④ 陶芳标，孙莹，风尔翠等.青少年学校生活满意度评定问卷的设计与信度、效度评价.中国学校卫生，2005，26(12).

⑤ 曲可佳，邹红，李晓巍.北京市流动儿童的学校满意度及其与师生关系、学业行为的关系 [J].中国特殊教育.2008.

⑥ 杨小青，许燕.童年期有留守经历高职生学校满意度与学习倦怠关系分析.中国学校卫生 [J].2011(6).

2. 师生关系与学业水平

师生关系是学校生活中最主要的人际关系之一。国外有许多研究表明，良好的师生关系有利于儿童形成对学校的积极情感态度，积极参与班级、学校活动，与同学形成积极的情感关系，发展良好的个性品质和较高的社会适应能力；不良的师生关系可能使儿童产生孤独的情感，对学校的消极情感、在学校环境中表现退缩、与老师同学关系疏远以及攻击性行为等，从而影响其学业行为和成就，进而造成辍学、心理障碍等现象[1]。国内也有一些相关研究表明师生关系对学生的学业水平有着显著的影响。李春苗、刘祖平在师生关系对中学生学习影响的调查研究中发现，中学生对与科任老师关系的主观知觉与该门课的成绩有着显著的相关性。董奇研究发现，中学生师生关系知觉与其学业成就显著相关[2]。贺斌、刘之谦认为师生关系影响教师教与学的积极性，影响学生学业水平和个性社会化的发展[3]。

3. 同伴关系与学业水平

同伴关系是指年龄相近或相同的儿童之间的一种共同活动并相互协作的关系，或者主要指同龄人间或心理发展水平相当的个体间在交往过程中建立起来和发展起来的一种人际关系[4]。关于影响同伴关系的因素，很多学者进行了研究，综合起来认为以下因素影响着儿童的同伴关系：家长抚养方式、认知能力、社交能力、行为特征、身体特征、性别、年龄等。

有很多文献表明同伴关系是影响学生学业水平的一个十分重要的变量。美国心理学家温特森（Wdntzel）认为，良好的同伴关系有利于个体获得学业成就[5]。埃里森（Allison）和瑞安（Ryan）通过研究得出，同伴关系影响学生的学业水平[6]。同伴关系可分为两个维度——同伴接纳和友谊。同伴接纳（受欢迎）是一种群体指向的单向结构，反映的是群体成员对个体的态度——喜欢或不喜欢，接纳或排斥，同伴接纳水平是个体在同伴群体中社交地位的反映；

---

① Fisher D, Kent H, Fraser B. Relationships between teacher-student interpersonal behavior and teacher personality [J]. School Psychology International, 1998, 19 (2): 154—166.

② Dong Qi, Chen Chuan-sheng. The role of relationship with teachers in adolescent development among national sample of Chinese urban adolescents [J]. 应用心理学, 2001 (2): 3—10.

③ 贺斌，刘之谦. 初中学生心理与教育 [M]，太原：山西高校联合出版，1993.

④ 张文新. 儿童社会性发展 [M]. 北京：北京师范大学出版社，2002. 133.

⑤ 王强，柳静. 不良同伴关系对青少年行为问题的影响及矫治 [J]. 理论月刊，2005 (1): 118—120.

⑥ Allison M, Ryan. Peer groups as a context for the socialization of adolescents' motivation, engagement and achievement in school [J]. Educational psychologist, 2001, 35 (2): 101—111.

友谊关系则是一种以个体为指向的双向结构，反映的是两个个体间的情感联系①。许多研究探讨了同伴接纳对学业水平的影响，发现被同伴拒绝或不受欢迎的儿童的学习成绩普遍低于受欢迎儿童，并且其缺勤率和中途辍学率也很高。关于友谊对学习成绩影响的研究不是很多，但结果却比较一致，青少年的友谊对个体的学业成就有积极的影响②。约翰·凡图佐（John Fantuzzo）等研究表明，拥有朋友的学生与没有朋友的学生相比，其学业水平得分存在显著差异，没有朋友的学生在学业水平上的得分明显低于有朋友的学生③。

学业水平不良是很多因素引起的，其中同伴关系不良是影响学习情绪而导致成绩下降的一个重要因素，被同伴拒绝的孩子在学业上获得同伴的帮助要比其他孩子少。长期的同伴排斥导致儿童消极地看待自己和他人，对学校产生消极和负面的态度，因此他们不愿意参加学校活动，包括学业活动。这些在学业上和交往上常遭失败的学生，由于其成就需要和交往需要得不到满足，经常体验到由挫折引起的紧张、愤懑、焦虑等情绪，这些消极的情绪又引发学生个体对学业和同伴的消极行为反应，而消极的行为又更进一步导致学业和同伴关系的不良。

第三节　学生个性特征对语文学业水平的影响

一、研究设计和思路

本章主要是为了探究：（1）学生层面的什么特征会对流动儿童的语文学业素养产生影响？（2）不同的学业水平的学生的心理感受是否有所不同？在本章中，主要会使用到如下几个变量：

———————————

① Bukowski W M，Newcomb A F，Stability and Determinants of Sociometric Status and Friendship Choice：Along itudinal Perspective［J］. Developmental Psychology，1984.

② 杨光艳，陈青萍. 同伴关系的功能及其对学业成绩的影响［J］. 衡水学院学报，2006（3）：61—64.

③ Wentzel. Friendships in Middle School：Inflences on Motivation and School Adjustment［J］. Journal of Educational Psychology，2004，96（2）：95—203.

表 8-1 流动儿童语文学习情况调查指标和工具

调查指标	调查工具	二级调查指标	本章使用
语文素养	语文学业水平试卷	语文基础知识、阅读、写作	√
	学习动机、方法问卷	学习动机、学习策略	√
相关因素	学校层面问卷	学校性质、流动儿童所占比例、家庭经济背景	
	教师层面问卷	教龄、教师效能感、师生关系感知	
	学生层面问卷	家庭方面：父母教育水平、父母职业声望、父母职业收入、父母期望、补习班、兴趣班 个体方面：性别、流动普通、学校支持程度、自尊	√

为了比较分析哪些学生方面的变量会对学生的学业水平产生影响，本研究主要采取多元回归分析的方法来分析学生个人的因素对学生学业素养的影响。并且，为了深入考查不同水平的学生的心理特质，本章还采用方差分析等均值比较的方法来开展研究。

二、学生个性特征的基本情况描述学业水平

首先，对学生的三个量表：学校环境量表、比格斯的学习过程调查问卷量表和罗森伯格的自尊量表进行描述性分析，分析的变量有 12 个，分别是学校结构性支持、学生选择权、教师的教学支持、教师的情感支持、同伴的情感支持、表层学习动机、表层学习策略、深层学习动机、深层学习策略、成就学习动机、成就学习策略和自尊。该描述分析是分两次进行的，一次是 3 年级到 8 年级 6 个年级的总的分析，一次是分年级、分量表进行分析。

1. 学生个性特征量表的总体描述分析学业水平

在对三个学生量表进行总体的描述性分析时，又具体分为对全部学生的描述性分析和对普通儿童、流动儿童的描述性分析，以此想要看出普通儿童和流动儿童在三个学生量表上面得分的差异以及他们在语文学业素养上的差异。

表 8-2 全体学生心理特征的描述性分析

描述统计量	平均值	标准差
学校结构性支持	4.718	1.117
学生选择权	3.247	1.217
教师的教学	4.432	1.200
教师的情感支持	3.487	1.320
同伴的情感支持	3.909	1.359
表层学习动机	3.823	1.017
表层学习策略	4.306	1.104
深层学习动机	3.681	1.010
深层学习策略	3.730	1.091
成就学习动机	3.741	1.001
成就学习策略	4.138	1.084
自尊	3.183	0.537

从上表可以看出，学校的结构性支持和教师的教学得分较高；表层学习策略、成就学习策略、同伴的情感支持的得分次高；表层学习动机、深层学习动机和成就学习动机三者的得分居中且差异不明显；教师的情感支持和学生选择权的得分偏低。其中，自尊的得分最低。

表 8-3 普通儿童和流动儿童三个量表的描述性分析

	普通儿童		流动儿童	
	均值	标准差	均值	标准差
学校结构性支持	4.999	1.004	4.673	1.124
学生选择权	3.548	1.211	3.197	1.209
教师的教学	4.791	1.097	4.368	1.204
教师的情感支持	3.762	1.336	3.437	1.31
同伴的情感支持	4.314	1.391	3.836	1.339
表层学习动机	3.975	1.001	3.796	1.018
表层学习策略	4.545	1.088	4.264	1.101
深层学习动机	3.677	0.934	3.682	1.023
深层学习策略	3.813	1.009	3.716	1.104
成就学习动机	3.873	0.935	3.718	1.01

续表

	普通儿童		流动儿童	
	均值	标准差	均值	标准差
成就学习策略	4.357	0.999	4.1	1.094
自尊	3.03	0.559	3.21	0.528

　　为了进一步的比较普通儿童和流动儿童在学校结构性支持、学生选择权等12个变量上的均值差异，进行了独立样本T检验。从T检验结果来看，普通儿童和流动儿童只有在深层学习动机和深层学习策略这两个变量的均值差异不显著（p>0.05）。而且，流动儿童只有在深层学习动机和自尊这两个变量上高于普通儿童，其他10个变量的值均低于普通儿童。普通儿童和流动儿童的学校结构性的支持的值最高，自尊的值最低。

　　2.学生个性特征量表的分年级描述学业水平

　　下面将对三个学生量表：学校环境量表、比格斯的学习过程调查问卷量表和罗森伯格的自尊量表进行分年级、分量表的描述性分析，以此想要考查每一个量表在哪些年级、哪些变量上得分比较高；在哪些年级、哪些变量上得分比较低。

表8-4　学校环境量表的描述性分析

年级	统计量	学校结构性支持	学生选择权	教师的教学支持	教师的情感支持	同伴的情感支持
3	平均数	4.555	2.981	4.229	3.367	3.483
	标准差	1.153	1.152	1.176	1.331	1.346
4	平均数	4.633	3.189	4.386	3.458	3.914
	标准差	1.167	1.178	1.217	1.31	1.333
5	平均数	4.796	3.301	4.544	3.538	3.959
	标准差	1.065	1.321	1.213	1.26	1.315
6	平均数	4.834	3.515	4.521	3.573	4.217
	标准差	1.078	1.172	1.183	1.362	1.342
7	平均数	5.086	3.426	4.777	3.673	4.377
	标准差	0.927	1.115	1.115	1.323	1.207
8	平均数	5.31	3.819	4.942	3.616	4.94
	标准差	0.617	1.137	0.975	1.382	0.946

从上表可以看出，学校结构性支持这一变量得分都较高，而且分数从 3 年级到 8 年级呈现递增趋势，到 8 年级得分达到最高值。教师的教学支持这一变量得分也比较高，从 3 年级到 8 年级（5 年级得分比 6 年级稍高一些，但差异不大）得分呈递增趋势。在情感支持方面，同伴的情感支持得分在 3—8 年级均高于教师的情感支持得分。同时，同伴的情感支持得分从 3 年级到 8 年级呈递增趋势；教师的情感支持得分在小学 3—6 年级呈递增趋势，进入中学后，7 年级的得分略高于 8 年级的得分。

表 8-5　比格斯的 SPQ 量表描述分析

年级	统计量	表层学习动机	表层学习策略	深层学习动机	深层学习策略	成就学习动机	成就学习策略
3	平均数	3.861	4.278	3.748	3.775	3.624	4.113
	标准差	1.087	1.177	1.041	1.189	1.048	1.156
4	平均数	3.862	4.372	3.754	3.797	3.776	4.227
	标准差	1.042	1.153	1.044	1.119	1.028	1.106
5	平均数	3.74	4.236	3.584	3.623	3.697	4.055
	标准差	1.02	1.048	1.014	1.079	1.026	1.106
6	平均数	3.803	4.31	3.639	3.719	3.839	4.134
	标准差	0.932	1.043	0.951	0.964	0.921	0.984
7	平均数	3.756	4.278	3.52	3.568	3.755	4.085
	标准差	0.821	0.915	0.801	0.933	0.685	0.91
8	平均数	4.044	4.592	3.62	3.849	4.261	4.386
	标准差	0.857	0.918	0.968	0.953	0.739	0.777

从上表可以看出，表层、深层和成就对应的学习策略的得分从 3 年级到 8 年级均高于学习动机。其中，表层学习策略和成就学习策略的得分较高，且均在 8 年级时分值最高，其他年级得分差异不明显；深层学习策略在小学 3—6 年级得分区别不明显，且得分在 7 年级时最低，8 年级时最高。表层学习动机的得分在小学 3—6 年级差异不大，8 年级时得分最高；深层学习动机在 3—4 年级的得分最高，其他年级变化不大；成就学习动机在小学阶段 3 年级时得分最低，6 年级时得分最高，在中学阶段 7 年级得分较低，低于小学 4 年级和 6 年级，8 年级时得分最高。

表 8-6　罗森伯格的自尊量表

自尊 / 年级	3	4	5	6	7	8
平均数	3.214	3.147	3.227	3.161	3.139	3.090
标准差	0.554	0.552	0.503	0.529	0.528	0.514

从上表可以看出，学生的自尊得分在 3—8 年级都比较低，而且得分差异不明显，变化不大。自尊的得分在小学阶段 4 年级时最低，中学阶段则是 8 年级时最低。

三、学生个体层面的哪些因素影响了语文学业水平？

（一）学生个性特征与语文学业水平的相关分析

为了考查学生学习情况的三个量表：学校环境量表、比格斯的学习过程调查问卷量表和罗森伯格的自尊量表与学生语文学业素养之间的相关关系，下面将先对学校环境量表和比格斯学习过程量表内部的各变量做相关分析；然后，分别以三个量表各自的变量和学生的语文学业素养为相关变量，做皮尔逊相关分析。

1. 学校环境量表 5 个因素的关系分析

表 8-7　学校环境量表的相关分析表

	学校的结构性支持	学生选择权	教师的教学	教师的情感支持	同伴的情感支持
学校的结构性支持	1	0.401**	0.590**	0.425**	0.351**
学生选择权		1	0.472**	0.530**	0.424**
教师的教学			1	0.544**	0.462**
教师的情感支持				1	0.495**
同伴的情感支持					1

注：**. 在 .01 水平（双侧）上显著相关。

从上表可以看出，学校环境量表内部的五个变量：学校的结构性支持、学生选择权、教师的教学、教师的情感支持和同伴的情感支持都是两两显著相关（p<0.01）。

2. 比格斯 SPQ 量表 6 个因素的关系分析

表 8-8　比格斯的 SPQ 量表的相关分析表

	表层学习动机	表层学习策略	深层学习动机	深层学习策略	成就学习动机	成就学习策略
表层学习动机	1	0.631**	0.591**	0.650**	0.595**	0.654**
表层学习策略		1	0.497**	0.652**	0.581**	0.743**
深层学习动机			1	0.571**	0.626**	0.532**
深层学习动机				1	0.576**	0.687**
成就学习动机					1	0.616**
成就学习策略						1

注：**. 在 .01 水平（双侧）上显著相关。

从上表可以看出，比格斯的 SPQ 量表内部的 6 个变量：表层学习动机、表层学习策略、深层学习动机、深层学习策略、成就学习动机和成就学习策略都是两两显著相关（p<0. 01）。

3. 学校、教师和同伴与学生语文学业水平的关系分析

学校环境量表有 5 个维度，分别是学校结构性支持、学生选择权、教师的教学支持、教师的情感支持、同伴的情感支持。下面，将考查它们和学生语文学业素养之间的相关关系，以它们和学生的语文学业素养为相关变量，做皮尔逊相关分析；同时，做了分年级的皮尔逊相关分析。结果如下表所示：

表 8-9　学校环境量表与语文学业水平的相关分析表

统计量	学校结构性支持	学生选择权	教师的教学支持	教师的情感支持	同伴的情感支持
相关系数	0.259**	0.088**	0.204**	0.096**	0.165**

注：**. 在 .01 水平（双侧）上显著相关。

从上表可以看出，学校结构性支持、学生选择权、教师的教学支持、教师的情感支持、同伴的情感支持与学生的语文学业素养均呈现出显著相关的关系（p<0. 01）。这与康奈尔 Connell 和韦尔伯恩（Wellborn）（1991），德西（Deci）和瑞安（Ryan）（2000），克拉普（Krapp）（2005），勒瑟（Roeser），埃克尔斯（Eccles）和萨莫诺夫（Sameroff）（1988）等人的研究是一致的。他们认为，学生在学校能否积极地去参与学校的学习和生活，会受到他们所感知到的学校环境是

否可以满足他们心理需求程度的影响。比如，学校和老师是否能够根据学生的水平和期望来调整其教学结构，是否能够为他们提供令他们感兴趣的教学和相关活动。如果学校不能满足其正常的心理需求，就容易导致学生学习动机的学习兴趣的减弱，进而影响他们的学业素养。

表 8-10 3-8 年级的学校环境量表与语文学业素养的相关分析

年级	学校结构性支持	学生选择权	教师的教学支持	教师的情感支持	同伴的情感支持
3	0.250**	0.087*	0.197**	0.118**	0.023
4	0.235**	0.012	0.168**	0.014	0.117**
5	0.234**	0.015	0.178**	0.044	0.087*
6	0.336**	0.166**	0.266**	0.209**	0.344**
7	0.116	0.181	0.200	0.108	0.158
8	0.188	−0.311	0.121	−0.181	0.119

注：**. 在 .01 水平（双侧）上显著相关。
　　*. 在 0.05 水平（双侧）上显著相关。

从上表可以看出，学校结构性支持这一变量在小学阶段 3—6 年级均与学生的语文学业素养高度相关（p<0.01），但是，在 7 年级和 8 年级时关系不显著。学生选择权变量在小学的 6 年级呈现出高度相关（p<0.01），小学 3 年级呈显著相关（p<0.05），8 年级时出现负相关的关系，4 年级、5 年级和 7 年级则关系不显著。教师的教学支持变量在小学阶段 3—6 年级均与学生的语文学业素养高度相关（p<0.01），7 年级和 8 年级时关系不显著。教师的情感支持变量在小学 3 年级和 6 年级均呈现出高度相关（p<0.01），4、5、7 年级关系不显著，8 年级时出现负相关。同伴的情感支持变量在小学阶段的 4 年级和 6 年级呈高度相关（p<0.01），5 年级呈显著相关的关系（p<0.05），3 年级、7 年级和 8 年级均关系不显著。

4. 学习动机和学习策略与学生语文学业素养的关系分析

比格斯的 SPQ 量表共分为 6 个维度，分别是表层学习动机和表层学习策略、深层学习动机和深层学习策略、成就学习动机和成就学习策略。下面，将考查它们和学生语文学业素养之间的相关关系，以它们和学生的语文学业素养为相关变量，做皮尔逊相关分析；同时，做了分年级的皮尔逊相关分析。结果如下表所示：

表 8-11　比格斯的 SPQ 量表与语文学业素养的相关分析

统计量	表层学习动机	表层学习策略	深层学习动机	深层学习策略	成就学习动机	成就学习策略
系数	0.053**	0.193**	−0.046*	0.050*	0.066**	0.152**

注：**. 在 .01 水平（双侧）上显著相关。
　　*. 在 0.05 水平（双侧）上显著相关。

从上表可以看出，表层学习动机、表层学习策略、成就学习动机和成就学习策略均与学生的语文学业素养呈现出高度相关的关系（p<0.01）；深层学习策略与学生的语文学业素养呈显著相关（P<0.05）；深层学习动机与学生的语文学业素养呈显著负相关（P<0.05）。

表 8-12　3-8 年级的比格斯的 SPQ 量表与语文学业素养的相关分析

年级	表层学习动机	表层学习策略	深层学习动机	深层学习策略	成就学习动机	成就学习策略
3	0.061	0.158**	−0.013	0.103**	0.068	0.176**
4	0.008	0.149**	−0.075	0.034	0.004	0.107**
5	0.009	0.225**	−0.041	0.000	0.090*	0.158**
6	0.167**	0.277**	−0.008	0.105*	0.075	0.221**
7	0.168	0.263*	−0.028	0.002	0.112	0.133
8	−0.156	0.059	−0.318*	−0.166	−0.311*	−0.174

注：**. 在 .01 水平（双侧）上显著相关。
　　*. 在 0.05 水平（双侧）上显著相关。

从上表可以看出，表层学习动机变量在小学 6 年级时与学生的语文学业素养高度相关（p<0.01）；其他年级关系不显著，其中，8 年级出现负相关的关系。表层学习策略在小学阶段 3—6 年级均呈高度相关（p<0.01），中学阶段 7 年级时显著相关（p<0.05），8 年级关系不显著。深层学习动机在 3—7 年级与学生语文学业素养均关系不显著，且均呈负相关；8 年级时与学生的语文学业素养显著负相关（p<0.05）。深层学习策略在小学 3 年级时与学生语文学业素养呈高度相关（p<0.01），6 年级时显著相关（p<0.05）；其余年级均关系不显著，而且，在 8 年级出现负相关。成就学习动机在 3 年级时与语文学业素养显著正相关（p<0.05），8 年级时显著负相关（p<0.05）；其余年级关系不显著。成就学习策略在小学阶段 3—6 年级均呈高度相关（p<0.01）；中学阶段 7 年级和 8 年级关系不显著，且 8 年级出现负相关。

　　总体看来，这 6 个变量在小学阶段与学生的语文学业素养呈现出较为明显的相关关系，有些还呈高度相关。但是，在进入中学后，只有表层学习策略在 7 年级与学生语文学业素养显著相关（$p<0.05$），深层学习动机和成就学习动机在 8 年级与学生语文学业素养呈显著负相关的关系（$p<0.05$）。

　　5. 自尊与学生语文学业素养的关系分析

　　罗森伯格的自尊量表只有自尊这一个维度。下面，将考查它和学生的语文学业素养之间的相关关系。以自尊和学生的语文学业素养为相关变量，做皮尔逊相关分析；同时，做了分年级的皮尔逊相关分析。结果如下表所示：

表 8-13　罗森伯格的自尊量表与语文学业素养的相关分析表

统计量	自尊
相关系数	−0.256**

注：**. 在 .01 水平（双侧）上显著相关。

　　从上表可以看出，自尊这一变量与学生的语文学业素养呈现出高度相关的关系（$p<0.01$），且是负相关。

表 8-14　3-8 年级的罗森伯格的自尊量表与语文学业素养的相关分析表

自尊 / 年级	3	4	5	6	7	8
相关系数	−0.136**	−0.273**	−0.261**	−0.343**	−0.448**	−0.298*

注：**. 在 .01 水平（双侧）上显著相关。
　　*. 在 0.05 水平（双侧）上显著相关。

　　从上表可以看出，自尊这一变量在 3—7 年级时与学生的语文学业素养均呈高度负相关的关系（$p<0.01$），在 8 年级的时候呈显著负相关（$p<0.05$）。

（二）学生个性特征对语文学业水平的回归模型

　　为了考查学校环境量表、比格斯的 SPQ 量表、罗森伯格的自尊量表中的 12 个变量：学校结构性的支持、学生的选择权、教师的教学支持、教师的情感支持、同伴的情感支持、表层学习动机、表层学习策略、深层学习动机、深层学习策略、成就学习动机、成就学习策略和学生的语文学业素养之间的关系，以这三个量表中的 12 个变量为自变量，学生的语文学业素养为因变量，对其进行逐步回归分析，试分析其变化趋势和主要的影响因素。分别对全体学生、普通儿童和流动儿童进行回归分析，想要通过这样的分析来考查普通儿童和流动儿童在语文学业素养上的差异。

表 8-15　三类学生量表的描述性统计量

	普通儿童		流动儿童		全体儿童	
	均值	标准差	均值	标准差	均值	标准差
Y　　语文学业素养	0.122	0.512	−0.014	0.526	0.007	0.526
X1　学校结构性支持	5.016	0.971	4.699	1.11	4.746	1.096
X2　学生的选择权	3.528	1.182	3.214	1.208	3.261	1.209
X3　教师的教学支持	4.795	1.085	4.387	1.202	4.447	1.194
X4　教师的情感支持	3.733	1.336	3.443	1.311	3.487	1.318
X5　同伴的情感支持	4.379	1.352	3.86	1.341	3.937	1.355
X6　表层学习动机	3.979	1.005	3.805	1.016	3.831	1.016
X7　表层学习策略	4.575	1.064	4.281	1.098	4.325	1.098
X8　深层学习动机	3.675	0.933	3.684	1.024	3.683	1.011
X9　深层学习策略	3.834	1.001	3.727	1.101	3.743	1.087
X10　成就学习动机	3.877	0.92	3.726	1.009	3.749	0.997
X11　成就学习策略	4.378	0.994	4.111	1.093	4.151	1.083
X12　自尊	3.02	0.559	3.202	0.525	3.175	0.534

上面关于三个学生量表的变量描述统计在前面已经详细分析过，这里便不再赘述。

下面将分别显示在引入和剔除变量过程当中普通儿童和流动儿童的模型汇总情况。

表 8-16　普通儿童的模型汇总

模型	R	R 方	标准误差	更改统计量				
				R 方更改	F 更改	df1	df2	Sig.
1	0.230a	0.053	0.500	0.053	19.074	1	341	0.000
2	0.277b	0.077	0.494	0.024	8.672	1	340	0.003

说明：

    a. 预测变量：（常量），自尊

    b. 预测变量：（常量），自尊，教师情感支持

从表中可以看出，在引入和剔除变量的过程当中，第一步引入了自尊变量，此时贡献率是 $R^2=0.053$；第二步引入教师的情感支持后，这时贡献率 R^2 增加量为 0.024，这时所有自变量贡献率为 $R^2=0.077$。在整个回归分析的过程当中，剔除掉了学校环境量表中的学校的结构性支持、学生选择权、教师的教学支持、同伴的情感支持 4 个变量；比格斯的 SPQ 量表中的表层学习动机、表层学习策略、深层学习动机、深层学习策略、成就学习动机、成就学习策略全部 6 个变量。

表 8-17　流动儿童的模型汇总

模型	R	R 方	标准误差	更改统计量				
				R 方更改	F 更改	df1	df2	Sig.
1	0.266a	0.071	0.508	0.071	148.884	1	1957	0.000
2	0.337b	0.114	0.496	0.043	95.091	1	1956	0.000
3	0.348c	0.121	0.494	0.007	16.158	1	1955	0.000
4	0.359d	0.129	0.492	0.008	18.279	1	1954	0.000
5	0.364e	0.133	0.491	0.003	7.645	1	1953	0.006
6	0.370f	0.137	0.490	0.004	9.507	1	1952	0.002
7	0.374g	0.140	0.490	0.003	7.536	1	1951	0.006
8	0.378h	0.143	0.488	0.003	5.747	1	1950	0.017

说明：

a. 预测变量：（常量），学校结构性的支持

b. 预测变量：（常量），学校结构性的支持，自尊

c. 预测变量：（常量），学校结构性的支持，自尊，深层学习动机

d. 预测变量：（常量），学校结构性的支持，自尊，深层学习动机，表层学习策略

e. 预测变量：（常量），学校结构性的支持，自尊，深层学习动机，表层学习策略，同伴的情感支持

f. 预测变量：（常量），学校结构性的支持，自尊，深层学习动机，表层学习策略，同伴的情感支持，教师的情感支持

g. 预测变量：（常量），学校结构性的支持，自尊，深层学习动机，表层学习策略，同伴的情感支持，教师的情感支持，深层学习策略

h. 预测变量：（常量），学校结构性的支持，自尊，深层学习动机，表层学习策略，同伴的情感支持，教师的情感支持，深层学习策略，教师的教学支持

从上表可以看出，在引入和剔除变量的过程当中，第一步引入了学校结构性的支持变量，此时贡献率是 $R^2=0.071$；第二步引入自尊后，这时贡献率 R^2 增加量为 0.043，这时所有自变量贡献率是 $R^2=0.114$；第三步引入深层学习动机后，R^2 增加量为 0.007，这时贡献率是 $R^2=0.121$；第四步引入表层学习策略后，R^2 增加

量为 0.008，贡献率为 R^2=0.129；第五步引入同伴的情感支持后，R^2 增加量为 0.003，这时贡献率为 0.133；第六步引入教师的情感支持后，R^2 增加量为 0.004，贡献率为 R^2=0.137；第七步引入深层学习策略后，R^2 增加量为 0.003，贡献率为 R^2=0.140；第八步引入教师的教学后，R^2 增加量为 0.003，这时进入的 8 个自变量的贡献率为 R^2=0.143。同时，剔除掉了学校环境量表中的学生选择权比格斯的 SPQ 量表中的表层学习动机、成就学习动机和成就学习策略这三个变量。

为了进一步地考查普通儿童和流动儿童在语文学业素养方面的差异，哪些变量对普通儿童和流动儿童的语文学业素养更为重要？哪些变量并非如此重要？对普通儿童和流动儿童保留下来的变量做了一个表格梳理，以此方便对其进行分析和比较。其中表格中的 1 表示在回归分析中保留下来的变量。

表 8-18 普通儿童和流动儿童变量保留表

变量	普通儿童	流动儿童
学校结构性的支持		√
学生选择权		
教师的教学支持		√
教师的情感支持	√	√
同伴的情感支持		√
表层学习动机		
表层学习策略		√
深层学习动机		√
深层学习策略		√
成就学习动机		
成就学习策略		
自尊	√	√

从表格中我们可以看出，教师的情感支持和自尊这两个变量对于普通学生的语文学业素养的提升非常重要，而相比于普通儿童，流动儿童的学校结构性的支持、教师的教学支持、同伴的情感支持、表层和深层学习策略、深层学习动机对于流动儿童的语文学业素养的发展也非常重要。流动儿童属于一个弱势群体，学校和教师的支持对于流动儿童学业水平的提高非常重要。同样，流动儿童也由于心理敏感脆弱、较难以融入新的城市、新的学校和新的班集体等原因，比普通儿

童更需要来自同伴群体的情感支持和帮助。在具体的学习中，教师要注意培养流动儿童的表层学习动机和深层学习动机，一方面要满足流动儿童最低水平的学习要求，另一方面要培养流动儿童对于学习的兴趣，使他们能够在专门的领域内钻研，发展自身的能力，提升自己的学业水平。

下面将分别显示在引入和剔除变量过程当中普通儿童和流动儿童的回归系数显著性检验表。

表 8-19　普通儿童回归系数显著性检验表

模型	B	标准误差	T	Sig
常量	0.194	0.178	1.631	0.104
自尊平方	−0.031	0.008	−3.894	0.000
教师的情感支持	0.060	0.020	2.945	0.003

从该模型可以看出，普通儿童的语文学业素养（Y）与教师的情感支持有显著正向相关的关系，教师的情感支持对于普通儿童的语文学业素养水平的提升是有重要的促进作用的。所以，教师在日常教学当中，要为学生努力创设一个适合于讨论的学习环境，要为学生提供必要的情感上的支持和帮助，这样学生遇到问题才会更愿意去寻求老师的帮助，才能够促进学业水平的提升。自尊变量与语文学业素养则呈现出函数关系。

表 8-20　流动儿童回归系数显著性检验表

模型	B	标准误差	T	Sig.
（常量）	−0.255	0.080	−3.197	0.001
学校结构性支持	0.093	0.013	7.382	0.000
自尊平方	−0.024	0.004	−6.521	0.000
深层学习动机	−0.064	0.014	−4.500	0.000
表层学习策略	0.073	0.015	4.766	0.000
同伴的情感支持	0.034	0.010	3.392	0.001
教师的情感支持	−0.037	0.011	−3.483	0.001
深层学习策略	−0.040	0.014	−2.798	0.005
教师的教学支持	0.030	0.013	2.399	0.017

从该模型可以看出，流动儿童的语文学业素养（Y）与学校结构性的支持、自尊、深层学习动机、表层学习策略、同伴的情感支持、教师的情感支持、深层学习策略和教师的教学支持有显著的相关关系，而且语文学业素养与教师的情感支持、深层学习动机、深层学习策略呈负向关系，与自尊呈现函数关系。

从普通儿童和流动儿童的这两个回归系数检验表可以看出，教师的情感支持和普通儿童的语文学业素养呈正向关系，和流动儿童的语文学业素养却呈现负向关系。这一方面说明了教师的情感支持无论对普通儿童还是流动儿童的语文学业素养的提升都是非常重要的；另一方面也说明了对于流动儿童而言，教师更要注意为其提供恰当的情感支持，在具体为其提供情感帮助时，教师要注意考虑流动儿童区别于普通儿童的心理特点，需要注意方式和方法问题，要积极引导流动儿童早日融入新学校、新班级和新的学习进程。

同时，也可以观察到流动儿童的深层学习策略和深层学习动机与其语文学业素养也呈现出负相关的关系。这与前人的研究有不一致的地方。多项研究表明学生的动机水平与其学业水平为显著正相关的关系，如古罗格卢和华尔伯格通过对1—12年级637000个被试来考察动机与成就的关系，结果表明98%呈正相关。刘加霞等人（2000）《中学生学习动机、学习策略与学习成绩关系研究》也表明[1] 中学生的学习动机与学习成绩之间呈显著正相关，同时，学习动机还通过影响学习策略间接影响学习成绩，而且学习策略与表面学习动机呈显著负相关，与深层学习动机和成就学习动机呈显著正相关。当然，这种研究结果的差异很可能是由于研究对象的差异性造成的，刘加霞等人的研究对象是普通的中学生或是小学生，而这里的研究对象则是流动儿童。

四、不同年级和水平学生的个性心理学业水平差异

（一）学校环境量表的因素的差异学业水平

下面以学校环境量表中的5个变量学校结构性的支持、学生的选择权、教师的教学支持、教师的情感支持和同伴的情感支持为因变量，以年级和高中低水平学生的语文学业素养为固定因子，对普通儿童和流动儿童等不同群体分别进行了多元方差分析。

---

① 刘加霞，辛涛，黄高庆，申继亮.中学生学习动机、学习策略与学习成绩关系研究［J］.教育理论与实践.2000.

表 8-21　普通儿童学校环境量表的多元方差分析

来源	因变量	III 型平方和	自由度	平均平方和	F 检测	显著性	偏 Eta 方
截距	学校结构性的支持	4829.321	1	4829.321	5102.605	0	0.935
	学生的选择权	2511.054	1	2511.054	1812.398	0	0.836
	教师的教学支持	4456.996	1	4456.996	3838.282	0	0.915
	教师的情感支持	2690.336	1	2690.336	1570.216	0	0.816
	同伴的情感支持	3743.3	1	3743.3	2200.08	0	0.861
年级	学校结构性的支持	7.385	5	1.477	1.561	0.17	0.022
	学生的选择权	23.551	5	4.71	3.4	0.005	0.046
	教师的教学支持	11.216	5	2.243	1.932	0.088	0.026
	教师的情感支持	13.001	5	2.6	1.518	0.183	0.021
	同伴的情感支持	30.763	5	6.153	3.616	0.003	0.048
学业水平	学校结构性的支持	5.236	2	2.618	2.766	0.064	0.015
	学生的选择权	0.803	2	0.402	0.29	0.749	0.002
	教师的教学支持	3.218	2	1.609	1.386	0.251	0.008
	教师的情感支持	11.427	2	5.713	3.335	0.037	0.018
	同伴的情感支持	5.946	2	2.973	1.747	0.176	0.01
年级 X 学业水平	学校结构性的支持	5.481	10	0.548	0.579	0.831	0.016
	学生的选择权	23.645	10	2.364	1.707	0.078	0.046
	教师的教学支持	13.136	10	1.314	1.131	0.338	0.031
	教师的情感支持	26.706	10	2.671	1.559	0.117	0.042
	同伴的情感支持	42.832	10	4.283	2.517	0.006	0.066
误差	学校结构性的支持	335.987	355	0.946			
	学生的选择权	491.848	355	1.385			
	教师的教学支持	412.224	355	1.161			
	教师的情感支持	608.241	355	1.713			
	同伴的情感支持	604.011	355	1.701			

续表

来源	因变量	Ⅲ型平方和	自由度	平均平方和	F 检测	显著性	偏 Eta 方
总体	学校结构性的支持	9771.118	373				
	学生的选择权	5249.299	373				
	教师的教学支持	9024.194	373				
	教师的情感支持	5966.083	373				
	同伴的情感支持	7781.597	373				

　　从表中可以看出，对于普通儿童而言，年级对于学校环境量表中的学生选择权、同伴的情感支持的主效应是显著的；学生的学业水平等级对于教师的情感支持的主效应是显著的，其他变量则都不显著，年级和学生学业水平等级的交互效应对于同伴的情感支持的交互效应也是显著的。这也就是说，不同年级的学生感受到的学生选择权、同伴的情感支持是不同的，有差异的；不同学业水平等级的学生感受到的教师情感支持也是不同的。

表 8-22　流动儿童学校环境量表的多元方差分析

来源	因变量	Ⅲ型平方和	自由度	平均平方和	F 检测	显著性	偏 Eta 方
截距	学校结构性的支持	204.142	17	12.008	10.315	0.000	0.079
	学生的选择权	107.621	17	6.331	4.445	0.000	0.036
	教师的教学支持	169.925	17	9.996	7.245	0.000	0.057
	教师的情感支持	65.719	17	3.866	2.277	0.002	0.019
	同伴的情感支持	257.697	17	15.159	9.025	0.000	0.070
年级	学校结构性的支持	9101.837	1	9101.837	7818.530	0.000	0.794
	学生的选择权	4431.115	1	4431.115	3111.355	0.000	0.605
	教师的教学支持	7861.087	1	7861.087	5697.706	0.000	0.737
	教师的情感支持	4782.154	1	4782.154	2816.968	0.000	0.581
	同伴的情感支持	6503.485	1	6503.485	3871.996	0.000	0.656
学业水平	学校结构性的支持	26.661	5	5.332	4.580	0.000	0.011
	学生的选择权	48.457	5	9.691	6.805	0.000	0.016
	教师的教学支持	20.996	5	4.199	3.044	0.010	0.007
	教师的情感支持	13.370	5	2.674	1.575	0.164	0.004
	同伴的情感支持	110.317	5	22.063	13.136	0.000	0.031

来源	因变量	III 型平方和	自由度	平均平方和	F 检测	显著性	偏 Eta 方
年级×学业水平	学校结构性的支持	24.642	2	12.321	10.584	0.000	0.010
	学生的选择权	11.503	2	5.751	4.038	0.018	0.004
	教师的教学支持	21.193	2	10.596	7.680	0.000	0.008
	教师的情感支持	3.189	2	1.594	0.939	0.391	0.001
	同伴的情感支持	12.963	2	6.482	3.859	0.021	0.004
误差	学校结构性的支持	10.390	10	1.039	0.893	0.539	0.004
	学生的选择权	18.964	10	1.896	1.332	0.207	0.007
	教师的教学支持	14.026	10	1.403	1.017	0.427	0.005
	教师的情感支持	43.653	10	4.365	2.571	0.004	0.012
	同伴的情感支持	33.907	10	3.391	2.019	0.028	0.010
总体	学校结构性的支持	2365.526	2032	1.164			
	学生的选择权	2893.924	2032	1.424			
	教师的教学支持	2803.537	2032	1.380			
	教师的情感支持	3449.572	2032	1.698			
	同伴的情感支持	3412.990	2032	1.680			

从上表可以看出，对于流动儿童而言，除了不同学业水平等级中对应的教师的情感支持外，年级、不同学业水平等级对于学校环境量表的主效应全都是显著的。这也就是说，不同学业水平的学生感受到的教师的情感支持是没有差别的，而年级和不同学业水平等级的交互效应当中，也只有教师的情感支持是没有显著性差异的。

综上，不同年级的学生感受到的学校结构性支持、学生的选择权、教师的教学、支持教师的情感支持、同伴的情感支持是不一致的，不同学业水平的学生感受到的学校结构性支持、学生的选择权、教师的教学、同伴的情感支持是不同的。

（二）学生学习过程量表的差异学业水平

下面以比格斯的 SPQ 量表中的 6 个变量——表层学习动机、表层学习策略、深层学习动机、深层学习策略、成就学习动机和成就学习策略为因变量，以年级和学业水平的等级为固定因子，普通儿童和流动儿童进行了多元方差分析。

表 8-23　普通儿童学习动机、策略量表的多元方差分析

来源	因变量	III 型平方和	自由度	平均平方和	F 检测	显著性	偏 Eta 方
截距	表层学习动机	3310.627	1	3310.627	3277.147	0.000	0.905
	深层学习动机	2876.358	1	2876.358	3322.288	0.000	0.906
	成就学习动机	3268.804	1	3268.804	3728.412	0.000	0.915
	表层学习策略	4232.158	1	4232.158	3687.754	0.000	0.914
	深层学习策略	3046.576	1	3046.576	3052.430	0.000	0.898
	成就学习策略	3931.654	1	3931.654	4043.128	0.000	0.921
年级	表层学习动机	3.875	5	0.775	0.767	0.574	0.011
	深层学习动机	2.066	5	0.413	0.477	0.793	0.007
	成就学习动机	5.093	5	1.019	1.162	0.328	0.017
	表层学习策略	8.842	5	1.768	1.541	0.176	0.022
	深层学习策略	11.445	5	2.289	2.293	0.045	0.032
	成就学习策略	6.993	5	1.399	1.438	0.210	0.020
学业水平	表层学习动机	0.985	2	0.493	0.488	0.614	0.003
	深层学习动机	7.855	2	3.927	4.536	0.011	0.026
	成就学习动机	0.962	2	0.481	0.549	0.578	0.003
	表层学习策略	9.962	2	4.981	4.340	0.014	0.025
	深层学习策略	0.143	2	0.072	0.072	0.931	0.000
	成就学习策略	3.388	2	1.694	1.742	0.177	0.010
误差	表层学习动机	348.525	345	1.010			
	深层学习动机	298.693	345	0.866			
	成就学习动机	302.471	345	0.877			
	表层学习策略	395.931	345	1.148			
	深层学习策略	344.338	345	0.998			
	成就学习策略	335.488	345	0.972			
总体	表层学习动机	5934.565	353				
	深层学习动机	5081.061	353				
	成就学习动机	5602.803	353				
	表层学习策略	7717.612	353				
	深层学习策略	5509.110	353				
	成就学习策略	7069.278	353				

从上表中可以看出，对于普通儿童而言，年级对于深层学习策略的主效应是显著的，不同学业水平等级对于表层学习策略和深层学习动机的主效应也是显著的。这也就是说，不同年级的学生感受到的深层学习策略是有不同的，不同学业水平等级的学生感受到的表层学习策略和深层学习动机是不同的，其他变量对于不同年级和不同学业水平等级的学生而言则没有显著性的差异。下面我们会进一步对于年级的效应进行具体的比较。

表 8-24　流动儿童学习动机、策略量表的多元方差分析

来源	因变量	III 型平方和	自由度	平均平方和	F 检测	显著性	偏 Eta 方
截距	表层学习动机	8233.155	1	8233.155	7972.783	0.000	0.798
	深层学习动机	7342.880	1	7342.880	7020.805	0.000	0.777
	成就学习动机	8080.562	1	8080.562	8013.334	0.000	0.799
	表层学习策略	10540.489	1	10540.489	9032.851	0.000	0.818
	深层学习策略	7695.742	1	7695.742	6361.544	0.000	0.760
	成就学习策略	9699.196	1	9699.196	8281.989	0.000	0.805
年级	表层学习动机	8.106	5	1.621	1.570	0.165	0.004
	深层学习动机	13.478	5	2.696	2.577	0.025	0.006
	成就学习动机	18.424	5	3.685	3.654	0.003	0.009
	表层学习策略	14.195	5	2.839	2.433	0.033	0.006
	深层学习策略	5.873	5	1.175	0.971	0.434	0.002
	成就学习策略	13.349	5	2.670	2.280	0.044	0.006
学业水平	表层学习动机	3.910	2	1.955	1.893	0.151	0.002
	深层学习动机	1.207	2	0.603	0.577	0.562	0.001
	成就学习动机	8.272	2	4.136	4.102	0.017	0.004
	表层学习策略	93.449	2	46.725	40.041	0.000	0.038
	深层学习策略	16.417	2	8.208	6.785	0.001	0.007
	成就学习策略	52.671	2	26.335	22.487	0.000	0.022
	表层学习动机	2077.707	2012	1.033			
	深层学习动机	2104.299	2012	1.046			

续表

来源	因变量	III 型平方和	自由度	平均平方和	F 检测	显著性	偏 Eta 方
误差	成就学习动机	2028.880	2012	1.008			
	表层学习策略	2347.815	2012	1.167			
	深层学习策略	2433.974	2012	1.210			
	成就学习策略	2356.292	2012	1.171			
总体	表层学习动机	31245.277	2020				
	深层学习动机	29527.641	2020				
	成就学习动机	30007.345	2020				
	表层学习策略	39244.405	2020				
	深层学习策略	30408.539	2020				

从上表中可以看出，对于流动儿童而言，年级对于表层学习策略、成就学习策略、深层学习动机和成就学习动机的主效应都是显著的，不同学业水平等级对于表层学习策略、深层学习策略、成就学习策略和成就学习动机的主效应也都是显著的。这也就是说，不同年级的学生感到的表层学习动机和深层学习策略是没有差别的，不同学业水平等级的学生感受到的表层学习动机和深层学习动机也没有显著性的差异。

综上，不同年级的学生感受到的表层学习策略、成就学习策略、深层学习动机和成就学习动机是不一致的，不同学业水平的学生感受到的表层学习策略、深层学习策略、成就学习策略和成就学习动机是不同的。下面我们会进一步对于年级的效应进行具体的比较。

1. 不同年级的学生在比格斯的 SPQ 量表上的区别

由于在上面的多元方差分析中，我们发现了一些年级的效应，下面我们将针对这个年级效应再做进一步的统计检验。那么，对于普通儿童和流动儿童而言，他们的学业动机和学习策略在不同的年级上又有什么样的差异呢？

从下图可以看出，在成就学习动机这一个变量上，8 年级学生的表现最好，6 年级学生的表现次之，其他年级则相差不大。在成就学习策略这一个变量上，也是 8 年级学生的表现最好，其他年级则差异不明显。这可能是因为学生在从小学进入中学后，经过初中一年的适应期，进入 8 年级后，学习的动机有所增强，学生希望能够通过阅读和学习获得一个更加优异的成绩和表现，所以，他们学习的动机更为明确，也能更为积极地去采取适合于自己的学习策略。

从下图可以看出，普通儿童在深层学习策略这一变量上，小学 4 年级时表现最好，小学其他年级差异不明显。进入中学后，7 年级时表现最差。这可能是因为学生从小学刚升入中学后，面对一个新环境和新教师，各方面还没有完全调试好。所以，还不能够很好地联系之前的知识，采取适合于当前的学习策略。

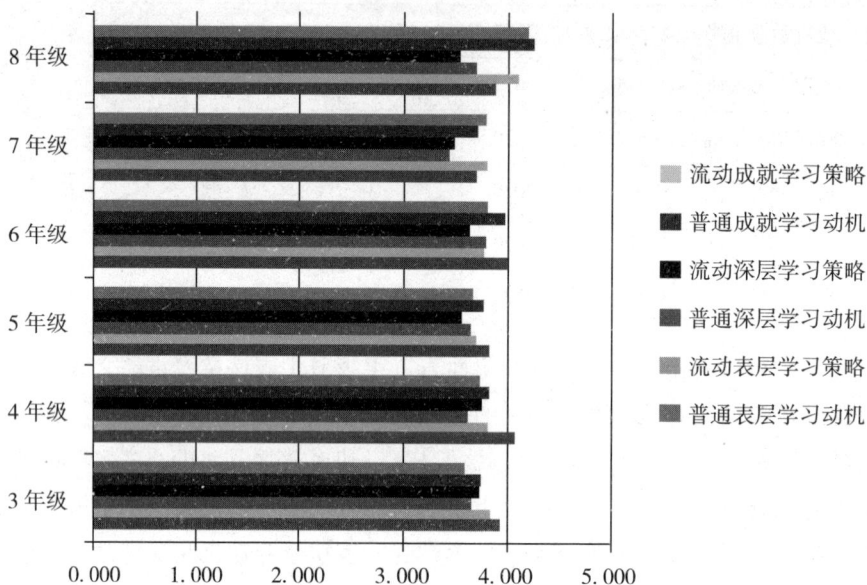

图 8-1 普通和流动学生在学习动机和策略上的年级差异

流动儿童在成就学习动机这一变量上，8 年级时表现最好，其他年级差异不明显。这可能是因为流动儿童在升入 8 年级后，对学校的环境、对教师的教学方式和风格、对同学都比较适应，所以，他们能够更为专心的投入学习，学习的内在动机比较强烈。

2. 不同水平的学生在比格斯的 SPQ 量表上的区别

对于普通儿童而言，深层学习动机、表层学习策略这一变量在低、中、高水平的学生之间的差异是显著的。对于普通儿童而言，越高水平的学生其深层学习动机越差，而学业水平越高的学生表层学习策略、成就学习策略上的表现则越好。

那么，对于流动儿童而言，在表层学习策略、成就学习策略这两个变量上，不同水平的学生呈现出不同的结果来，高水平学生的表层学习策略、成就学习策略都是最高的，但是在深层学习策略方面，不同水平的学生并没有具有更多的差异。

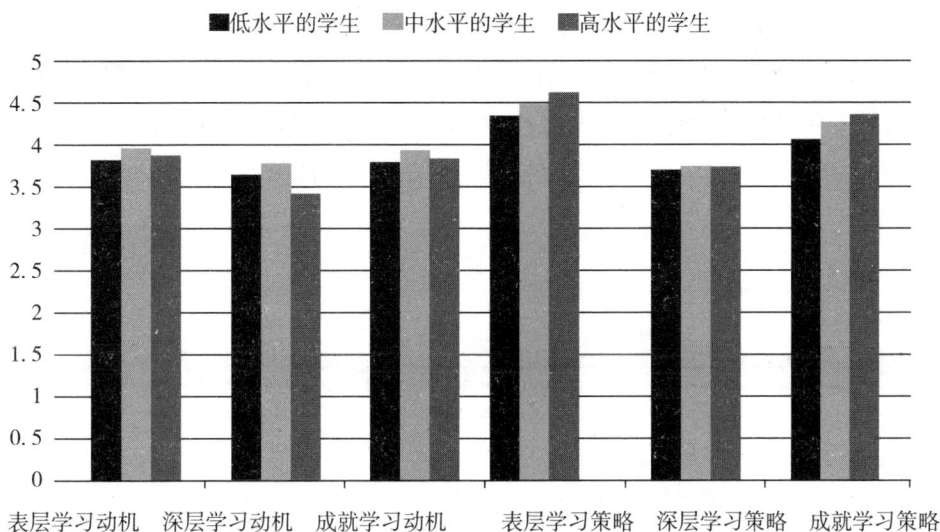

图 8-2　普通儿童的各学业水平等级学生的策略差异

从下图可以看出，无论是普通儿童还是流动儿童在表层学习策略这一变量上，均是高水平的学生表现最好，低水平的学生表现最差；而且这两类学生的表现差异不明显。这符合我们的认知情况，能力越好的学生越能够根据自己的情况采取适合于自己的学习策略。而普通儿童在深层学习动机这一变量上，却是中等水平的学生表现最好，高水平的学生表现最差。这可能是因为高水平的学生更容易产生成就学习动机，而低水平的学生更容易产生表层学习动机。

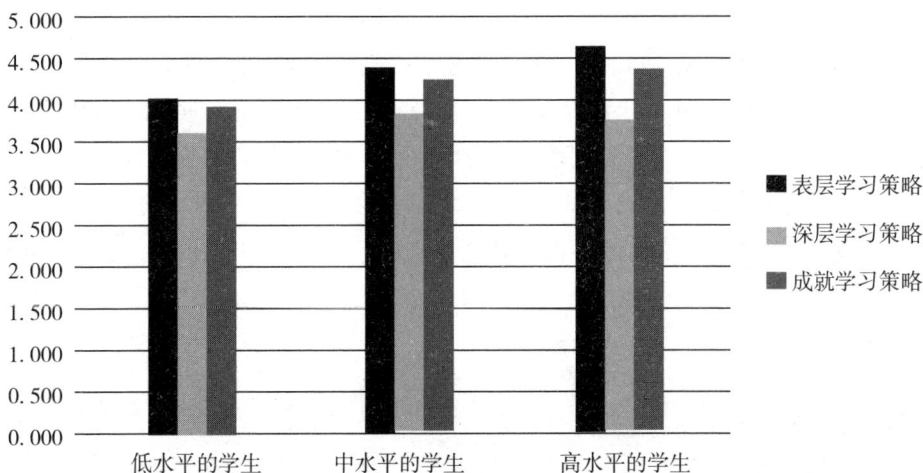

图 8-3　流动儿童的各学业水平等级学生的策略差异

3. 学生个体自尊心理的差异

下面以罗森伯格自尊量表中的自尊这一变量为因变量，以年级、性别、学校类型（公办学校和民办学校）为固定因子，进行了 8（年级）×2（性别）×2（学校）单因变量多因素方差分析。结果显示，性别和学校类型的主效应显著；年级的主效应不显著。

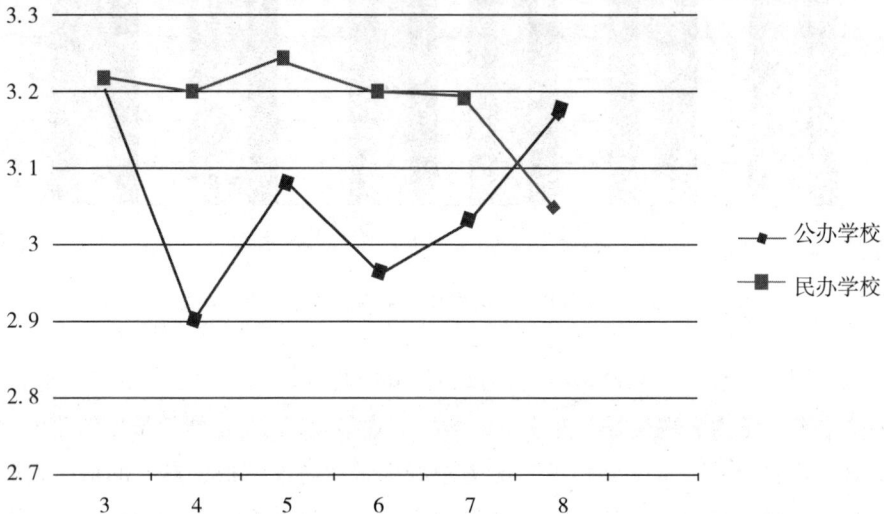

图 8-4 不同年级、学校的学生在罗森伯格自尊量表上的区别

从上图可以看出，公办学校学生的自尊值除 8 年级外，其他年级都明显低于民办学校学生的自尊值。这与以往的研究结论不一致，如张文新在比较城乡学生差异时发现，城市被试的自尊在总体上高于农村被试[①]。李小青等人以北京市 1018名流动儿童和 319 名城市儿童为被试来考察研究北京市流动儿童的自尊发展特点时，也发现流动儿童的自尊发展水平显著低于城市儿童[②]。本研究出现了不一样的结论，可能是因为调查的民办学校有很多都是公办的，这些学校比较受到当地政府的支持，学校对于教师和学生的支持力量比较大；而普通儿童就读的公办学校在当地并非属于特别好的学校。这些因素可能会使得出现与他人研究不一致的结论。关于这一个问题有待于进一步的研究。

---

① 张文新. 初中学生自尊特点的初步研究. 心理科学［J］. 1997，20（6）.

② 李小青，邹泓，王瑞敏，窦东徽. 北京市流动儿童自尊的发展特点及其与学业行为、师生关系的相关研究. 心理科学［J］. 2008，31（4）.

　　而且进一步观察可以发现，民办学校儿童的自尊发展水平3—7年级变化不大，差异不明显，进入初中8年级后，自尊值突然出现了下降。这可能是因为流动儿童在中学8年级时学习的压力比较大，成绩不是十分理想，且找不到适合的学习方式和情感排遣方式，而学校和教师对于他们的帮助有限，因此，他们感到有点失落，对自我的认可度比较低。而公办学校的学生在进入初中后，学生的自尊发展水平稳步上升，8年级时达到较高的值。这可能与学校和老师的支持和正确引导是分不开的。从这里也可以看出，政府有必要加强对民办学校的整体管理，尤其是初中，初中学生面临的压力更大，更希望自己能够有所改变，成绩有所提升。

　　本研究的单因素多变量的方差分析结果显示，性别的主效应是显著的。本结论与有些研究的结论一致，与有些研究的结论不一致。如，《中国九城市流动儿童状况调查报告》和李小青等人对北京市流动儿童自尊的研究发现，流动儿童自尊的性别差异不明显[①]。这与本研究的结论不一致。而董慧中等人以重庆和成都597名流动儿童和137名城市儿童为被试，以流动儿童的年级和性别为自变量，自尊为因变量进行方差分析，结果表明，性别的主效应是显著的。这一点与本研究的结论是一致的。但是，董慧中等人的研究表明男生的自尊水平显著低于女生，这一点与本研究的结论不一致。具体结果可以看下面的图表。

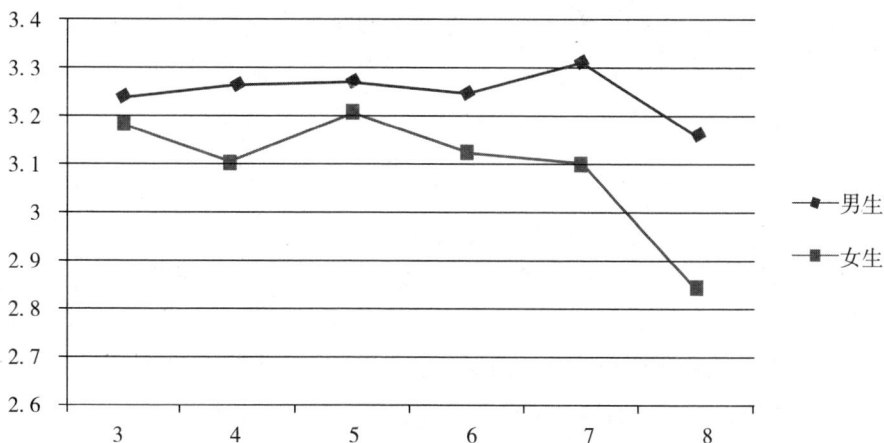

图8-5　不同年级、性别的流动儿童在罗森伯格自尊量表上的区别

　　从上图可以看出，男生的自尊发展水平在3—8年级明显高于女生。多数研究

---

① 李小青，邹泓，王瑞敏，窦东徽．北京市流动儿童自尊的发展特点及其与学业行为、师生关系的相关研究．心理科学［J］．2008，31（4）．

认为，流动儿童自尊的性别差异不明显；或者认为女生的自尊发展水平明显高于男生的。本次研究之所以会出现这样的结果，可能是因为自尊量表的维度过于单一，没有具体细分到各个方面，比如纪律、体育、能力等。而这些不同的因素可能会影响被试对于自尊感的判断。如有研究表明，男生在体育上的自尊水平要高于女生，女生在纪律方面则明显高于男生。这可能是因为男生一般比较好动，较之女生更为喜欢体育活动，所以在自尊感上高于女生[①]。而且，小学老师一般女生比较多，她们更为强调安静、顺从的具有女性特点的行为，而吵闹、顽皮等适合于男生的行为则不受老师的赞扬和鼓励。所以，女生在纪律上的自尊发展水平明显高于男生[②]。而在能力方面，可能与父母更多地强调男生的探索精神、各方面的能力、独立和竞争意识等，所以男生在能力上的自尊发展水平高于女生[③]。

第四节 反思和讨论：普通、流动儿童心理特质及其作用具有差异

本研究针对学生的三个量表——学校环境量表、比格斯的学习过程调查问卷量表、罗森伯格的自尊量表和全体学生、普通儿童和流动儿童的语文学业素养做了描述性分析、相关分析、多元回归分析以及多元方差分析。其研究具有如下的几点重要发现：

一、教师给予的积极心理感受促进学生语文学业水平

在对普通儿童和流动儿童的回归分析中发现，教师的情感支持这一变量均进入了回归方程，但是，普通儿童的语文学业素养与教师的情感支持呈显著正相关，而流动儿童的语文学业素养则与教师的情感支持呈现出负向关系。这一方面说明

---

① 魏运华.少年儿童的自尊发展与人格建构［J］.社会心理科学.1998，1.
② 薛文霞.小学儿童自尊发展的特点及其与同伴接纳的关系［J］.社会心理科学.2007，22（5—6）.
③ 卢芳芳，邹佳佳，张进辅.福清市流动儿童、留守儿童及一般儿童自尊感比较研究.保健医学研究与实践［J］.2011，8（4）.

了教师的情感支持无论对普通儿童还是流动儿童的语文学业素养的提升都是非常重要的，教师在日常教学当中，要为学生努力创设一个适合于讨论的学习环境，要为学生提供必要的情感上的支持和帮助；另一方面也说明了对于流动儿童而言，教师更要注意为其提供恰当的情感支持，在具体为其提供情感帮助时，教师要注意考虑流动儿童区别于普通儿童的心理特点，需要注意方式和方法问题，要积极引导流动儿童早日融入新学校、新班级和新的学习进程。

二、流动儿童的自尊问题应成为重要的关注对象

研究发现，无论是普通儿童还是流动儿童，无论是男生还是女生，他们的自尊均对其语文学业素养的提升有着十分重要的影响。而且，自尊须有度。适度的自尊有助于学生增加对自我的认识，有助于学生获得更高的语文学业水平。同时，研究发现普通儿童的语文学业素养水平明显高于流动儿童；而且女生的语文学业素养明显高于男生，这一点在流动儿童这一群体里面更加显著。

关于自尊与学生语文学业素养的研究，有与前人研究一致的地方，也有不一致的地方。本研究中，城市学校学生的自尊感除 8 年级外，其他年级都明显低于流动学校学生的自尊感，这与张文新[1]（1997）、李小青等人[2]（2008）城市被试的自尊在总体上高于农村被试的研究不一致。本研究的单因素多变量的方差分析结果显示，自尊这一变量的性别的主效应是显著的。这与《中国九城市流动儿童状况调查报告》和李小青等人[3]（2008）对北京市流动儿童自尊的研究结论流动儿童自尊的性别差异不明显不一致；而与董慧中等人[4]（2012）的研究结论则是一致的。但是，董慧中等人的研究表明男生的自尊水平显著低于女生，这一点与本研究的结论出现了不一致。本研究发现，男生的自尊发展水平在3—8 年级明显高于女生。

总之，流动儿童的自尊发展水平对语文学业素养有着重要的影响，无论是学校、教师还是家庭都应该关注积极关注流动儿童，关注他们的内心感受和自尊问题。

---

① 张文新.初中学生自尊特点的初步研究.心理科学［J］.1997，20（6）.
② 李小青，邹泓，王瑞敏，窦东徽.北京市流动儿童自尊的发展特点及其与学业行为、师生关系的相关研究.心理科学［J］.2008，31（4）.
③ 李小青，邹泓，王瑞敏，窦东徽.北京市流动儿童自尊的发展特点及其与学业行为、师生关系的相关研究.心理科学［J］.2008，31（4）.
④ 董慧中，唐春芳，吴明霞，陈旭.流动儿童自尊特点及其与学校态度的相关研究［J］.内蒙古师范大学学报（教育科学版），2012，02：43—46.

三、流动儿童的学习动机和策略值得进一步考查

研究发现，教师的情感支持和自尊这两个变量对于普通学生的语文学业素养的提升非常重要，而相比于普通儿童，流动儿童的学校结构性的支持、教师的教学、同伴的情感支持、表层和深层学习策略、深层学习动机对于流动儿童的语文学业素养的发展也非常重要。在具体的学习中，教师要注意培养流动儿童的表层学习动机和深层学习动机，一方面要满足流动儿童最低水平的学习要求，另一方面要培养流动儿童对于学习的兴趣，使他们能够在专门的领域内钻研，发展自身的能力，提升自己的学业水平。

同时，研究发现，流动儿童的语文学业素养与深层学习动机和深层学习策略呈负向关系。这与前人研究有不一致的地方，如刘加霞等人[1]的研究表明，中学生的学习动机与学习成绩之间呈显著正相关，同时，学习动机还通过影响学习策略间接影响学习成绩，而且学习策略与表面学习动机呈显著负相关，与深层学习动机和成就学习动机呈显著正相关。研究结论不一致有可能是由于研究对象的差异性造成的，刘加霞等人的研究对象是普通的中学生或是小学生，而这里的研究对象则是流动儿童。而且，研究发现流动儿童的成就学习动机这一个变量在不同年级之间的差异是显著的，也就是说，这一变量对于流动儿童在不同年级语文素养的提升非常重要。

四、值得进一步深思的问题

本研究虽然取得了一些研究结果，但是部分研究结果与前人研究既有一致又有不一致的地方，这种差异值得进一步的深思和研究。

第一，本研究发现流动儿童的语文学业素养与教师的情感支持、深层学习动机和深层学习策略均呈现出负向关系。这种负相关的关系可能与本次研究中所选取的被试或研究的方法有一定的关系，需要进一步地结合流动儿童群体所属学校的类型、特征，流动儿童的家庭环境因素等进行深入的研究。

第二，本研究发现城市学校学生的自尊感除 8 年级外，其他年级都明显低于流动学校学生的自尊感。这与前人研究结论不一致。本研究之所以出现了不一样

---

[1] 刘加霞，辛涛，黄高庆，申继亮. 中学生学习动机、学习策略与学习成绩关系研究［J］. 教育理论与实践. 2000.

的结论，可能是因为调查的流动学校有很多都是公办的，这些学校比较受到当地政府的支持，学校对于教师和学生的支持力量比较大；而普通儿童就读的城市学校在当地并非属于特别好的学校。关于这一个问题还有待于进一步的研究。

第三，本研究发现自尊的性别主效应是显著的，而且男生的自尊发展水平在3—8年级明显高于女生，这与前人研究既有一致的地方，又有不一致的地方。本次研究之所以会出现这样的结果，可能是因为自尊量表的维度过于单一，没有具体细分到各个方面，比如纪律、体育、能力等，而这些不同的因素可能会影响不同性别的流动儿童对于自尊感的判断。具体还可能会有哪些因素导致会出现这样的结果，还需要后续进一步地去研究。

第九章　流动儿童语文学业素养何去何从

　　本研究主要以北京为主的来自北部、中部和南部的三所城市，针对流动儿童为主的公办和民办学校进行调查和研究，主要是探讨目前以接收流动儿童为主的学校的学生语文学业水平情况，以及影响语文学业水平的学校层面、班级层面、学生家庭层面和学生个体层面等不同层面的要素。通过前面几章的内容，我们从不同角度了解以北京为主的3—8年级的流动儿童语文学业水平的基本情况、学习的情感态度价值观等，并知晓了什么因素影响了流动儿童的语文学业水平。本研究的发现有助于我们在如下的部分进行提升，并促使我们在未来的流动儿童学校建设可以有更多的改变和促进。

一、流动儿童语文学业素养的研究总结

　　在本次调查的过程中，我们根据《义务教育阶段语文课程标准（2011年版）》重新界定了语文学业素养。《语文课程标准》规定：课程目标从知识与能力、过程与方法、情感态度与价值观三个方面设计，而且这三者相互渗透，融为一体。而且，在知识和能力范畴内，《语文课程标准》又从"识字与写字""阅读""写作""口语交际"等四个方面提出要求。本次研究根据最新的课程标准的要求，将语文学业素养界定为"语文学业水平"和"语文动机策略"等两个方面，着眼于语文素养的整体提高。在这个基础之上，为了充分了解影响流动儿童的语文学业素养的情况，我们选择了以接收流动儿童为主的公办和民办学校进行调查。为了充分了解流动儿童的语文学业素养，我们采用测试和问卷的方式同时进行调查，并在调查的基础之上形成了八项研究（见表9-1）。

表 9-1　流动儿童语文学业素养研究的总结

调查	调查工具	研究成果		
语文素养	语文学业水平试卷	第三章　流动儿童语文学业水平现状		第二章 三地流动儿童教育政策
	学习动机、方法问卷	第八章　学生层面的变量的影响		
相关因素	学校层面问卷	第五章　学校层面的变量的影响	第四章 流动儿童语文学业水平及其影响因素的多层线性分析	第九章 北京市流动儿童语文教育政策建议
	教师层面问卷	第六章　班级层面的教师因素的影响		
	学生层面问卷	▶家庭方面：第七章　学生家庭层面的影响 ▶个体方面：第八章　学生个体层面的影响		

二、流动儿童语文学业素养的情况

处境不利的流动儿童语文学业水平亟待加强，尤其是对语文课程的学习动机等也有待提升。公办和民办学校在语文学业水平、语文学习动机方面有所差异，三所城市在语文学业水平、学习动机方面也有所差异。接下来，我们将从如下两个方面来进行说明。

1. 流动儿童语文学业水平亟待加强

第一，三所城市的流动儿童语文学业水平有显著性差异。在控制了父母职业差异的情况下，与广州、温州相比，北京市接收流动儿童为主学校的语文学业水平亟需提升。在这样的学校内，广州市的流动儿童比普通儿童的语文学业水平高，温州和北京市两类儿童没有差异。当然，这可能和本次抽样有关，本次广州的流动儿童学校是来自海珠区，而天河和海珠两个区是被国家教委确定为"流动人口子女入学政策实施项目实验区"[①]，在流动人口子女就学的建设方面走得比较早，在政府政策、学校配套、教师教学等各个方面也都比较完善。比如在 2013 年，广州多区团委正通过购买"驻校社工"的方式，组织各种活动，比如夏令营等方式，解决在校流动儿童遇到的城市融入等问题，扩大有关的社交[②]。

第二，北京市不同学段的儿童语文学业水平有显著性差异。北京市的小学、初中的流动儿童语文学业水平有差异，初中生比小学生的语文学业水平要低。

第三，北京市公办小学和民办小学语文学业水平有显著性差异。公办小学的

---

① 戴双翔.广州市教育规划研制中的流动儿童义务教育政策分析［J］.教育导刊,2010(10).

② 罗桦琳、黎蘅.仅两成流动儿童自认"广州人"［N］.广州日报，2013-6-3，A4.

语文学业水平比民办小学好。在小学阶段，随着年级的增长，公办小学的学生语文学业水平在持续增长，但是民办小学的学生的语文学业水平却没有进步。

2. 流动儿童学习动机策略不容乐观

第一，三所城市的流动儿童的深层学习动机、深层学习策略和成就学习策略方面有显著性差异。与广州、温州相比，北京市接收流动儿童为主学校的学生深层学习动机更强。北京和广州的学生比温州的学生具有更强的深层学习策略。广州的学生比北京、温州的学生具有更强的成就学习策略。

第二，北京市不同学段的儿童在深层学习动机和成就学习动机方面有显著性差异。北京市的小学、初中的流动儿童语文学业水平有差异，小学生的深层学习动机比初中生好，初中生的成就学习动机比小学生要好。

第三，北京市公办小学和民办小学在学习动机和学习策略方面具有显著性差异。在考虑了学习动机内部关系的情况下，公办小学比民办小学的学生持有更高的表层学习动机、深层学习动机、成就学习动机、深层学习策略。

随着年级的增长，公办小学的表层学习动机、深层学习动机下降，民办小学没有显著变化的趋势；随着年级的增长，两类小学学生的成就学习动机都在增长。相应的，民办小学的三类学习策略在年级之内没有什么变化，而公办小学的表层学习策略下降、成就学习策略上升。

总的说来，就语文素养而言，虽然北京市的儿童在语文学业水平方面没有广州、温州的学生好，但是在深层学习动机、深层学习策略方面更强一些。这估计和不同地域的学校的教育理念有关，而在北京市，公办学校的语文学业水平、学习动机和策略都比民办学校的学生要好。

三、影响流动儿童语文学业水平的因素

通过多层线性模型，在控制了学校差异的前提下，我们发现了如下的不同层次的影响因素（见表9-2）：

第一，从学校层面来说，在控制了学校差异的前提下，公办和民办的学校学生语文学业水平没有差异。学校层面的家庭经济背景也并不会对学生的语文学业水平造成影响。但是，如果不控制学校层面的变异，那么公办和民办的学校的学生在学业成绩方面具有很大的差异。从第二章可以看到，公办和民办的学校具有很大的差异。

表 9-2　影响学生语文学业素养的因素

调查指标	调查维度	亚维度	具体变量	是否影响
语文学业素养	语文学业水平	语文基础知识、阅读、写作		
	学习动机、策略	学习动机	表层学习动机	
			深层学习动机	
			成就学习动机	
		学习策略	表层学习策略	√
			深层学习策略	√
			成就学习策略	
相关因素	学校层面问卷		公办民办	
			流动儿童所占比例	
			学校层面的家庭经济背景	
	教师层面问卷	基本信息	教龄	√
		心理变量	教师效能感	
			师生关系	
	学生层面问卷	家庭层面	父母教育水平	
			父母职业声望	
			父母职业收入	√
			父母期望	√
			补习班	
			兴趣班	
		个人层面	性别	√
			流动普通	
			学校支持程度	√
			师生关系	
			自尊	√

　　第二，从班级层面来说，在控制了学校差异的前提下，教师的教龄对学生的语文学业具有预测作用，教龄为 15 年以上的教师其教学质量不如其他教龄段的教师。教师感知的师生关系、教师效能感对学生语文学业水平没有影响。但是教师的效能感和学生的深层学习动机、深层学习策略呈现出高度正相关，也就是说教师的效能感越高，学生越是真的喜欢学习。

在不控制学校差异的前提下，教师的师生关系亲密性与师生关系总分在小学与初中有显著性差异，小学阶段师生关系的亲密性和总分都显著高于初中阶段。教师感受到的师生关系的亲密度和学生感受到的从老师那里获得情感有高度相关，这个说明了教师和学生之间的一致性，证明了本次回答的可靠性。

而且，师生关系与教师的自我效能感存在着高度的相关关系。也就是说教师越是能与学生建立良好的关系，就越能够产生较高的自我效能感。但是，良好的师生关系并没有对学生的语文学业水平有所促进。

第三，从学生家长层面来说，在控制了学校差异的前提下，父母职业的收入排名、父母的期望对于学生语文学业水平有影响，但父母教育水平和职业声望排名却并没有影响。同时，控制了学校层面之后，父母对孩子的兴趣班的投入、对补习班的投入对学生学业水平没有影响。

在不控制学校差异的前提下，父母对补习班的投入情况也会影响孩子的补习成绩，出现倒 U 曲线。即一开始随着父母对补习的时间增加，孩子的语文学业水平增加，但是到达临界点之后，补习时间越多的学生其语文学业水平越糟糕。

在不控制学校差异的前提下，父母期望、母亲职业声望排名、父亲职业声望排名对于全体学生的语文学业水平有预测作用。而对于不同类型的儿童而言，父母期望都是重要的预测变量。而母亲的职业声望排名、兴趣班的参与对流动儿童有预测作用，而对普通儿童的语文学业水平则没有。

在控制与不控制学校差异的前提下，有不同的研究结论，这可能是由于学校之间，在学生的父母的职业排名方面也有所趋同性。这说明了，不同的学校具有一定的社会分层效应，也证明了本研究采取多层线性的必要性。

第三，从学生个体来说，在控制了学校差异的前提下，女生比男生语文学业水平更好。而学习过程中的表层学习策略、学校环境中的学校的结构性支持等因素对于学生语文学业水平的提升有重要作用，深层学习策略、自尊等影响了语文学业水平的提升。

在不控制学校差异的前提下，学生感知到的学校环境中的学校结构性的支持、同伴的情感支持和学习过程中的表层学习策略、成就学习策略等对于学生的语文学业水平的提升有作用，而教师的情感支持、深层学习动机、深层学习策略以及自尊等对于学生的语文学业水平均有阻碍。

对于流动和普通群体的学生，在不控制学校差异的前提下，不同的因素有不同的作用，教师的情感支持和自尊对普通学生的语文学业水平的提升有影响，而流动儿童感知到的学校环境中的学校结构性支持、教师的教学、同伴的情感支持、学习过程中的表层和深层学习策略、深层学习动机等也对语文学业水平的发展具有重要作用。从两类儿童的差异可以看出，流动儿童需要学校给予更多的支持，也需要教师在学习动机、学习策略等方面进行更多的引导和指导。

在控制与不控制学校差异的前提下，有不同的研究结论，这可能是由于不同学校之间的教师的教学、同伴的情感支持等方面具有趋同性。这说明了，不同的学校具有一定的社会分层效应，也证明了本研究采取多层线性的必要性。

四、政策建议和反思

1. 给学校建设的建议

由于本次研究采取了项目反应理论，针对不同年级学生进行语文学业水平的垂直等值设计，因此，本次语文学业水平可以进行跨年级的比较。这弥补了过往已有研究当中无法进行跨年级比较的不足。

本次数据能够在跨年级之间进行比较，由此发现，北京市的公办学校和民办学校同样接收了流动儿童，但在语文学业水平的质量方面差距很大（详细请阅读第五章）。同样水平的学生在进入学校之后，进入公办学校的学生语文学业水平在不断增长，但是民办学校的学生学业水平只能在原地踏步，3—6年级的学业水平基本持平。对于这个教育现象，我们建议教育管理部门对民办学校的教育质量进行督导和监测，并加以一定的辅助。

对于民办学校的督导工作有可能采取两种不同的方案，第一种方案是通过合并、关闭和撤销部分不符合基本办学条件的民办学校。在20世纪末到21世纪初期，北京市曾经出现了大面积关闭不合格民办学校的情况[①]，一方面，条件简陋、教学质量低下的很多民办学校关闭，造成了部分流动儿童的就学困难；另一方面，被强行合并进入公办学校的流动儿童在公办学校里面获得了更好的教育，同时存留下来的民办学校也进行了整改，在办学条件和教学质量方面获得了提升。基于目前公办学校的资源不足，比如公办学校的学位不足的情况，很多的流动儿童只能进入民办学校进行就读。

第二种方案是对于满足基本办学条件的民办学校进行教育质量的评估和督导，并给予一定的支持。在民办学校的管理过程中，除了要依据性质进行分类管理之

---

① 王唯.北京市流动人口子女义务教育政策实施分析［J］.中国教育学刊，2003，10：11—14.

外，还需要在义务教育的性质下，针对办学条件、学校财务运作以及教育质量的评估[①]。

在评估和督导方面可以参照国际有关思路：

第一，区分评估的结果，建立教育质量增值系统，确认民办学校的教育质量。（1）针对民办学校的性质，选择合适的评估机构，确定民办学校的评估标准。比如，针对不同的教育质量领域，按照义务教育阶段的课程标准，选择政府委托或授权直属专门评估机构、属于政府的独立运作的专门评估机构、政府委托民间评估机构和由政府认证的民间评估机构组织评估[②]。（2）设置教育质量的增值模型，建立长效的教育质量监控周期，通过具体的模型来监测教育质量，做到公平和公正。（3）将评估结果分为通过认证、有条件通过认证和认证推迟（award accreditation、award accreditation after revisit、postpone accreditation），设立 3—5 年度的整改期限，并协助提出相应的发展建议[③]。如果整改之后，教育质量仍旧不能得到提升，那么就要进行其他的处理。

第二，建立分阶段的学校发展规划，引导民办学校按照规划实施，关注民办学校自身的发展。在针对民办学校进行评估之后，给出整改的建议和意见，并针对其中某部分问题进行资源的调控，尽量以经济的模式对资源进行配置。比如，民办教师的问题可以通过参加公办学校的定期教师教育和培训来加以实现。

总的说来，在国际上，民办私立学校的发展在走入正规化的过程也是依赖了很多社会支持，包括在竞争中得到合理的评价，在督导和监督的过程中实现优胜劣汰，扶持一批有生命力的学校[④]。

2. 给教师培训的建议

第一，在流动儿童的教师培训方面，要给予不同教龄的教师不同的教育培训和指导。从研究结果可以看到，教龄较高的教师虽然没有能够提升语文学业水平，但是其学生具有较高的深层学习动机和深层学习策略。而且教龄高的教师自我教学效能感比较高，但是在学生的眼里，教师在课堂教学过程中，不能有条理呈现

---

① 北京师范大学首都教育经济研究院王善迈.我国民办学校如何进行分类管理［N］.中国教育报，2011-08-02.以及范绪锋.民办学校分类管理改革难在哪［J］.教育发展研究，2015，Z1：98—102.

② 程化琴，邵金荣.关于建立我国民办学校评估制度的思考［J］.教育发展研究，2006，06：13—16.

③ 韩江萍.国际学校认证对我国民办学校评估的启示［J］.当代教育科学，2009，08：18—20.

④ 程方平，刘民.国外民办（私立）学校的特点及管理问题［J］.教育研究，1999，05：75—80.

教学目标、知会教学内容、给出目标明确的指令等。而教龄较小的教师的学生语文学业水平较高，在学生眼里的课堂目标性更加明确，但是其深层学习动机不足。

第二，明确普通儿童和流动儿童的学习的特点，确定普通儿童和流动儿童的不同的教学侧重点。首先，本研究发现，民办小学的学生学习动机普遍不强，进入初中阶段的公办学校的学生学习动机也都不强。这是其社会、家庭的原因造成的，那么结合流动儿童的生存现状，调动学习的积极性，增强学生的学习动机就是一个非常重要的问题。

其次，本研究显示，控制了学校层面差异的前提下，学生的表层学习策略对其语文学业水平具有提升作用。一般而言，采用表层学习策略不利于学生开展深入的学习，但是本研究的证据证明了对于本研究的学生而言，这些表层策略，比如完成老师布置任务、熟记背诵、追求及格、掌握事实和细节等有助于促进学生的学习发展[①]。由于本轮的研究对象主要来自处境不利的公立和私立中小学，对于这样的学生而言，努力地养成良好的行为习惯已是一个非常重要的策略支持。

再次，在语文课堂教学的具体指导方面，对于普通儿童而言，学生感知到的教师教学的水平、从教师那里获得的情感支持、从同伴那里获得的情感支持越高，那么教师的效能感越高。但是，对于流动儿童来说，需要更加明确的教学指令、教学目标等内容，教学的方式和活动方面也需要得到加强。

最后，流动儿童能够敏感地体察到教师给予的感情投入，而这个和教师所体察到的亲密程度是密切相关的。虽然合理的师生关系对于所有的教师而言都是非常必要的建议，但是这一个建议针对流动儿童的教师而言显得更为重要。

3. 给社区教育的建议

我们在研究中发现，尤其是在多层线性模型当中，我们控制了学校层面变量的前提下，父母的职业收入成了预测语文学业水平的重要变量，而父母的教育水平和职业水平等具有文化资本却无法发挥其重要的教育功能，给我们的处境不利的儿童提供更多的文化涵养。这个原因很多，部分是由于流动儿童的父母在时间上无法保证和孩子进行足够的、有效的沟通，部分是由于我们的教育系统并没有提供更多的有意义的文化价值观念的建构，而仅仅只能实现教育和阶层流动的功能。

为了弥补在流动儿童家庭教育的问题，考虑到流动儿童的居住地域的不确定

---

① 邹萍，李鑫蕾，邓双. 流动儿童学习适应性现状与干预策略研究［J］. 大连大学学报，2014，05：121—125.

性的问题,我们建议有两种可以考察的思路和方法:第一,在流动儿童密集的社区里面,采用分阶段定点定量的社区服务家庭的活动。这几年,也有部分学者关注到流动儿童的家庭教育社区支持体系的建设问题[①],提出了很多的有建设意见的想法。首先,建构"高校－社区－家庭"等多种稳固的联盟,发挥高校在建立家庭教育社区支持体系过程中的重要支持功能。其次,发挥原有社区的力量,有针对性地根据本社区的特点进行有目的的教育培训,尤其是要针对家长的家庭教育理念和观念进行变革,比如针对小学的家长进行早期阅读的建议。

第二,充分发挥学校在家庭教育当中的作用。2015年,教育部印发的《教育部关于加强家庭教育工作的指导意见》指出,要充分发挥学校在家庭教育中的重要作用,强化学校家庭教育工作指导,推动形成政府主导、部门协作、家长参与、学校组织、社会支持的家庭教育工作格局,构建家庭教育社区支持体系。开发基于现代化生活所需要的家庭教育的课程体系,比如,通过社区开设生理卫生健康课程、安全教育课程、闲暇时间处理、朋辈交往课程、人际交往课程等,针对流动儿童家庭所居住环境中存在一些健康、安全的隐患,进行特殊的社区扶助功能;合理地利用家长的闲暇时间,并进行有意义的健康的闲暇时间的课程安排和处理[②]。

总的说来,本研究发现流动儿童语文教育素养的两个方面——语文学业水平和学习动机策略都亟待加强。而且,对于流动儿童来说,虽然暂时的语文学业水平不能得到快速的提升,但是我们要增强流动儿童的学业动机和策略,以便在更加长远的方向上作为语文学业水平的助力。由此,我们还可以得到各个方面的建设和意见,包括分步骤、有目的地对民办学校教育质量进行监督,有针对性地针对教师进行培训,以及结合流动儿童家长的家庭教育观念进行思考,以便能够得到各种有效的进步。

---

① 刘黎红,胡伟.关于构建流动儿童家庭教育社会支持体系的思考 [J].中共青岛市委党校.青岛行政学院学报,2009,02:44—48.

② 黎婉勤,曾熙.流动儿童家庭教育社会支持体系的构建 [J].教育评论,2012,05:15—17.